Atlas de po
d'hématolo

Diagnostic pratique morphologique et clinique

Harald Theml

Prof. Dr. med.
Hämatologisch-onkologische Praxisgemeinschaft und Tagesklinik
Munich

Préface de Herbert Begemann

130 planches en couleurs incluant 249 illustrations et 29 tableaux

Traduit de l'allemand par

Katharina Günzer
Interne des hôpitaux (CHU de Caen)

Docteur Stéphane Chèze
Chef de clinique-Assistant des hôpitaux
Service d'Hématologie (CHU de Caen)

Professeur Michel Leporrier
Chef du service d'Hématologie (CHU de Caen)

Médecine-Sciences
Flammarion

4, rue Casimir-Delavigne, 75006 PARIS

Dans la même collection

Atlas de poche en couleurs de pathologie infectieuse, par N.J. Beeching et F.J. Nye
Atlas de poche d'anatomie, par Ch. Cabrol, W. Kahle, H. Leonhardt et W. Platzer
Atlas de poche d'anatomie en coupes sériées TDM-IRM, par T.B. Möller et E. Reif
Atlas de poche de biologie, par J. Koolman et K.H. Röhm
Atlas de poche de cardiologie, par A. Timmis et S. Brecker
Atlas de poche d'embryologie, par A. Drews
Atlas de poche de génétique, par E. Passarge
Atlas de poche d'histologie, par W. Künhel
Atlas de poche des méthodes d'analyse, par G. Schwedt
Atlas de poche des maladies sexuellement transmissibles, par A. Wisdom et D.A. Hawkins
Atlas de poche de microbiologie, par T. Hart et P. Shears
Atlas de poche de mycologie, par G. Midgley, Y. Clayton et R.J. Hay
Atlas de poche de pharmacologie, par H. Lüllmann, K. Mohr et A. Ziegler
Atlas de poche de physiologie, par S. Silbernagl et A. Despopoulos
Atlas de poche de physiopathologie, par S. Silbernagl et F. Lang

Chez le même éditeur

Cas clinique en hématologie, par A. Najman
Aide-mémoire d'hémostase, par M. Gouault-Heilmann
Aide-mémoire de transfusion, par B. Genetet et J.-Y. Muller
Le livre de l'interne : hématologie, par B. Varet
L'hématologie de Bernard Dreyfus, par B. Dreyfus, J. Breton-Gorius, F. Reyes et J.-P. Vernant
Hématologie de l'enfant, par G. Schaison, A. Baruchel et T. Leblanc
Hémopathies malignes, par R. Zittoun

L'édition originale de cet ouvrage a été publiée en allemand sous le titre :
Taschenatlas der Hämatologie. Morphologische und klinische Diagnostik für die Praxis

ISBN : 2-257-10132-4

Sommaire

Préface

La morphologie est la base de l'hématologie. L'exploration du sang est née avec les travaux de Paul Ehrlich mettant au point les méthodes de coloration des cellules, permettant ainsi de visualiser leurs structures. Toute la cytologie clinique en découle. Depuis, nous avons appris, par la microscopie électronique, la cytochimie, l'immunocytologie et d'autres techniques spécifiques, à relier les images des cellules à leurs fonctions, puis à les associer à un mécanisme physiopathologique. Aujourd'hui, les méthodes modernes de l'analyse cellulaire ont fait exploser les connaissances qu'avaient les pionniers de l'hématologie. La description exacte de l'image vue au microscope optique reste néanmoins la première étape et le point central de toute analyse sanguine.

Un atlas d'hématologie paraît donc justifié, d'autant plus s'il exprime la diversité de la cytologie sanguine d'une façon exhaustive, rarement atteinte, et cela dans un format facile à manier avec des illustrations de première qualité. Le choix des images est guidé par la conviction de l'auteur que les quatre cinquièmes des maladies hématologiques peuvent être diagnostiquées par l'analyse précise de l'hémogramme. La plupart des illustrations sont donc des photographies de frottis sanguins au microscope. Des images des organes hématopoïétiques – la moelle osseuse, les ganglions, la rate – ne sont utilisées que si elles sont indispensables à la compréhension d'interrelations physiopathologiques.

Harald Theml avec qui j'ai travaillé pendant plus de dix ans est un morphologiste chevronné. Chaque lecteur pourra le constater dès les premières pages du livre. Mais il est trop médecin et clinicien pour se limiter à la présentation et à la description d'images de cellules. Le lecteur est alors guidé au-delà de la morphologie vers la présentation clinique puis le diagnostic grâce à un texte très dense, complété et diversifié par des schémas clairs et des tableaux synoptiques. Le livre est donc plus qu'un simple atlas, il est une introduction réussie dans la spécialité de médecine interne dont les « secrets » se révèlent alors à chaque médecin. Moi-même, je me réjouis de la parution de ce livre car il est le reflet et la conclusion d'une partie de nos travaux communs.

Herbert BEGEMANN
Munich

Avant-propos

Objectifs du livre

Les médecins sont des gens de regard. Parmi les méthodes qui n'ont pas pour sujet direct le patient lui-même, l'analyse au microscope du frottis sanguin correspond bien à cette disposition, expliquant ainsi les satisfactions et le plaisir que peut procurer la pratique de la morphologie. Malgré sa spécialisation croissante, l'hématologie a pour ambition de maintenir à la portée de nombreux autres acteurs de santé, médecins généralistes, internistes, chirurgiens, pédiatres mais également laborantins et assistants techniques, la possibilité d'orienter un diagnostic en s'aidant des indications données par l'examen du sang. De même, les médecins en formation doivent apprendre à utiliser les richesses de l'hémogramme.

En pratique, ce sont essentiellement les informations fournies par le frottis, et plus accessoirement la cytologie médullaire, la cytochimie et l'immunocytologie, qui représentent le centre de la démarche diagnostique devant des anomalies des systèmes des cellules sanguines ou des maladies qui se reflètent dans ces cellules sanguines.

L'enseignement de la deuxième et la troisième partie de études médicales ainsi que des discussions avec mes collègues, toutes spécialités confondues, m'ont convaincu de l'importance cruciale d'un apprentissage approfondi des éléments diagnostiques fournis par l'analyse du sang. Quand celle-ci ne permet pas de poser un diagnostic, elle permet d'ordonner les étapes diagnostiques suivantes. La cytologie de la moelle osseuse, des ganglions ou des ponctions d'organes peut alors être utile et cet atlas de poche en aborde aussi les bases.

Plan de l'ouvrage

Le plan suit une logique en passant du diagnostic le plus simple au plus complexe. C'est donc sciemment que la description de la cytologie médullaire est subordonnée à l'analyse diagnostique du frottis sanguin. Cependant, les remarques formulées lors des précédentes éditions de ce livre nous ont convaincu d'y ajouter les principes de l'examen de la moelle et de certains examens spécifiques, facilitant ainsi la compréhension et l'établissement des diagnostics importants et fréquents.

La nosologie et le diagnostic différentiel des maladies hématologiques sont présentés sous forme de tableaux. Dans le cadre de ce livre, conçu comme un guide pratique et utile au quotidien, nous avons volontairement renoncé à présenter certaines anomalies morphologiques quand elles relèvent du domaine des curiosités. Nous exposons brièvement la composition cellulaire d'exsudats et de produits de ponctions d'organes, notamment pour rappeler l'intérêt diagnostique de ces examens.

Nos photographies sont toutes à l'agrandissement habituel (objectif 100 à immersion d'huile, parfois une vue d'ensemble avec un objectif 63) puisque les agrandissements plus importants, même s'ils peuvent ouvrir des perspectives étonnantes, ne facilitent pas la reconnaissance de ces cellules sous son propre microscope.

Guide d'utilisation

En suivant le plan (*voir* le sommaire), il est possible de progresser dans la connaissance de l'hématologie de façon systématique. Pour une question plus spécifique ou un terme hématologique particulier, l'index permet de trouver la page où ce sujet est développé, et d'autres chapitres où il peut être cité.

La meilleure méthode pour se familiariser avec ce livre est probablement de le feuilleter. Chaque illustration, assortie d'une brève légende, est accompagnée d'une page de texte ou d'un tableau qui explique plus en détail les phénomènes cellulaires correspondants, les étapes diagnostiques et les maladies en cause.

Remerciements

Je remercie pour leur aide théorique et pratique surtout mes maîtres et amis le Pr H. Begemann, le Pr J. Rastetter, le Dr W. Kaboth, mes collègues le Dr H. Dietzfelbinger et le Dr H.D. Schick ainsi que les collaboratrices de nos laboratoires représentées par Mme L. Maschner pour Munich et par Mmes L. Oberländer et B. Lasch pour l'équipe de Karlsruher.

Je voudrais exprimer ma gratitude au Pr K. Lennert, notamment pour m'avoir initié à la morphologie des maladies du système lymphoïde, aux Prs H. Brücher, H. Heimpel, A.D. Ho et P.M. Reisert pour leurs remarques cliniques et morphologiques concernant les cas présentés ici, ainsi que le Pr W. Appel pour ses conseils concernant les valeurs normales hématologiques. Je remercie également la maison d'édition Georg Thieme et particulièrement M. M. Becker et Mmes S. Goppelsröder et L. Brlečić pour leur soutien et leur aide lors de la réalisation et de l'actualisation de cette nouvelle édition.

Comme la version précédente, je dédie ce livre aux patients et à ma femme, qui a fait preuve d'une grande indulgence.

Harald THEML
Munich et Warngau, 1982, 1985, 1990 et 1998

Avertissement pour l'édition française

Voici, pour la première fois traduit en français, le remarquable *Atlas de poche d'hématologie* du Professeur Harald Theml. Ce livre nous rappelle l'utilité d'une confrontation permanente entre les données de la clinique et celles issues de l'observation microscopique des frottis sanguins interprétée avec rigueur. Le sang est le tissu qui s'offre le plus facilement à l'examen cytologique, et l'examen de ses cellules au micoscope est d'une richesse sémiologique considérable. Cependant, cet examen exige une compétence qui ne s'acquiert qu'avec une longue pratique. Les jeunes médecins, toujours pressés, sont tentés par l'attrait « scientifique » et le rendement plus immédiat des diagnostics immunocytologiques et moléculaires. Caractériser une affection par une bande de migration anormale par méthode de PCR est, à leurs yeux, infiniment plus prestigieux que passer des heures au microscope. Avec le temps et l'expérience, les plus lucides finissent par se rendre compte qu'aucune méthode d'analyse n'a la puissance ou la précision de l'œil, et qu'il serait vain de connaître mille mécanismes intimes du fonctionnement (ou du dysfonctionnement) d'une cellule si l'on ne sait pas les intégrer dans une structure d'ensemble que seule la cytologie est capable de montrer. Et que dire du plaisir esthétique que procure la lecture d'une préparation de cellules parfaitement étalées et colorées ?

Il faut plaider pour maintenir la cytologie hématologique à un haut niveau d'enseignement et de pratique. Elle doit rester la discipline reine de nos laboratoires de plus en plus automatisés. Nous sommes persuadés que cet atlas saura convaincre ses lecteurs de l'intérêt considérable et irremplaçable d'une lecture de frottis sanguin au microscope.

L'équipe de traduction a estimé nécessaire d'adapter le texte à la pratique française de la discipline. Une traduction trop littérale du fond et de la forme aurait, pensons-nous, exigé de multiplier les notes de traduction et obscurci le message que ce livre cherche à délivrer, à savoir la parfaite complémentarité du texte et de l'image.

Les traducteurs

Physiologie et physiopathologie des cellules sanguines – Méthodes et techniques d'examen

Généralités sur l'hématopoïèse normale et pathologique

L'hémogramme, analyse quantitative et qualitative des éléments figurés du sang, est particulièrement important car ces cellules sanguines représentent des indicateurs facilement accessibles des perturbations qui se déroulent dans des sites peu accessibles. Les anomalies des lignées érythrocytaire, granulocytaire ou thrombocytaire témoignent d'une altération de la myélopoïèse granuleuse, et les anomalies des cellules lymphoïdes d'une altération de la lymphopoïèse médullaire et/ou d'une atteinte des organes spécifiques de la lymphopoïèse (ganglions lymphatiques, rate et plaques de Peyer du tube digestif).

Organisation cellulaire

Les cellules sanguines proviennent d'une cellule souche commune capable, par ses propriétés d'autorenouvellement et de pluripotentialité, de générer de façon stable l'ensemble des cellules du sang.

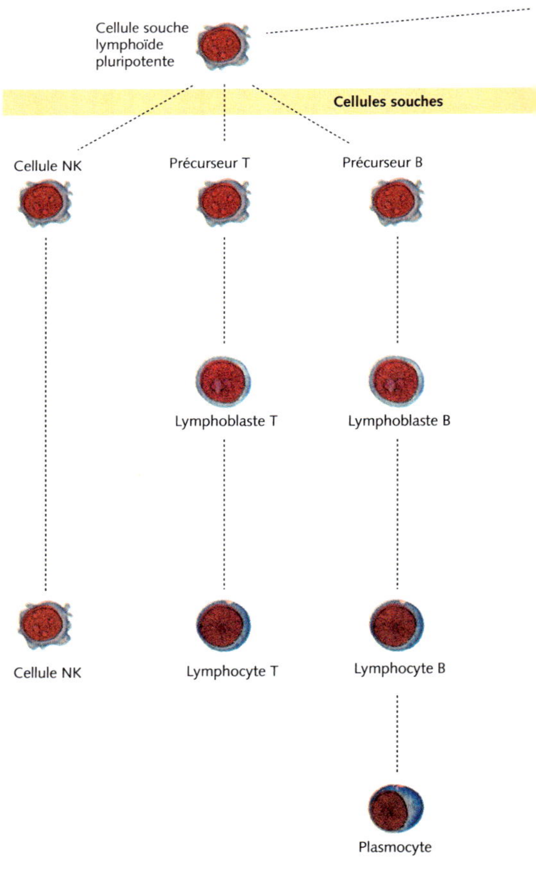

Figure **1** Modélisation de l'hématopoïèse.

Sous l'influence de facteurs locaux et humoraux, elle s'engage dans des voies de développement différentes (figure **1**). La différenciation des précurseurs des globules rouges et des plaquettes est précocement acquise après le stade des cellules souches, tandis que la monocytopoïèse et la granulopoïèse restent plus longtemps communes. La lymphopoïèse est indépendante des autres lignées. Le terme de globules blancs ou leucocytes regroupe toutes les cellules granulocytaires, monocytaires et lymphocytaires. Ce terme provient d'une époque sans coloration du frottis sanguin, où ceux-ci ne pouvaient être différenciés des globules de couleur rouge (érythrocytes ou hématies).

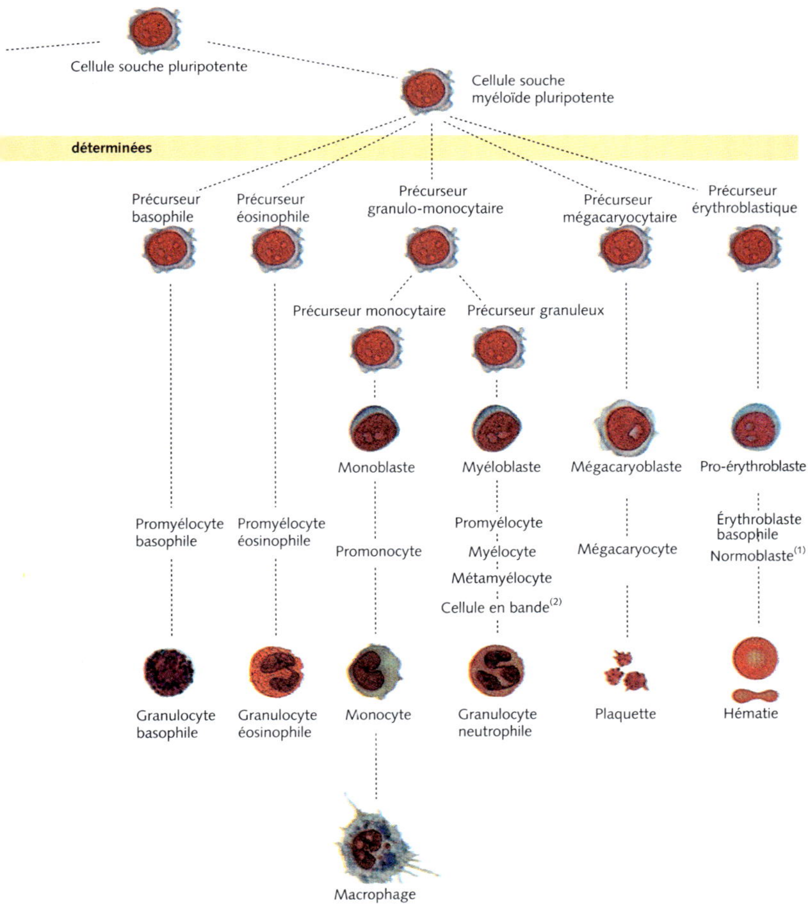

(1) La terminologie des auteurs français distingue les stades d'érythroblaste polychromatophile et acidophile (NdT).
(2) Cellule intermédiaire non reconnue dans la terminologie des auteurs français (NdT).

Ces cellules ont en commun une structure nucléaire (parfois visible avec un nucléole), entourée d'un cytoplasme pouvant contenir diverses granulations ou vacuoles.

Malgré leur origine commune à partir d'une même cellule souche, les différentes lignées cellulaires et leurs phases de maturation peuvent être différenciées en microscopie optique par les caractéristiques structurales de leur chromatine nucléaire (figure **2**).

Le noyau des cellules les plus immatures de la lignée granulocytaire (myéloblastes ou promyélocytes) possède une structure très fine en mailles de filet (« réticulaire »), cet aspect évoquant de la semoule plus ou moins compacte en faisant varier le contraste avec la vis micrométrique du microscope (figure **2a**). Lors de la maturation nucléaire (myélocytes, métamyélocytes, polynucléaires à noyau polylobé), cette chromatine devient plus dense et forme des bandes qui donneront un aspect moucheté et strié au noyau, déformé dans le même temps par des encoches.

Les cellules lymphoïdes sont toujours caractérisées par une structure nucléaire mottée, comparable à des strates de schiste vues en coupe transversale ; des plaques homogènes de chromatine dense alternent ici avec des « failles » ou « crevasses » plus claires (figure **2c**).

Dans chacune de ces lignées cellulaires, il existe des précurseurs capables de se diviser (« blastes ») ainsi que des formes mûres ou quasi mûres qui ne se divisent plus. À ces stades, les différences morphologiques

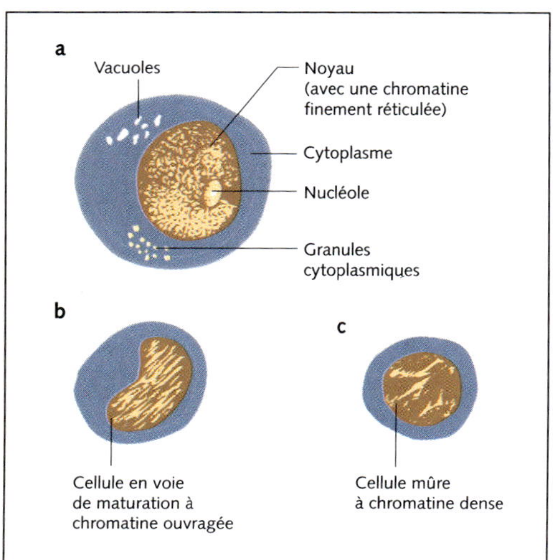

Figure **2** Structure d'une cellule et critères de maturation de la chromatine nucléaire. **a** Au stade de myéloblaste ou de promyélocyte. **b** Étapes intermédiaires, du myélocyte au métamyélocyte. **c** Représentation d'un lymphocyte avec sa chromatine condensée.

ne correspondent plus à des étapes de division mais sont l'expression d'un processus de « maturation progressive » du noyau et du cytoplasme. Ces critères sont importants pour établir une distinction morphologique des différents stades de l'évolution cellulaire. Les précurseurs capables de division siègent habituellement dans les organes de l'hématopoïèse (moelle osseuse et ganglions lymphatiques). L'absence de passage des blastes dans le sang s'explique par leur faible déformabilité. Cependant, comme il n'existe pas de véritable barrière hémato-médullaire, ce passage est en principe possible dans certaines circonstances telles qu'une augmentation de la production médullaire. Par convention, les lignées cellulaires sont classées de gauche à droite à partir des éléments les plus immatures et, après une sortie massive d'éléments immatures, il apparaît alors une « déviation vers la gauche »(1) de la formule, reconnaissable aux formes jeunes de granulocytopoïèse.

Dans le sang, les globules blancs se répartissent en deux secteurs distincts : un secteur circulant et un secteur de margination sur la paroi des vaisseaux, ce secteur marginal pouvant être rapidement mobilisé (par exemple, l'hyperleucocytose des syndromes infectieux).

Fonctions cellulaires. Nous nous limiterons à quelques mots clés sur les fonctions des différentes lignées cellulaires (tableau **1**)

Les **polynucléaires neutrophiles** exercent une *fonction antibactérienne* par leurs propriétés de phagocytose et de bactéricidie au sein des tissus infectés. Leur présence dans le sang traduit leur migration vers le site de l'infection.

Les **polynucléaires éosinophiles** jouent un rôle dans la défense antiparasitaire par la destruction des formes larvaires et des œufs de certains parasites. Ils interviennent également comme inhibiteurs des processus anaphylactiques, en stoppant les effets des médiateurs chimiques de l'allergie.

Les **polynucléaires basophiles** et leurs formes fixes tissulaires (mastocytes) exercent surtout une fonction de régulation de l'inflammation, par libération de substances (histamine, sérotonine, héparine) qui augmentent la *perméabilité vasculaire* au niveau des sites d'action antigénique, régulant ainsi l'afflux des autres cellules inflammatoires.

Les **monocytes** interviennent dans les processus de défense contre les *bactéries*, les *champignons*, les *virus* et les *substances étrangères*. Leur fonction est principalement la phagocytose extravasculaire. Ils dégradent également les cellules sénescentes (hématies vieillies) et ils semblent avoir un rôle similaire dans la défense antitumorale. Dans les tissus de l'orga-

(1) Les auteurs français utilisent le terme de *myélémie* pour désigner cette modification dans le sang. C'est ce terme que nous utiliserons dans la suite de ce texte (NdT).

nisme, ils sont capables de se transformer en histocytes, en macrophages de l'endothélium des cavités corporelles, en cellules épithéliales et en cellules géantes à corps étrangers (incluant les cellules géantes de Langhans), etc.

Les **lymphocytes** se distinguent selon leurs fonctions en deux sous-groupes principaux :

— les lymphocytes T, cellules thymo-dépendantes (environ 70 p. 100 dans le sang), sont responsables de l'immunité à médiation cellulaire : défense contre des antigènes étrangers vivants ou non avec allergie retardée (l'exemple type est la réaction tuberculinique). On distingue les cellules T auxiliaires (ou *T-helper*) et les cellules T suppressives/cytotoxiques. S'en rapproche la famille des lymphocytes *natural killer* (NK) qui exercent des fonctions cytotoxiques directes ;

— les lymphocytes B (environ 20 p. 100 dans le sang), dépendants de la moelle osseuse. Par leur évolution en plasmocytes, ils assurent la sécrétion des immunoglobulines (immunité humorale).

Tableau **1** Cellules de l'hémogramme normal et leurs fonctions

Type cellulaire	Fonction	Pourcentage de leucocytes
Granulocytes neutrophiles à noyau non segmenté[(1)]	Précurseurs des cellules à noyau segmenté, responsables de la défense antibactérienne	0-4 p. 100
Granulocytes neutrophiles à noyau segmenté	Phagocytose de bactéries, migrent dans les tissus	50-70 p. 100
Lymphocytes (pas de différence morphologique entre les types B ou T)	Lymphocytes B (20 p. 100 des lymphocytes) : maturation en plasmocytes → synthèse d'anticorps Lymphocytes T (70 p. 100) : défense cytotoxique contre des virus et des antigènes étrangers, défense antitumorale	20-50 p. 100
Monocytes	Phagocytose de bactéries, de protozoaires, de champignons, de corps étrangers Transformation en macrophages	2-8 p. 100
Granulocytes éosinophiles	Défense antiparasitaire, régulation de la réponse immunitaire	1-4 p. 100
Granulocytes basophiles	Régulation locale des réactions inflammatoires aiguës	0-1 p. 100

(1) Les auteurs français ne font pas de distinction entre ces cellules et les granulocytes neutrophiles (NdT).

Les **érythrocytes** ou hématies sont les globules rouges, transporteurs d'oxygène, approvisionnant tous les processus métaboliques de l'organisme. Ce sont, avec les plaquettes, les seules cellules anucléées du système sanguin(2). Leur forme physiologique de disque avec un gros bourrelet périphérique traduit un rapport surface-volume excédentaire et leur fournit une déformabilité optimale.

Les **thrombocytes** (plaquettes) forment des agrégats indispensables à la fermeture des brèches vasculaires. Au cours de l'agrégation, leur action ne se limite pas à la seule fonction mécanique mais ils agissent aussi en libérant des facteurs procoagulants contenus dans leur granules. Les plaquettes sont des fragments du cytoplasme des mégacaryocytes polyploïdes de la moelle osseuse. Elles n'ont pas de noyau (tableau **1**).

Régulation et dysrégulation de l'hématopoïèse

En situation physiologique, l'**équilibre quantitatif** et **qualitatif** des cellules sanguines est garanti par des facteurs de régulation humoraux : balance entre formation (moelle osseuse) et destruction cellulaire (rate, foie, moelle osseuse et tissu réticulaire).

Une perte ou une destruction accrue de cellules induit une **augmentation de la production**, entraînant des modifications sanguines telles que l'apparition de précurseurs nucléés des globules rouges. Il est également possible de voir apparaître des formes leucocytaires immatures (myélémie) dans le cadre d'une infection aiguë qui requiert une quantité accrue de cellules.

Les variations d'une lignée cellulaire peuvent se répercuter sur d'autres lignées (par exemple, un défaut d'érythropoïèse au cours d'une stimulation toxi-infectieuse des lignées blanches : anémie inflammatoire)(3).

Un **déficit en substances** contribuant à l'hématopoïèse affecte souvent et précocement la lignée érythrocytaire. Cette lignée n'est pas la seule à souffrir des situations de carence mais elle les exprime par des modifications caractéristiques. Ainsi un bilan martial déficitaire conduit-il rapidement à la formation de globules rouges insuffisamment hémoglobinisés, un déficit en vitamine B_{12} ou en acide folique entraîne des anomalies complexes de l'érythropoïèse s'observant cependant aussi dans les autres lignées.

---

(2) On ignore les raisons et l'impact physiologique de l'expulsion du noyau chez les vertébrés supérieurs (NdT).

(3) Le mécanisme de l'anémie inflammatoire dépend surtout de la synthèse de cytokines tel le TNFα (NdT).

Les agents toxiques agissent sur toutes les lignées hématopoïétiques. L'exposition à des substances chimiques, toxiques ou aux radiations entraîne une toxicité sur les précurseurs médullaires, responsable d'une pancytopénie par aplasie médullaire.

Des **phénomènes immuno-allergiques** peuvent toucher sélectivement certaines lignées cellulaires : agranulocytose, thrombopénie, anémie hémolytique « immuno-allergiques ». Il est possible que ce type de mécanisme intervienne aussi dans certains cas d'aplasie complète.

Les **hémopathies malignes** peuvent affecter toutes les lignées cellulaires. On distingue des variétés chroniques ou aiguës. La principale différence entre ces variétés réside dans le fait que les hémopathies chroniques n'entravent pas, ou alors très tardivement, le potentiel de maturation normal des cellules, alors que les variétés aiguës sont associées à un trouble de maturation constant, expliquant la raréfaction des cellules normales du sang.

Les transformations malignes concernent toujours les précurseurs des cellules sanguines capables de se diviser. Cette prolifération de cellules malignes d'origine hématopoïétique dans la moelle osseuse entraîne secondairement un envahissement sanguin et tissulaire avec prolifération de blastes d'aspect immature (syndrome tumoral) et insuffisance de production des lignées normales hématopoïétiques (syndrome d'insuffisance médullaire). Les perturbations de l'hématopoïèse se révèlent par les anomalies quantitatives et/ou qualitatives des cellules sanguines. L'analyse rigoureuse du frottis sanguin, confrontée aux données cliniques et à quelques autres examens biologiques, fournit souvent autant de renseignements qu'une cytologie médullaire[4].

(4) Les hématologistes français considèrent que le diagnostic et le classement des hémopathies malignes, notamment des leucémies aiguës, doivent obligatoirement être établis sur un frottis de moelle osseuse (NdT).

Techniques d'examen et valeurs normales

Prélèvement sanguin

! Comme le nombre de cellules varie selon les conditions circulatoires, il est important, pour comparer les résultats, de maintenir des circonstances identiques de prélèvement.

Le prélèvement devrait toujours être pratiqué au même moment de la journée, si possible après un jeûne de huit heures, les résultats pouvant être influencés par des variations circadiennes et par l'alimentation. L'idéal serait d'observer un décubitus d'une demi-heure avant le prélèvement, ce qui n'est réalisable qu'en cas d'hospitalisation. Le patient ambulatoire sera prélevé en position assise. Lorsque le prélèvement veineux n'est pas indispensable, le sang capillaire peut alors être utilisé : prélèvement au niveau de la pulpe digitale, le lobe d'une oreille ou le talon chez le nourrisson. Un réchauffement sous l'eau tiède peut augmenter la circulation capillaire. Le site du prélèvement est d'abord nettoyé sans pression excessive à l'alcool à 70 p. 100. Une piqûre cutanée franche est effectuée à l'aide d'une lancette stérile à usage unique. La première goutte est rejetée en raison de possibles contaminations, les gouttes suivantes sont recueillies dans les pipettes (*voir* ci-dessous) ; il faut éviter toute compression du lieu de prélèvement pouvant entraîner des modifications de la composition cellulaire du sang.

Le prélèvement veineux est le plus utilisé, surtout s'il est nécessaire pour d'autres analyses biologiques ou si une injection intraveineuse est prévue. Après ponction veineuse franche, le sang est recueilli dans un tube préparé spécialement avec de l'EDTA, en le remplissant jusqu'à l'index et en agitant aussitôt le prélèvement effectué. L'EDTA cristallisé dans le tube (4 gouttes d'une solution de 2 p. 100, puis le faire sécher à 50 °C pendant 30 minutes) est un chélateur du calcium bloquant toute coagulation.

Examen quantitatif des globules rouges (5)

On aspire le sang dans une pipette spéciale pour érythrocytes (pipette de Potain, anneau rouge) jusqu'à la marque 0,5, puis on complète par une solution de Hayem jusqu'à la marque 101. Cela entraîne une dilution de 1:200. Il faut bien agiter en position horizontale pendant une minute (ou dans un agitateur). Afin d'étudier uniquement le sang bien mélangé dans la boule de la pipette, il faut rejeter d'abord la quantité contenue dans le goulot avant de remplir la chambre de comptage.

On utilise une chambre de comptage micrométrique (chambre de comptage de Neubauer, figure **3**)(6) ; une lamelle biseautée aux bords légèrement humidifiés est appliquée sur les bords du quadrillage taillé au milieu de la chambre de comptage en exerçant une certaine pression jusqu'à faire apparaître des anneaux de Newton. À l'aide de la pipette, la suspension d'hématies est déposée au bord de la lamelle sous forme d'une petite goutte qui va se répandre à l'intérieur de la chambre. Puis la chambre est placée sous le microscope ; il est nécessaire d'attendre deux minutes avant de débuter le comptage pour permettre aux hématies de sédimenter.

Il faut effectuer le compte sur les plus petits carrés situés au centre de la chambre, dont les côtés mesurent $^1/_{20}$ mm. Compte tenu de la profondeur de la chambre de 0,1 mm, leur volume est donc de $^1/_{4\,000}$ mm^3. On examine quatre-vingts de ces petits carrés (5×16 des carrés moyens) en comptant à chaque fois les hématies situées sur les bords droit et supérieur, mais en écartant celles situées sur les bords gauche et inférieur.

Après intégration du facteur de dilution de la pipette, le résultat des quatre-vingts petits carrés doit être multiplié par 10 000 pour obtenir le nombre d'hématies/mm^3. La différence pour trois comptages chez un même opérateur ne devrait pas dépasser 10 p. 100.

! Une mauvaise homogénéisation à l'intérieur de la pipette, une lamelle insuffisamment fixée, des erreurs de comptage et des variations statistiques générales peuvent être autant de sources d'erreur.

Ainsi faut-il compter avec une déviation standard de ±15 p. 100. *Le comptage électronique des érythrocytes est à préférer en raison de sa moindre variabilité.*

Voir le tableau **2**, p. 13 pour les valeurs normales et leurs limites.

(5) Cette technique de numération est actuellement pratiquement abandonnée au profit de méthodes de numération par automates (NdT).

(6) On utilise en France la cellule de Malassez (NdT).

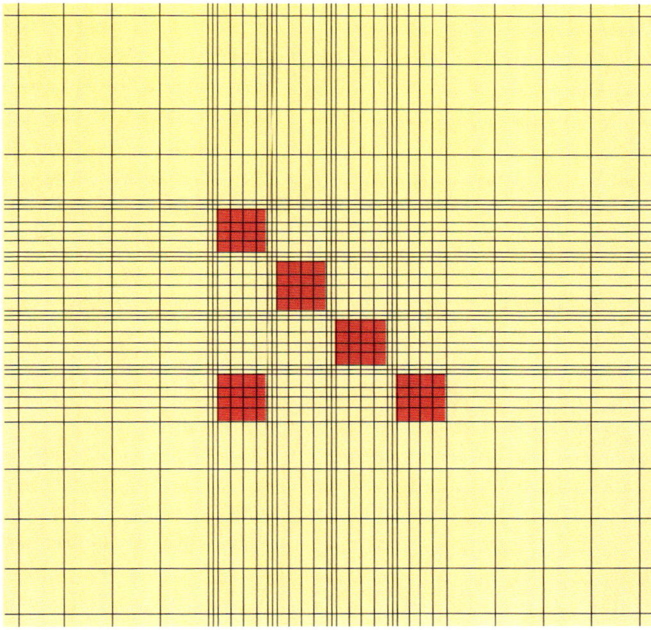

Figure **3** Chambre de comptage de Neubauer. Les quatre-vingts champs les plus petits utilisés pour le comptage des érythrocytes sont colorés en rouge.

Détermination du taux d'hémoglobine (7)

L'emploi de l'hémomètre de Sahli n'est plus justifié en raison des nombreuses possibilités d'erreur. La méthode hémoglobine-cyanide (acide cyanhydrique) est réalisable avec n'importe quel spectrophotomètre ; la seule détermination de la cyanméthémoglobine peut être réalisée sans coût excessif avec un petit appareil.

Le résultat se calcule à partir du coefficient d'extinction, il est donné en g/dl (mmol/l). La déviation standard est de 8-9 p. 100. Pour les valeurs normales, *voir* le tableau **2**, p. 13.

(7) Les automates de numération effectuent ce dosage de façon simultanée avec la numération (NdT).

Tableau **2** Valeurs normales et moyennes des cellules du sang[1]

		Adultes au-delà de 18 ans	Enfants 1 mois	2 ans	10 ans
Leucocytes/µl ou 10^6/l[2]	M	**7000**	11000	10 000	8000
	L	4300-10000	5000-20000	6000-17000	5000-13000
Granulocytes à noyau non segmenté (p. 100)	M	**5**	5	3	3
	L	0-10			
Granulocytes **neutrophiles** à noyau segmenté (p. 100)	M	**60**	30	30	30
	L	35-85			
Valeur absolue/µl (ou 10^6/l)[2]	M	**3650**	3800	3500	4400
	L	1850-7250			
Lymphocytes (p. 100)	M	**30**	55	60	40
	L	20-50			
Valeur absolue/µl (ou 10^6/l)[2]	M	2500	6000	6300	3100
	L	1500-4000			
Monocytes (p. 100)	M	**4**	6	5	4
	L	2-6			
Valeur absolue/µl (ou 10^6/l)[2]	M	450			
	L	70-840			
Granulocytes **éosinophiles** (p. 100)	M	**2**	3	2	2
	L	0-4			
Valeur absolue µl (ou 10^6/l)[2]	M	165			
	L	0-400			

Granulocytes **basophiles** (p. 100)	M	**0,5**		0,5	0,5	0,5
	L	0-1				
		Hommes	**Femmes**	**Enfants** **1 mois**	**2 ans**	**10 ans**
Érythrocytes, $10^6/\mu l$ ou $10^{12}/l$[2]	M	**5,4**	**4,8**	4,7	4,7	4,8
	L	4,6-5,9	4,2-5,4	3,9-5,9	3,8-5,4	3,8 - 5,4
Hb g/dl ou 10 g/l[2]	M	**15**	**13**	17	12	14
	L	14-18	12-16	15-18	11-13	12 - 15
Hématocrite (p. 100)	M	**45**	**42**	44	37	39
	L	42-48	38-43			
TCMH = Hb_E (pg)	M		**29**	33	27	25
	L		26-32			
VGM/μm^3 ou fl[2]	M		**87**	91	78	80
	L		77-91			
CCMH, g/dl ou 10 g/l[2]	M		**33**	35	33	34
	L		33-36			
Diamètre moyen des hématies (µm)	M		**7,5**	8,1	7,3	7,4
Réticulocytes (p. 1 000)[2]	M	**16**	**24**	7,9	7,1	7,6
	L	8-25	8-40			
Plaquettes, $10^3/\mu l$ ou $10^9/l$[2]	M	**180**				
	L	110-250		155-566	286-509	247-436

M : moyenne ; L : limites de la norme (95 p. 100).
(1) Pour des raisons techniques, les variations entre différents laboratoires peuvent être importantes. Il faut donc toujours considérer les normes pour un laboratoire donné.
(2) Unités internationales SI par litre.
(3) Comme pour les leucocytes, il est préférable d'interpréter les réticulocytes en valeur absolue (N : 25 à 100 000/mm^3) (NdT).

Calcul des constantes érythrocytaires (TCMH, CCMH, VGM)(8)

La mesure de la quantité d'hémoglobine contenue dans chaque hématie est importante pour le diagnostic des différentes formes d'anémie. Celle-ci dépend du volume de l'hématie et de sa concentration en hémoglobine. La teneur corpusculaire moyenne en hémoglobine (TCMH) est déterminée par la formule suivante :

$$\text{TCMH} = \frac{\text{Hb (g/l)}}{\text{globules rouges/l}}$$

Les résultats sont exprimés en picogrammes (pg) d'hémoglobine, et leur valeur normale est de 27 à 32 pg par hématie.

Avec l'hématocrite, il est possible de calculer le volume globulaire moyen :

$$\text{VGM} = \frac{\text{hématocrite (l/l)}}{\text{nombre de globules rouges/l}}$$

La distribution de taille des globules rouges est représentée sous la forme d'une courbe dite de Price-Jones. Elle illustre la variabilité de distribution des volumes, allant de 5 à 9 µm avec une moyenne aux alentours de 7 µm (p. 144, figure **92**). Valeurs normales et moyennes, voir tableau **2**, p. 13.

Détermination de l'hématocrite

Comme la détermination du nombre de globules rouges est soumise à une variabilité importante, il est possible, en l'absence d'un spectrophotomètre, de déterminer globalement la part des hématies dans la composition du sang en s'aidant de l'hématocrite.

Le principe de la détermination découle du fait que les cellules du sang, représentées pour 99 p. 100 par les hématies, sédimentent après centrifugation. On peut ainsi évaluer le pourcentage que les hématies occupent dans une unité de volume sanguin.

L'hématocrite est le nom du tube gradué dont on se servait pour mesurer la fraction de volume sanguin occupée par les hématies après centrifugation. Un tube capillaire spécial pour hématocrite est rempli avec du sang aux deux tiers de sa longueur ; il est ensuite fermé hermétiquement à l'une de ses extrémités puis placé dans une microcentrifugeuse et centrifugé pendant cinq minutes à 10 000 g. La part du sédiment érythrocytaire est mesurée (avec des règles spéciales) et indiquée en pourcentage. Valeurs normales, *voir* tableau **2**, p. 13.

Le calcul de l'hématocrite par les automates est plus précis : il est le produit de la mesure directe du volume des hématies par le nombre des hématies dans une unité de volume sanguin.

---

(8) La concentration corpusculaire moyenne en hémoglobine (CCMH) correspond à la fraction du globule rouge constituée d'hémoglobine et s'obtient par le rapport entre le taux d'hémoglobine et celui d'hématocrite pour une unité de volume sanguin. La valeur normale est comprise entre 32 et 36 p. 100 (NdT).

Réticulocytes

Les réticulocytes sont des hématies jeunes qui conservent, après l'expulsion nucléaire, des organelles cytoplasmiques décelables sous forme d'un réticulum cytoplasmique (d'où le terme « réticulocytes »). Cette structure ne peut être mise en évidence avec les colorations habituelles mais seulement à l'aide d'une coloration spéciale dite vitale (bleu de crésyl). Dans une pipette emplie à moitié par cette solution à 1 p. 100, on complète avec le sang. Après homogénéisation, deux gouttes du mélange sang-colorant sont disposées sur une lame dégraissée, puis finement étalées. Cette préparation doit immédiatement être placée pendant 30 minutes dans une boîte de Petri fermée et tapissée de papier filtre humide. On laisse ensuite sécher à l'air pendant 30 minutes. Avec l'oculaire à immersion d'huile, on détermine le pourcentage des réticulocytes (figure **93**) sur 1 000 érythrocytes. Le résultat est donné pour mille, mais doit être converti en nombre de réticulocytes par mm^3 pour être correctement interprété.

Valeurs normales, *voir* tableau **2**, p. 13.

Numération des globules blancs (9)

Contrairement aux hématies, les leucocytes sont complètement incolores à l'état naturel et résistent à l'acide acétique à 3 p. 100 ou aux saponines qui entraînent une hémolyse des globules rouges (mais non de leurs précurseurs nucléés). La solution de Türk utilisée pour la plupart des méthodes de comptage contient comme agent hémolysant de l'acide acétique glacé et comme colorant léger des leucocytes du violet de gentiane.

Une pipette de Potain à leucocytes est remplie avec du sang jusqu'à la marque 0,5 puis avec une solution de Türk jusqu'à 11. Il faut ensuite agiter soigneusement pendant une à deux minutes. Le contenu du goulot de la pipette est rejeté ; puis une chambre de comptage, préparée comme ci-dessus avec une lame (*voir* Examen qualitatif des globules rouges, p. 11), est remplie en déposant des gouttes sur le bord. Il faut compter en règle générale quatre grands carrés se faisant face, formés de seize petits carrés dans la périphérie de la chambre (figure **3**). La somme est multipliée par 50 et l'on obtient le nombre de leucocytes par $mm^3 = \mu l$.

Un second contrôle montre des variations aux alentours de 20 p. 100.

Valeurs normales et limites, *voir* tableau **2**, p. 13.

(9) Cette méthode est devenue obsolète avec l'avènement des automates de numération (NdT).

Numération des plaquettes (10)

La détermination du nombre des plaquettes se fait en comptant le nombre de plaquettes observées sur 1 000 érythrocytes. D'après la formule :

$$\frac{\text{nombre de plaquettes observées} \times \text{nombre de globules rouges/µl}}{1\ 000}$$

on obtient les nombre de plaquettes par microlitre. Avec cette méthode, il faut s'attendre à environ 30 à 60 plaquettes pour 1 000 globules rouges, correspondant à un chiffre de plaquettes de 15 0000 à 300 000/µl.

! Tout résultat anormal doit être confirmé par une analyse en cellule, si cette méthode n'a pas été appliquée lors de l'analyse.

Une pipette à leucocytes est remplie avec du sang jusqu'à 0,5, puis jusqu'à 11 avec une solution à 2 p. 100 de Xylocaïne®-HCl. Après agitation pendant environ cinq minutes, un tiers du mélange est rejeté. Une chambre de comptage fermée comme pour la numération des hématies et des globules blancs est alimentée avec les deux tiers restants puis incubée pendant vingt minutes dans une boîte humide (*voir* Réticulocytes, p. 15).

La numération des plaquettes est réalisée sous le microscope avec l'objectif 40 en interposant un filtre vert entre la source de lumière et l'objectif ; en faisant tourner la vis micrométrique, les petites plaquettes brillantes sont dénombrées dans les quatre grands champs érythrocytaires (composés de seize des plus petits carrés). Le résultat est multiplié par 1 000 et indique alors les plaquettes par microlitre.

Valeur normales et limites, *voir* tableau **2**, p. 13.

Le *test d'étalement plaquettaire* examine la capacité des plaquettes jeunes à étaler complètement leur cytoplasme sur une surface. Il peut être considéré comme l'équivalent fonctionnel de l'adhésion plaquettaire. Il faut mélanger le sang (8 parts) avec du citrate (2 parts), puis centrifuger pendant cinq minutes à 400 g. Le surnageant plasmatique, riche en plaquettes, est dilué à 1:10 et 1:20 avec une solution de NaCl 0,9 p. 100. À l'aide d'un stylet en verre, quelques gouttes sont déposées délicatement sur toute la surface d'une lame traitée avec de la laque de zapon (Zaponlack®). L'incubation pendant une heure dans une chambre humide permet aux plaquettes de sédimenter et de s'étaler. Les préparations sont ensuite suspendues avec la face enduite vers le bas, dans une solution de rinçage contenant du citrate de Na^+ (3,1 p. 100) et du chlorure de Na^+ (0,9 p. 100) pour une proportion de 1:5. La fixation est réalisée dans l'éthanol à 95 p. 100. Les lames sont ensuite rinçées dans de l'eau distillée, séchées et recouvertes d'une solution de permanganate de K^+ (0,5 p. 100 pendant 10 minutes). Après un dernier rinçage à l'eau distillée, elles sont séchées à l'air puis colorées avec une solution de Giemsa pendant 50 minutes.

---

(10) Les méthodes de numération plaquettaire sont devenues obsolètes avec l'avènement des automates de numération (NdT).

Pour l'analyse, il suffit de différencier les plaquettes complètement étalées entourées d'un grand halo de cytoplasme, des plaquettes en forme d'araignée émettant seulement quelques pseudo-podes. En règle générale, on observe 75 p. 100 de plaquettes complètement étalées. Une augmentation du taux de renouvellement de la lignée plaquettaire (p. 168) entraîne une augmentation ou un pourcentage anormalement élevé de plaquettes étalées alors que des troubles de formation abaissent ce chiffre.

Valeurs normales et limites des constituants cellulaires du sang

La tentative de fixer des valeurs normales aux cellules sanguines s'avère plus difficile que l'on pourrait le croire. Ces valeurs sont influencées par un grand nombre de facteurs comme l'âge, le sexe, l'activité physique, le cycle nycthéméral ou l'alimentation, les conditions dans lesquelles ont été effectués le prélèvement et sa conservation ainsi que la méthode de comptage.

Pour chaque valeur, il sera donné, dans la mesure du possible, une *zone normale* qui comprend 95 p. 100 des valeurs observées chez les sujets sains. Cela implique qu'un sujet sain sur vingt présente des valeurs en dehors de ces normes.

Dans le cadre de notre livre, nous ne pouvions tenir compte que des valeurs limites déterminées par l'âge et le sexe. La figure **4** montre clairement qu'il est indispensable, surtout lors de l'interprétation des valeurs du nourrisson et du jeune enfant, de prendre en considération des zones de référence particulières. Le coefficient de variation (déviation standard en pourcentage de la moyenne) d'un comptage cellulaire se situe aux alentours de 10 p. 100.

! En pratique, l'appréciation des valeurs pathologiques fait appel à un contrôle nécessaire avant de déterminer le résultat définitif. Les valeurs du tableau **2** ont été arrondies afin d'obtenir des chiffres permettant une meilleure mémorisation. Les valeurs absolues et les nouvelles unités SI ont été indiquées là où elles possèdent un intérêt clinique.

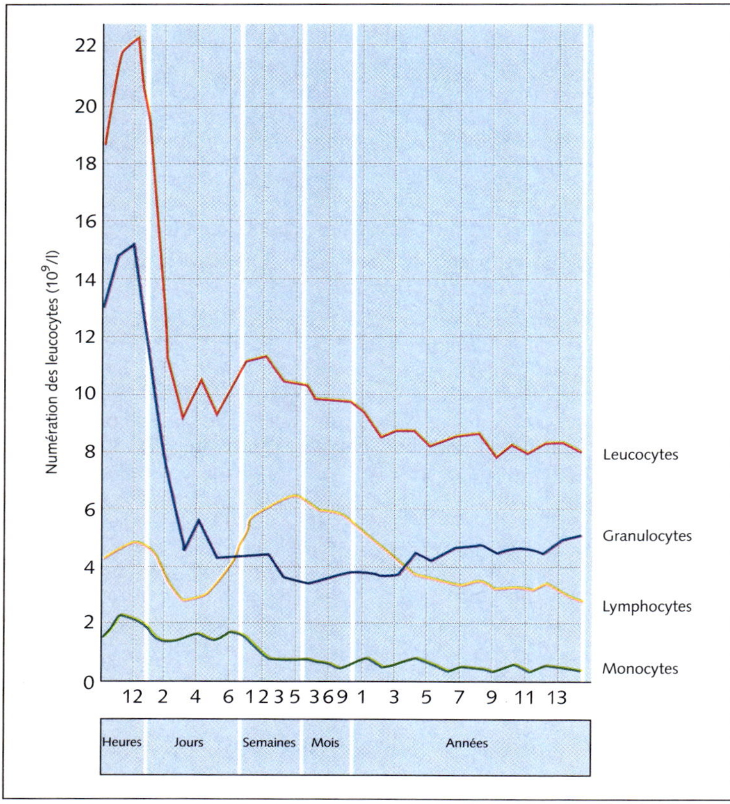

Figure **4** Évolution des leucocytes et leurs différentes populations chez le sujet (d'après Kato).

Frottis sanguin et son interprétation (formule sanguine)

Il est important d'utiliser des lames parfaitement propres et dégraissées afin d'éviter les agrégations cellulaires et les dépôts de colorant. Lorsque les lames ne sont pas livrées dégraissées, il faut les faire dégraisser pendant plusieurs heures dans un bain composé pour moitié d'éther et d'alcool, puis les sécher. Une goutte de sang de la taille d'une tête d'épingle est déposée sur le bord de la lame. Une lame biseautée est placée devant elle dans un angle d'environ 30° puis tirée lentement « vers l'arrière » jusqu'à ce que la goutte entre en contact avec l'arête du verre et s'étale le long de celle-ci (figure **5**). Il faut ensuite faire glisser la lame supérieure sans trop de pression sur toute la surface de la lame inférieure ; un passage rapide et un angle plus fermé rendront le frottis plus fin qu'un passage lent et un angle plus ouvert.

! La qualité du frottis est cruciale pour l'analyse des cellules car elles sont souvent beaucoup moins étalées au début du frottis qu'à sa fin.

Sur une préparation correctement étalée, le matériel sanguin forme en bout de lame des franges identiques à une barbe. Le frottis doit ensuite être séché soigneusement à l'air libre sans être agité, de bonnes colorations n'étant réalisables qu'après deux heures de séchage. L'utilisation d'un ventilateur pour sécher les lames est proscrit car cela peut entraîner des déformations cellulaires.

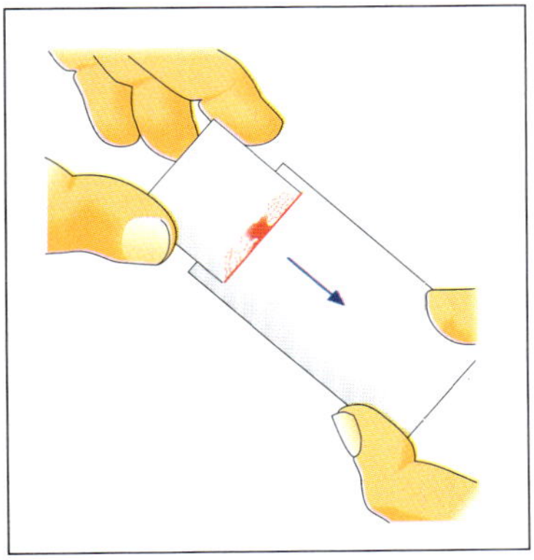

Figure **5** Réalisation d'un frottis sanguin.

Après séchage, le nom et la date sont indiqués sur le côté large (sauf si la lame possède une zone spéciale destinée au marquage).

> **!** Par sécurité, il faudrait préparer pour chaque patient et à chaque examen un second frottis.

La *coloration* est réalisée par mélange de colorants basiques (bleu de méthylène, azur) et acide (éosine) afin de visualiser les acides nucléiques et les granulations basiques. La coloration panoptique de Pappenheim contient un mélange équilibré des substances fondamentales citées ci-dessus. Le frottis séché à l'air est placé horizontalement puis recouvert pendant trois minutes avec une solution de May-Grünwald (éosine-bleu de méthylène) ; il faut ensuite ajouter à cette coloration une quantité égale d'un tampon phosphaté à pH 7,3. Après trois minutes supplémentaires, le mélange est délicatement éliminé. La lame est ensuite recouverte avec une solution de Giemsa (azur-éosine) préparée à partir d'une solution Giemsa de base diluée (1 ml avec 1 ml d'eau distillée) ou une solution tampon de Weise.

Après quinze minutes, les frottis sont rincés doucement avec le tampon puis légèrement inclinés avec leur extrémité effilée vers le haut et séchés à l'air libre.

L'examen d'un frottis doit toujours débuter avec un petit objectif (× 40 à × 50) qui permet d'analyser les régions d'étalement optimal et la densité cellulaire. Selon notre expérience, les cellules les mieux étalées se situent à environ 1 cm avant la fin des franges. Avec un agrandissement × 40, si le taux de leucocytes est normal, on doit en observer en moyenne deux à quatre par champ. Il peut être utile de vérifier par cette méthode approximative des résultats a priori surprenants. L'analyse plus fine des leucocytes est effectuée avec l'objectif à immersion d'huile et un agrandissement × 100. Il faut parcourir la zone optimale en déplaçant la lame selon un trajet en méandres. Avant d'établir la formule leucocytaire, il faut apprécier la morphologie des globules rouges et évaluer la richesse en plaquettes. La formule leucocytaire, dont la morphologie est décrite dans la partie atlas (p. 32 et suivantes), peut être annotée sur une liste manuelle ou à l'aide d'un clavier (appareil Leukodiff®). Cette formule est d'autant plus représentative que le nombre de cellules comptées est élevé et, devant des variations pathologiques, nous conseillons l'analyse de 200 cellules(11).

(11) Il existe aujourd'hui des automates établissant la formule leucoytaire selon un procédé de reconnaissance cytochimique des cellules analysées en flux continu, ou par un programme informatisé de reconnaissance de formes sur frottis (*voir* plus loin). Ils ont surtout un intérêt pour l'étude de sangs normaux (NdT).

Pour diminuer le temps de coloration, en particulier dans un contexte d'urgence, il est possible d'utiliser des méthodes de coloration rapide, qui ne permettent cependant pas une différenciation précise : on peut essayer une coloration d'orientation en recouvrant la lame pendant une minute de solution de May-Grünwald et en raccourcissant la phase de Giemsa à une à deux minutes avec une solution « concentrée ».

Pour mettre en évidence le *Plasmodium* du paludisme, il est utile de réaliser en plus du frottis sanguin une préparation appelée « goutte épaisse » : une goutte de sang est étalée sur une lame avec un stylet en verre ou une aiguille jusqu'à la taille d'une pièce de dix centimes. Elle est ensuite séchée à l'air libre pendant au moins deux heures ou mieux encore pendant toute une journée. Ce séchage de la goutte épaisse suivi d'une coloration par une solution de Giemsa entraîne une importante lyse des globules rouges et un enrichissement en *Plasmodia* libres.

Les polynucléaires neutrophiles et les monocytes présentent parfois des aspects particuliers liés à leurs propriétés de phagocytose : lorsqu'ils rencontrent des leucocytes chargés d'anticorps, ils phagocytent leurs noyaux et les stockent dans leur cytoplasme. Ce phénomène existe dans de nombreuses collagénoses, mais il a été décrit pour la première fois dans le lupus érythémateux sous le nom de *cellules LE*. Il n'est pas spécifique du lupus érythémateux et son absence n'exclut ni cette maladie ni d'autres collagénoses. En outre, sa réalisation et son analyse demandent beaucoup de temps et nous n'envisagerons pas sa description, d'autant plus que nous possédons aujourd'hui des méthodes plus spécifiques avec la détection des anticorps antinucléaires et anti-ADN natifs.

Intérêt de l'analyse informatisée de l'hémogramme

Toutes ces techniques d'analyse qualitative et quantitative de l'hémogramme peuvent paraître archaïques à l'heure du comptage cellulaire automatique utilisé pratiquement partout aujourd'hui ; elles montrent néanmoins le nombre d'analyses individuelles qui restent potentiellement réalisables dans un petit laboratoire.

> **!** L'analyse automatisée de l'hémogramme représente une rationalisation importante mais sa qualité dépend du type de l'automate et de sa fiabilité ainsi que des contrôles de qualité réalisés par le laboratoire lui-même.

L'analyse automatisée de la formule sanguine n'est pas exempte de pièges et de difficultés. Elle repose sur l'analyse morphométrique assistée par ordinateur des cellules nucléées du frottis sanguin, ou sur la détection de certains de leurs constituants enzymatiques par leur activité cytochimique (peroxydase, parfois PAS, estérase, héparine) ; les résultats sont ensuite imprimés sous forme d'un nuage de points. L'appareil est capable d'apprécier une répartition normale et de détecter d'éventuels écarts par rapport à la normale, mais il ne peut préciser le type d'anomalie. L'analyse morphologique ultérieure du frottis reste alors nécessaire.

L'examen d'un frottis sanguin au microscope garde son indication absolue chaque fois qu'une anomalie sanguine est suspectée dans les situations suivantes : augmentation du pourcentage de grandes cellules non colorées (LUC : *large unstained cells*), grandes cellules peroxydase positives, taux de neutrophiles, d'éosinophiles, de basophiles, de lymphocytes ou de monocytes au-delà des valeurs normales, déformation globale du leucogrammecytométrique.

Ainsi l'analyse automatisée est-elle capable de distinguer les images « normales » des images « pathologiques » et elle orientera environ 15 à 20 p. 100 des hémogrammes vers une analyse précise au microscope.

En aucun cas, l'analyse automatisée ne détecte les formes anormales des érythrocytes, des plaquettes ou la présence de parasites.

Le groupe des cellules LUC correspond à une population très hétérogène, allant du lymphocyte stimulé jusqu'aux cellules leucémiques en passant par les érythroblastes.

Myélogramme

Dans les cas où le frottis ne permet pas de déterminer l'origine d'une perturbation des constantes cellulaires du sang, une ponction de moelle osseuse est indiquée. Il est important de savoir réaliser correctement ce prélèvement et des frottis corrects analysables.

> **!** Il consiste à prélever par aspiration à l'aide d'un trocart un échantillon de moelle osseuse dans un os hématopoïétique : sternum, épine iliaque postéro-supérieure (figure **6**).

Après désinfection, au niveau de l'épine iliaque postéro-supérieure, la peau, le tissu sous-cutané et le périoste sont infiltrés par une solution anesthésique à 0,5 p. 100. Un trocart de ponction-aspiration (type Mallarmé) est ensuite introduit avec un mouvement de rotation jusqu'à ce que l'on franchisse la corticale osseuse, puis le mandrin est enlevé et une seringue de 10 ml est fixée sur l'extrémité libre (remplie de 0,5 ml de citrate d'EDTA mais jamais d'héparine)[12]. Il faut prévenir le patient qu'il ressentira

(12) L'anticoagulant n'a pas d'intérêt si l'étalement est effectué rapidement dans les secondes qui suivent l'aspiration (NdT).

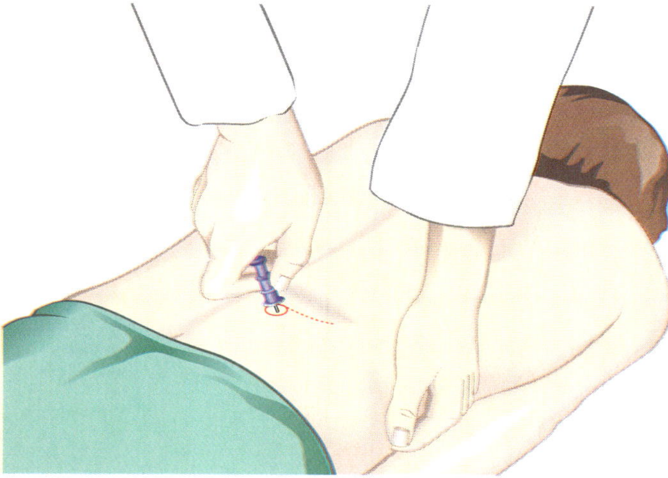

Figure **6** Ponction de moelle osseuse au niveau de l'épine iliaque postéro-supérieure.

inévitablement, lors de l'aspiration, une sensation désagréable à type de tirage interne. Le piston est ensuite remonté doucement, et un peu de suc médullaire apparaît dans l'embout de la seringue. Celle-ci peut alors être enlevée de l'aiguille pour remettre en place le mandrin. Le contenu de la seringue est déposé directement sur une lame pour un frottis médullaire réalisé de la même façon qu'un frottis sanguin.

Si la première aspiration a ramené du matériel, l'aiguille peut être retirée et un pansement légèrement compressif est appliqué au point de ponction.

L'épine iliaque postérieure est également l'endroit idéal pour les biopsies ostéomédullaires : biopsie transcorticale (carotte destinée à l'examen histologique de la moelle osseuse avec un trocard de Jamshidi). Lorsque ce geste plus invasif est indiqué, il faut prélever en même temps du matériel pour une cytologie médullaire ; l'aspiration est parfois possible à travers le trocart de Jamshidi mais, le plus souvent, elle nécessite une seconde ponction avec un trocart de Mallarmé à proximité de la zone anesthésiée.

Les empreintes réalisées en roulant la carotte sur la lame contiennent rarement du matériel cellulaire bien conservé et analysable.

Tout prélèvement médullaire doit être accompagné, pour une analyse morphologique convenable, d'un frottis sanguin pratiqué le même jour.

La préparation du matériel médullaire doit être réalisée avec soin. À l'aide du mandrin ou d'une aiguille, un à deux petits grumeaux de moelle sont déposés sur une lame bien dégraissée. L'aiguille les déplace ensuite doucement sans trop appuyer sur la lame en décrivant des méandres parallèles au côté le plus long. À côté de ces étalements en méandres, il est parfois utile de réaliser des préparations de compression. Quelques grumeaux sont alors déposés sur une lame puis recouverts par une seconde lame ; avant de les séparer de nouveau, il faut les déplacer l'une sur l'autre en exerçant une légère compression (figure **7**)[(13)].

Les étalements définitifs seront séchés à l'air libre et une partie pourra être colorée selon la méthode panoptique de Pappenheim (*voir* ci-dessus). Si les lames doivent être envoyées à un laboratoire (enveloppées séparément et protégées contre les chocs), les frottis non colorés sont préférables. Chaque envoi doit comporter également un frottis frais du sang (principes d'analyse et valeurs normales, p. 52 ; indications d'une cytologie ou d'une histologie médullaire, p. 28).

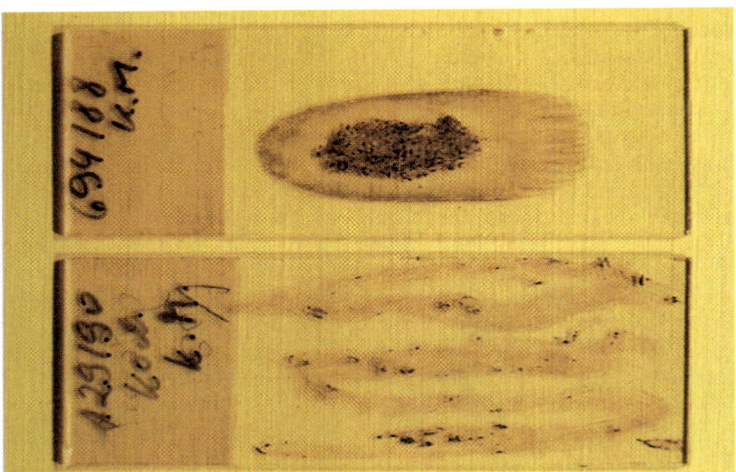

Figure **7** Frottis en méandres et compression de grumeaux pour l'analyse cytologique médullaire.

(13) La technique la plus utilisée par les hématologistes en France consiste à simplement déposer une goutte du suc médullaire sur une lame et à l'étaler comme pour un frottis de sang. Cette technique exige que l'aspiration soit brève afin d'éviter de diluer la moelle par du sang (NdT).

Ponction ganglionnaire, ponction de tumeurs

La ponction d'une tuméfaction ou d'une adénopathie d'origine indéterminée est un geste peu invasif qui constitue, par la nature des informations issues de l'observation du frottis et selon l'expérience de l'examinateur, une méthode d'orientation diagnostique simple. La peau non anesthésiée et désinfectée est étirée puis traversée de façon élastique avec une aiguille de type intramusculaire, montée sur une seringue avec un piston bien mobile (figure **8**). Le tissu ganglionnaire est alors aspiré en faisant varier plusieurs fois l'orientation de l'aiguille, en maintenant toujours l'aspiration. Le contenu de la seringue est ensuite chassé sur une lame, puis l'on procède à un étalement avec une lamelle. La coloration est identique à celle d'un frottis sanguin[14].

(14) Le suc ganglionnaire sera d'autant moins mêlé de sang et donc facile à analyser que l'on évitera d'aspirer. La meilleure technique consiste à laisser un peu de suc cellulaire remonter dans l'aiguille en massant fermement le ganglion, puis à chasser ce suc sur une lame et à étaler comme ci-dessus (NdT).

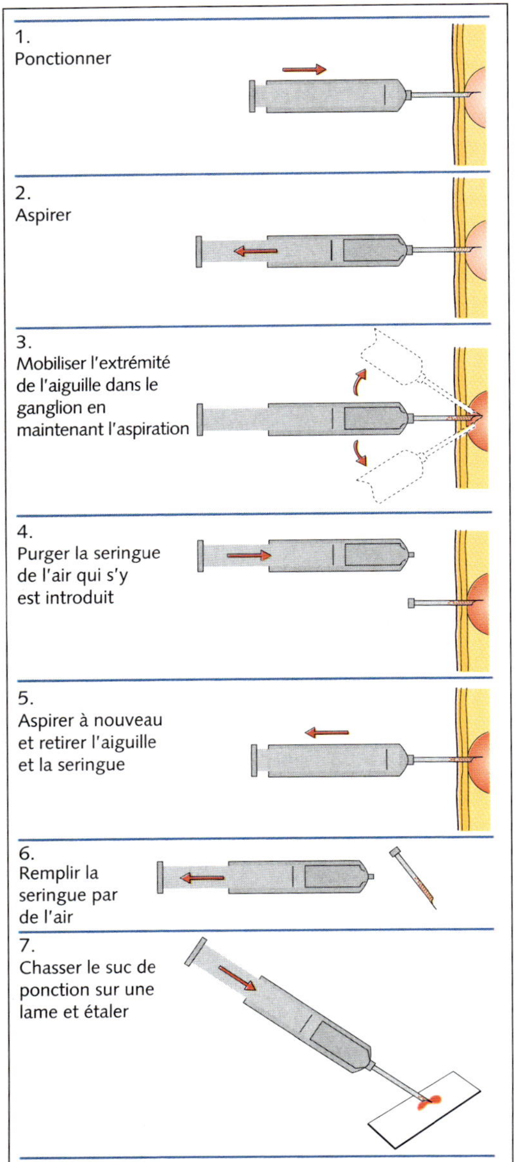

Figure **8** Réalisation d'une ponction ganglionnaire (*voir* note 14).

Démarche diagnostique devant des anomalies sanguines

La démarche diagnostique qui suit nous semble pouvoir être recommandée.

1. La première étape est l'analyse du nombre des leucocytes (L), des hématies (E) et des plaquettes (T).

> **!** L'hémogramme fait partie de l'examen initial au même titre que la prise de tension artérielle.

2. Toute *anomalie quantitative* des leucocytes, des hématies ou des plaquettes justifie l'analyse précise du frottis sanguin.

> **!** La formule sanguine est indiquée :
> - devant toute symptomatologie clinique imprécise ;
> - lorsqu'il existe des adénopathies ou une splénomégalie ;
> - devant des modifications significatives :
>
> — du taux d'hémoglobine,
> — du nombre de leucocytes,
> — du nombre de thrombocytes.

Les éléments avec un noyau non segmenté — cellules *mononucléées* — se distinguent des éléments avec plusieurs segments nucléaires — *polynucléaires*. Cette nomenclature n'est pas idéale mais elle est devenue classique, et son critère de différenciation élémentaire est d'une grande importance. Différencier précocément les cellules mononucléées et les cellules granulocytaires aux noyaux segmentés est assez évident. Les cytologistes, même et surtout expérimentés, confirmeront combien l'étape suivante est parfois plus difficile : les cellules mononucléées peuvent être distinguées, selon leur origine, en cellules lymphoïdes, monocytes ou blastes immatures qui ne sont habituellement observées que dans la moelle osseuse.

Les illustrations présentées en faciliteront le diagnostic différentiel. Les limites de l'analyse morphologique, souvent sujette à des artefacts, impliquent le recours à d'autres méthodes diagnostiques : analyse morphologique dans des laboratoires spécialisés, cytochimie, immunomarquage. L'importance du diagnostic différentiel des cellules mononucléées est similaire en cas d'hyperleucocytose ou de leucopénie.

3. Sur un frottis sanguin, l'analyse des leucocytes s'accompagne d'un examen morphologique des *érythrocytes*. Cet examen est important lorsqu'il existe une anomalie du nombre des érythrocytes et/ou de l'hémoglobine.
4. En tenant compte des signes cliniques du patient et des résultas de l'hémogramme, l'analyse de la *composition cellulaire de la moelle osseuse* constitue une étape souvent dérisoire. Toutefois, certaines hypothèses diagnostiques peuvent être renforcées par d'autres examens (par exemple, l'électrophorèse des protéines sanguines).

! L'analyse de la moelle osseuse est indiquée si les signes cliniques et la numération-formule sanguine ne permettent pas de diagnostic. Par exemple :
— leucopénie ;
— thrombopénie ;
— anémie d'origine indéterminée ;
— pancytopénie ;
— présence d'une protéine monoclonale sérique ou urinaire.

L'analyse de la moelle osseuse est également indiquée dans le bilan d'extension d'un lymphome ou d'une tumeur maligne.

5. L'*analyse histologique de la moelle osseuse* a moins d'indications que la cytologie médullaire (le tableau **3** donne des éléments de comparaison intéressants quant à leur sensibilité dans divers états pathologiques).

! Les hémopathies avec remaniements du tissu de soutien médullaire ou infiltrats focaux ne sont souvent mis en évidence qu'à l'aide d'un examen anatomopathologique.

Cela est particulièrement vrai dans les syndromes myéloprolifératifs (SMP) tels la polyglobulie, la myélofibrose, la thrombocythémie et la leucémie myéloïde chronique (LMC) ainsi que les lymphomes malins sans participation sanguine (maladie de Hodgkin, lymphomes malins non hodgkiniens) et les infiltrations tumorales.

Tableau **3** Comparaison entre examens cytologiques et histologiques de la moelle osseuse sur 807 patients (J. Boll)

Diagnostic	**Concordant**	**Seulement par la cytologie**	**Seulement par l'histologie**
Valeurs normales	279	21	16
LLC	69	7	0
Lymphome malin	25	27	14
LAM/LAL	37	12	10 (1)
LMC	31	7	7
SMP	25	3	7
Plasmocytome	22	7	2
Polyglobulie de Vaquez	12	1	11
Infection chronique	15	5	1
Anémie hémolytique	12	3	0
Anémie ferriprive	12	3	3
Maladie de Waldenström	5	3	0
Métastases tumorales	12	0	6
Atteinte médullaire toxique	5	1	0
Maladie de Biermer	6	0	0
Maladie de Hodgkin	3	1	3
Panmyélopathie, myélodysplasie	17	1	1
Agranulocytose	3	0	0
Anémie sidéroblastique	2	2	0
PTI	0	4	0
Érythroleucémie	0	3	0
Syndrome hyperéosinophilique	0	2	0
Ostéopathie	2	0	1
Atrophie médullaire lipomateuse	5	0	1
Total	599	113	83
Pourcentage	74,2 p. 100	14,0 p. 100	10,3 p. 100
Diagnostics incorrects par les deux méthodes	12 (1,5 p. 100)		

(1) Après chimiothérapie.

Cellules normales du sang et des organes hématopoïétiques

Cellules de l'hématopoïèse

Précurseurs de la lignée rouge : pro-érythroblastes et érythroblastes basophiles

Les *pro-érythroblastes* sont les cellules les plus jeunes de la lignée érythrocytaire (érythropoïèse) que l'on sache identifier dans la moelle. Ils peuvent être différenciés des myéloblastes (p. 37) et rattachés à la lignée rouge grâce à leur taille (environ 20 µm), leur structure nucléaire très dense et leur cytoplasme bleu foncé, d'aspect homogène, comportant une zone périnucléaire plus claire. Les cellules provenant de leur division ont des noyaux plus petits ayant les mêmes caractéristiques ; elles portent le nom d'*érythroblaste basophile*. La chromatine nucléaire est moins finement granulée et le diamètre du noyau est plus petit.

Les éythroblastes médullaires s'organisent généralement en îlots autour de macrophages qui leur fournissent le fer nécessaire à l'hémoglobinosynthèse.

Signification diagnostique. Les pro-érythroblastes apparaissent rarement dans le sang dans certaines situations pathologiques (hématopoïèse extramédullaire, p. 34 ; ou érythroleucémie, p. 98). On peut alors également observer des érythroblastes basophiles. Ces mêmes cellules peuvent parfois passer dans le sang au cours de la régénération d'une anémie importante (par exemple, en cas d'hémorragie importante ou au début d'une supplémentation vitaminique lors d'une carence, p. 154).

La formation des cellules de la lignée rouge se déroule normalement dans la moelle osseuse

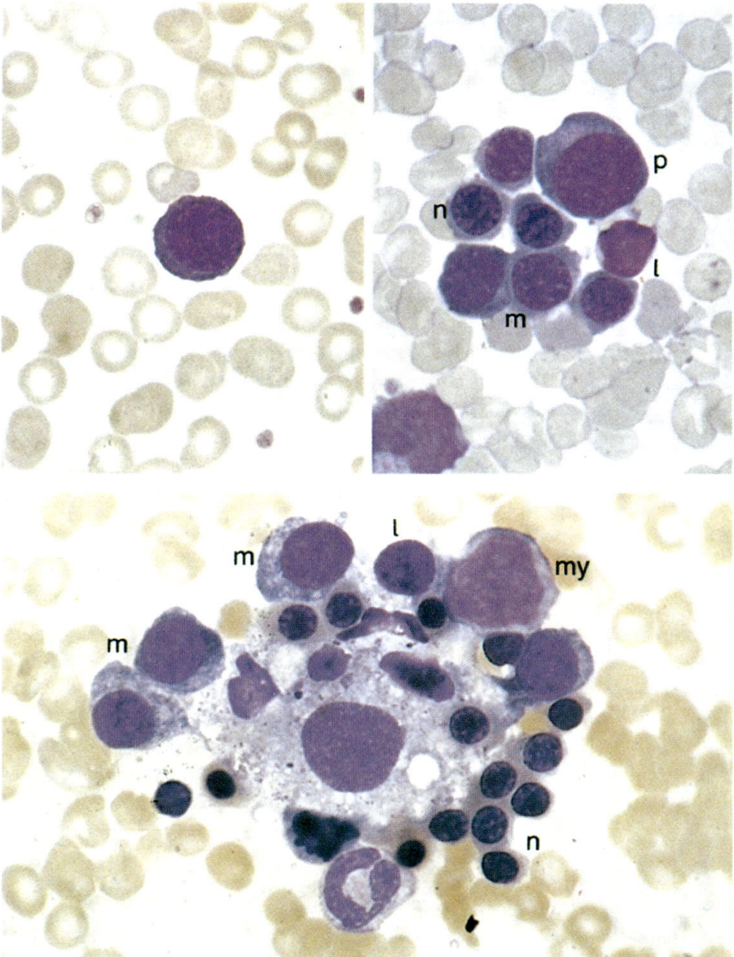

a b c

Figure **9** Précurseurs des érythrocytes dans la moelle osseuse. **a** Pro-érythroblaste. **b** Pro-érythroblaste (p), deux macroblastes (m), des normoblastes basophiles ou polychromasiques (n) et un lymphocyte (l). **c** Groupés autour d'un macrophage avec un cytoplasme large et rempli de vacuoles, des macroblastes (m), des normoblastes (n), un myéloblaste (my) et un lymphocyte (l).

Érythroblastes et réticulocytes

Le potentiel de division décroît et disparaît au stade d'érythroblaste polychromatophile, cellule du cytoplasme gris bleuâtre, dont la maturation se traduit par une coloration rosée, et au stade d'érythroblaste acidophile. Tous les deux possèdent un noyau rond relativement condensé. Dans l'érythroblaste acidophile, le noyau se condense en un petit point noir non structuré qui sera finalement expulsé. L'érythrocyte maintenant anucléé est riche en ribosomes qui peuvent être mis en évidence par la coloration au bleu de crésyl sous la forme d'une structure réticulaire, d'où le terme de « réticulocyte » (p. 15).

La confusion entre érythroblastes et lymphocytes (figure **23**) est impossible en raison du noyau rond et dense et du cytoplasme homogène, basophile et non structuré des érythroblastes.

Signification diagnostique. Le passage sanguin d'érythroblastes porte le nom d'érythromyélémie. Il se voit, par exemple, dans les jours qui suivent la correction d'une anémie hémorragique ou carentielle ou au cours des hémolyses. Lorsqu'une régénération excessive a été éliminée, la présence d'érythroblastes circulants doit évoquer une hématopoïèse extramédullaire au cours d'un syndrome myéloprolifératif (p. 120) ou un envahissement médullaire tumoral avec altération de la barrière hémato-médullaire (p. 152). Dans ces situations, les réticulocytes sont augmentés et peuvent atteindre des valeurs comparables à celles observées au cours d'une hémolyse aiguë ou après correction d'une carence vitaminique.

Des érythroblastes mûrs peuvent apparaître dans la circulation dans le cadre d'une érythropoïèse accrue

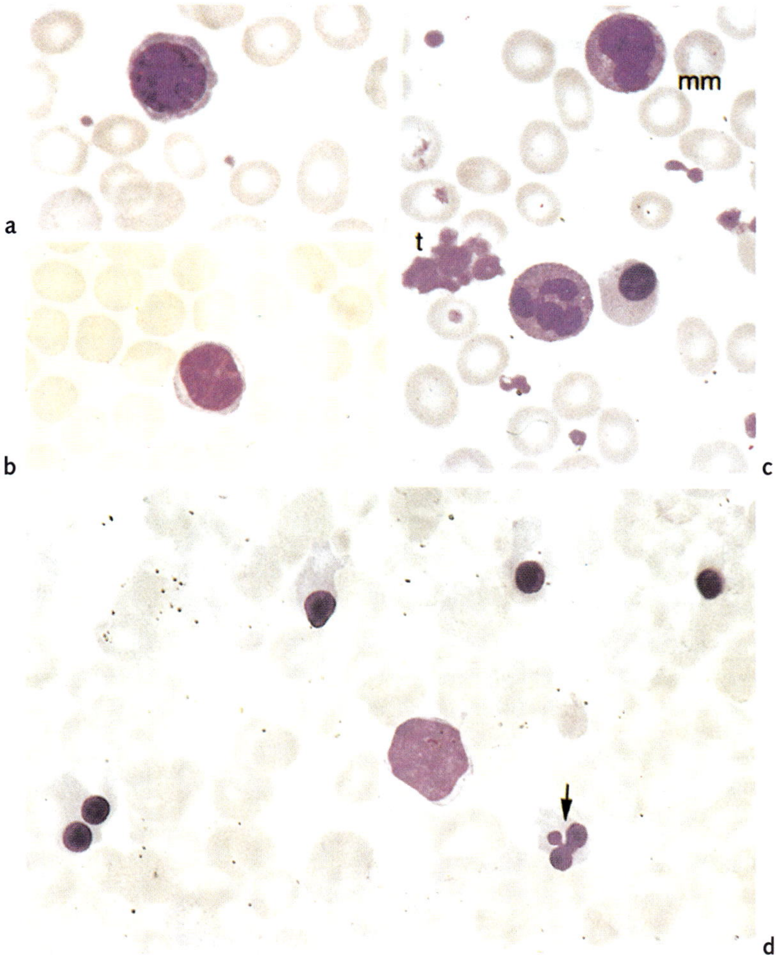

Figure **10** Aspects des érythroblastes parfois présents dans le sang. **a** Polychromatophile. **b** Lymphocyte en comparaison. **c** Érythroblaste acidophile à côté de granulocytes neutrophiles à noyau segmenté, de métamyélocytes (mm) et de thrombocytes (t). **d** Érythroblastes (à côté d'un myéloblaste dans une érythroleucémie). Flèche : indentations nucléaires souvent présentes dans les anémies par carence vitaminique.

Myéloblastes et promyélocytes

Les formes médullaires les plus immatures de la lignée granulocytaire sont les *myéloblastes*. Ce sont des cellules à noyau rond ou ovalaire se distinguant des pro-érythroblastes par une structure nucléaire fine et réticulée et un cytoplasme moins basophile et hétérogène. Dans le noyau peuvent se dessiner de fines condensations de chromatine, appelées nucléoles, et le cytoplasme peut contenir quelques fines granulations azurophiles.

Les *promyélocytes* sont les cellules issues de la division des myéloblastes mais sont de taille plus grande. Lors de la maturation nucléaire, la structure de la chromatine devient plus grossière et striée. Le cytoplasme abondant et basophile contient de nombreuses granulations azurophiles renfermant des enzymes (peroxydase, phosphatases, lysozyme…). Ces granulations paraissent moins denses dans une zone périnucléaire, l'archoplasme, qui correspond à l'appareil de Golgi où elle sont élaborées.

Signification diagnostique. Myéloblastes et promyélocytes sont des cellules au potentiel mitotique élevé. Ils représentent les principales cellules de production granulocytaire. Ils ne s'observent généralement que dans la moelle osseuse. On peut toutefois les retrouver dans le sang dans certaines circonstances. Lorsque la granulopoïèse (p. 110) ou l'érythropoïèse sont accélérées (*voir* ci-dessous), des précurseurs des globules blancs ou de la lignée rouge peuvent être entraînés dans le courant sanguin. L'envahissement de la moelle osseuse par une tumeur augmente également la perméabilité de la barrière hémato-médullaire et provoque la sortie de cellules granuleuses immatures dans le sang (p. 110 et suivantes). Si des promyélocytes et des myéloblates peuvent apparaître dans le sang dans ces circonstances, leur pourcentage est toujours très faible par rapport aux formes plus mûres.

Dans les leucémies aiguës, le frottis médullaire est infiltré de façon généralement homogène par des myéloblastes et parfois des promyélocytes (p. 88 et suivantes).

Figure **12** Variantes des promyélocytes. **a** Promyélocyte riche en granulations en bas, moins riche en granulations au milieu, en haut un myéloblaste. **b** Promyélocyte riche en granulations. **c** Promyélocytes avec des nucléoles marqués (flèches) ; un myélocyte (mz) et un granulocyte basophile. ➤

Les cellules rondes avec une trame nucléaire en grains de semoule (« réticulaire ») ne sont pas des lymphocytes mais des myéloblastes et des promyélocytes

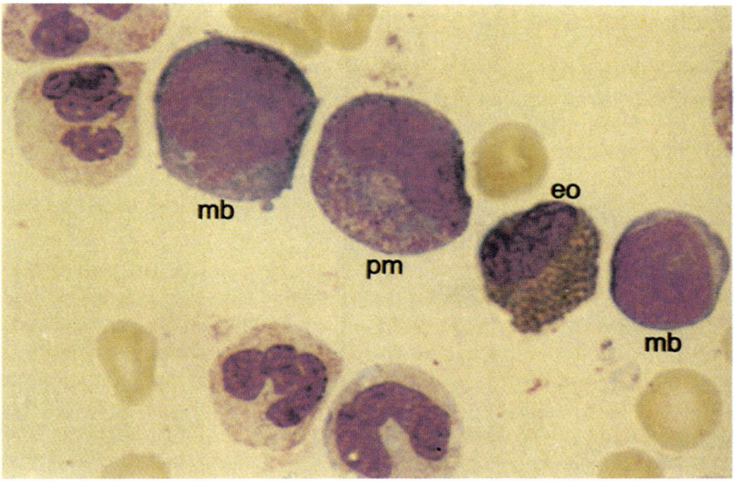

Figure **11** Les myéloblastes (mb) ont une texture chromatinienne lâche (en haut à gauche) ou plus dense (en haut à droite) et, souvent, un ou plusieurs nucléoles. Les promyélocytes (pm) renferment en plus des granulations. eo : granulocyte éosinophile immature.

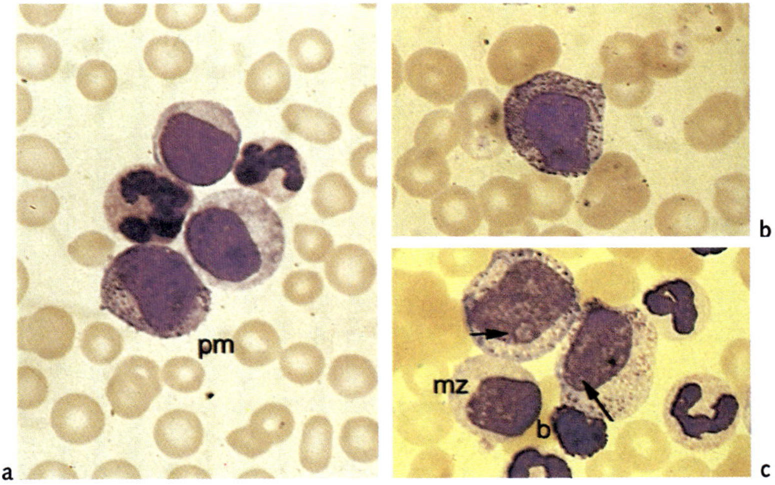

Myélocytes et métamyélocytes

Les *myélocytes* proviennent de la division des promyélocytes et sont toujours nettement plus petits. Leur noyau est ovalaire avec une structure striée ; le cytoplasme s'éclaircit et prend une teinte rosée. Les granulations azurophiles, bien visibles au stade de promyélocytes, sont dispersées de façon diffuse dans le cytoplasme et masquées par un semis dense de granulations spécifiques (neutrophiles).

Dans les *métamyélocytes*, la maturation nucléaire se poursuit avec des zones de condensation de plus en plus striées et punctiformes, conférant au noyau un aspect tacheté qui se rétracte progressivement sous la forme d'un haricot et devient facilement déformable. Les métamyélocytes ne se divisent plus et la maturation nucléaire se traduit par une densification de la chromatine qui s'épaissit. La différenciation en polynucléaire est définie par convention mais correspond en fait à différents stades de maturation du métamyélocyte.

Signification diagnostique. La présence de myélocytes et de métamyélocytes dans le sang(1) peut s'observer dans toutes les situations de stimulation de la granulopoïèse, notamment au cours des infections ou dans le cas de syndromes myéloprolifératifs chroniques. Dans ces cas, leur proportion dans la formule leucocytaire reste toujours plus importante que celle des myéloblastes et des promyélocytes.

---

(1) Les auteurs français utilisent le terme de *myélémie* pour désigner la présence de ces cellules dans le sang (NdT).

Cellules ovalaires ou indentées avec une structure chromatinienne striée ou tachetée : myélocytes et métamyélocytes

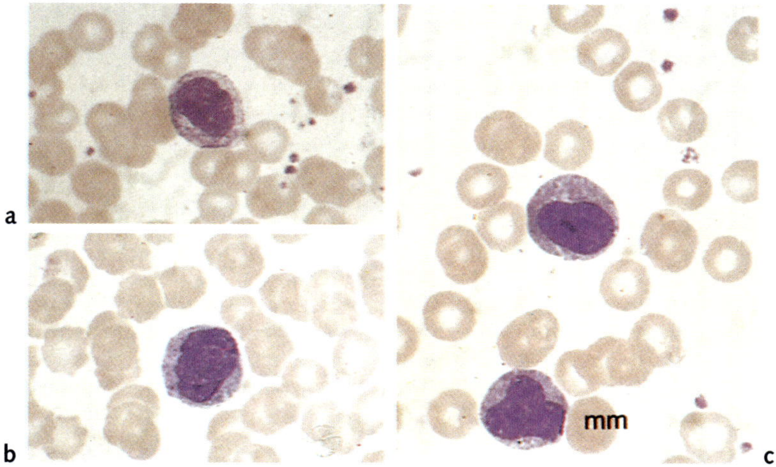

Figure **13** Myélocytes. Dans **c** en bas, un métamyélocyte (mm) avec une structure nucléaire plus dense et des indentations nucléaires.

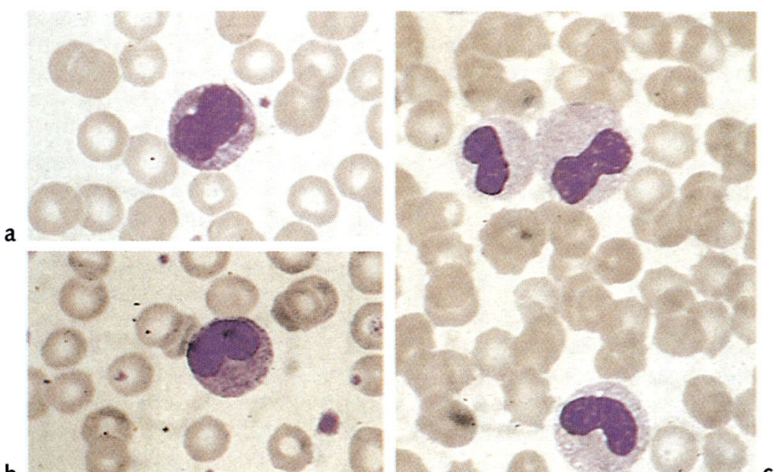

Figure **14** Métamyélocytes. Transition de cellules présentant de discrètes indentations jusqu'à la forme en haricot, avec une condensation croissante de la chromatine. La transition vers les cellules avec noyaux en bande est progressive.

Polynucléaires neutrophiles à noyau non segmenté ou segmenté

Les polynucléaires neutrophiles à *noyau non segmenté* se différencient difficilement des métamyélocytes. On parle de polynucléaire à noyau non segmenté lorsque toutes les parties du noyau ont approximativement la même largeur comme dans un ruban (*band neutrophils*) ; un début de segmentation est possible mais inférieur aux deux tiers du diamètre nucléaire.

Les polynucléaires à *noyau segmenté* (polylobé) sont les cellules les plus différenciées de la granulopoïèse ; ils résultent d'une poursuite de la segmentation nucléaire. Les segments du noyau sont souvent reliés entre eux par de très fins ponts de chromatine. La chromatine nucléaire est grossièrement condensée et striée et se distingue de celle du polynucléaire à noyau non segmenté par sa plus forte densité.

Le cytoplasme des polynucléaires neutrophiles à noyau segmenté (polylobé) varie de l'incolore au rose pâle, voire au violet. Ses nombreux granules ne sont souvent que de tout petits points à peine visibles.

Le nombre de segmentations augmente avec l'âge des cellules. Les valeurs approximatives suivantes peuvent correspondre à une distribution normale (selon Arneth) : 2 segments (10 à 30 p. 100) ; 3 segments (40 à 50 p. 100) ; 4 segments (10 à 20 p. 100) ; 5 segments (0 à 5 p. 100). Une déviation à gauche peut être considérée comme le symptôme d'une activation réactionnelle de la lignée granuleuse. Une déviation de la formule d'Arneth vers des formes très segmentées (hypersegmentation) est un signe très précoce et très évocateur de carence en vitamine B_{12} ou en acide folique.

Signification diagnostique. La présence dans le sang d'une faible proportion de polynucléaires à noyau non segmenté (jusqu'à 5 p. 100) n'a pas de signification pathologique particulière. Un chiffre normal (tableau **2**, p. 12) de polynucléaires à *noyau polylobé* témoigne en premier d'une fonction hématopoïétique normale et d'une défense antibactérienne cellulaire efficace. L'augmentation des neutrophiles ne correspond pas toujours à une altération médullaire, et une redistribution des pools marginés vers le sang est une cause possible (p. 109). Cependant, lorsqu'une hyperleucocytose à polynucléaires neutrophiles s'associe à des modifications qualitatives (myélémie, granulations toxiques), l'activation de la moelle osseuse est probable (p. 109). À l'inverse, une leuconeutropénie doit faire rechercher une atteinte médullaire ou une augmentation de la destruction cellulaire.

Contraction nucléaire et apparition de lobulations ; transitions progressives : métamyélocytes granulocytes à noyau en ruban, granulocytes à noyau segmenté

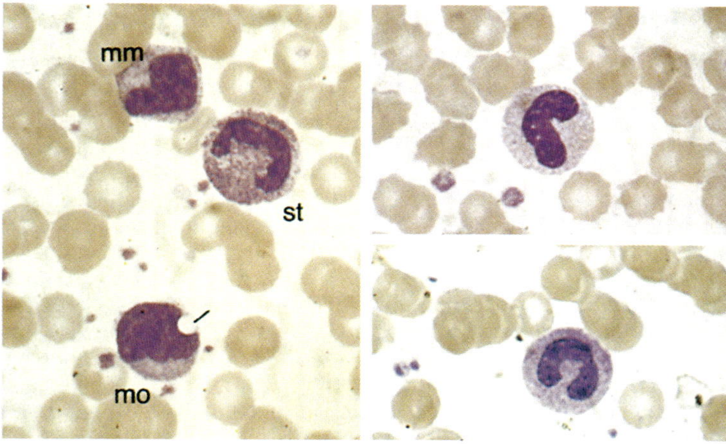

Figure **15** Granulocytes neutrophiles avec noyau en ruban. **a** La contraction progressive du métamyélocyte (mm) aboutit à la forme du granulocyte à noyau en bande (st) ; les monocytes (mo) ressemblent souvent aux métamyélocytes (différence : cytoplasme bleu-gris, structure nucléaire plus fine, vacuole [flèche]). **b**, **c** Cellules à noyau en bande typiques, segmentation débutante accompagnée d'une augmentation de la densité nucléaire en **c**.

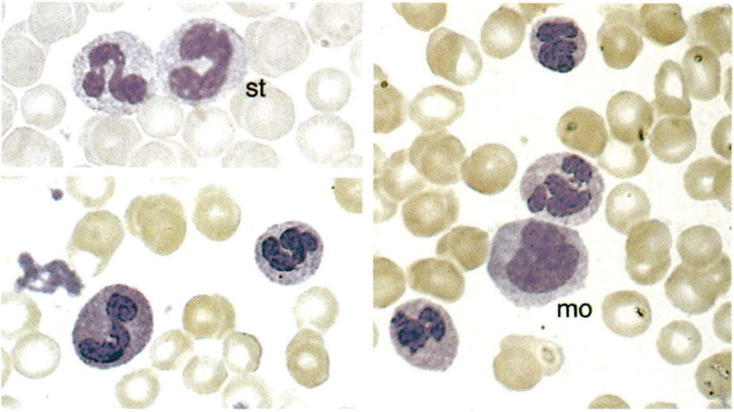

Figure **16** Granulocytes neutrophiles segmentés. **a** Un granulocyte peu segmenté à noyau en bande (st), à côté d'un neutrophile en voie de segmentation nucléaire. **b** Polynucléaire à granulations toxiques. **c** Polynucléaire neutrophile hypersegmenté (en haut), et un autre jouxtant un monocyte (mo).

Anomalies morphologiques des polynucléaires neutrophiles

On appelle polynucléaires neutrophiles à *granulations toxiques* des granulocytes renfermant des grains de couleur rouge-violet, habituellement pâles et punctiformes, sur un arrière-plan cytoplasmique discrètement basophile. Il s'agit d'un phénomène induit par la digestion active de bactéries ou de protéines, qui s'observe au cours d'infections graves, d'affections auto-immunes ou lors de la prise de toxiques ou de médicaments. Il existe souvent des vacuoles cytoplasmiques, phénomène final d'un processus de phagocytose, et des corps de Döhle, petits îlots arrondis de cytoplasme basophile (décrits lors de la scarlatine mais présents au cours des infections graves ou lors de la prise de toxiques). Les polynucléaires de Pelger, du nom de l'auteur qui les a initialement décrits, sont caractérisés par une anomalie de la segmentation avec présence de noyaux sphériques, non segmentés ou, le plus souvent, avec deux segments en forme de lunettes. Cette anomalie granulocytaire, dans un contexte non héréditaire, est désignée par le terme de pseudo-Pelger ou de granulocytes « pelgeroïdes ». Sa présence indique une stimulation infectieuse ou toxique, ou certains états préleucémiques (myélodysplasies) ou authentiquement leucémiques.

Les appendices nucléaires ne doivent pas être confondus avec les segmentations. Il s'agit de petites particules de chromatine (plus petites que les plaquettes) qui restent attachées au noyau principal par un pont plus ou moins fin pouvant prendre un aspect de baguette de tambour (*drumstick*), de nodule sessile (*sessile nodule*) ou de petite raquette (*racket*). La première forme correspond au chromosome X inactivé[2] rejeté à l'extérieur du noyau au cours de la segmentation. La présence de *drumsticks* dans plus de 5 p. 100 des polynucléaires circulants est un marqueur de sexe féminin. Cependant, la distinction entre les *drumsticks* et les autres formes d'appendices nucléaires n'est pas toujours facile.

Il est possible d'observer dans le sang des formes de dégradation des polynucléaires juste avant la lyse cellulaire. Les segmentations nucléaires semblent alors perdre leurs connexions, les segments individualisés s'arrondissent, leur chromatine prend une structure dense et homogène et le cytoplasme acquiert une teinte violette basophile.

Signification diagnostique. Les granulocytes de type pseudo-Pelger se voient au cours des myélodysplasies et des leucémies.

(Les appendices nucléaires n'ont guère d'intérêt pour la détermination du sexe face à d'autres tests génétiques.)

---

(2) Selon la théorie de Mary Lyon de l'inactivation aléatoire d'un des chromosomes X dans les cellules de sexe féminin (NdT).

Les granulocytes neutrophiles à noyau segmenté, les cellules fonctionnelles de la lignée « myéloïde », ont des formes très variables

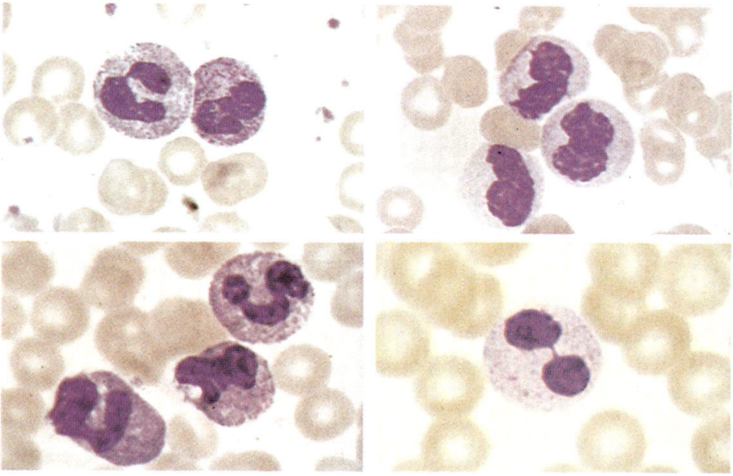

a b c d

Figure **17** Granulocytes neutrophiles à noyau segmenté. **a** Avec granulations toxiques. **b** Présence de vacuoles de phagocytose. **c** Cellules « pseudo-Pelger » à segmentation unique. **d** Cellule « pseudo-Pelger » en forme de lunettes.

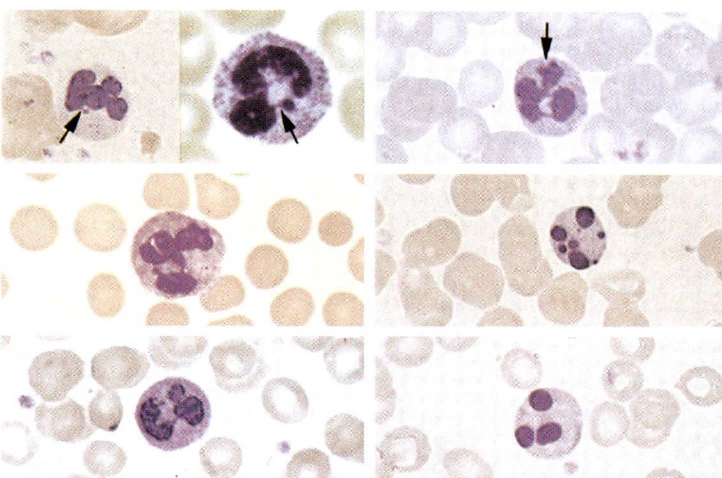

a b c d e f

Figure **18** Appendices nucléaires. **a** *Drumstick* raccordé au noyau par un pont très fin (flèches). **b**, **c** Des ponts plus gros n'ont aucune spécificité, tout comme les nodules sessiles en **d** (flèche). **e**, **f** Formes de dégradation des neutrophiles à noyau segmenté.

Polynucléaires éosinophiles

La maturation des polynucléaires éosinophiles se déroule parallèlement à celle des neutrophiles en partant d'une même cellule souche. Dans la moelle osseuse, la différenciation morphologique est impossible avant le stade de promyélocyte. Les gros granules bleu-rouge se modifient à partir du stade métamyélocytaire pour devenir des sphères rouge-or d'un diamètre de 1 µm, qui occupent le cytoplasme de façon dense et homogène. Les cristaux de Charcot-Leyden, présents au sein des amas d'éosinophiles dans les exsudats et les sécrétions, ont la même composition chimique que les granules éosinophiles.

Le noyau des éosinophiles ne possède que deux segmentations.

Signification diagnostique. Leur fonction principale est antiparasitaire et immunorégulatrice, principalement de défense contre les protéines étrangères ; une hyperéosinophilie supérieure à 400/µl est souvent un indice de parasitose ou d'allergie (p. 122).

Polynucléaires basophiles

Comme les éosinophiles, les basophiles se développent parallèlement à la lignée neutrophile dont ils peuvent être distigués tôt au stade promyélocytaire grâce à leurs gros granules noir-violet. Dans la cellule mûre, ils sont posés au-dessus des deux segments compacts du noyau ; ils se dissolvent facilement dans l'eau et donnent des vacuoles teintées en rose pâle.

Les basophiles tissulaires ou mastocytes qui n'apparaîssent jamais dans le courant sanguin leur sont apparentés. Ils possèdent un noyau rond sous leurs gros granules basophiles.

Signification diagnostique. Ils jouent un rôle dans les réactions anaphylactoïdes et l'augmentation des basophiles s'observe surtout au cours des réactions d'hypersensibilité (p. 5). Les hémopathies chroniques entraînent également une élévation de leur taux (p. 120).

Des granules sphériques remplissent le cytoplasme : granulocytes éosinophiles et basophiles

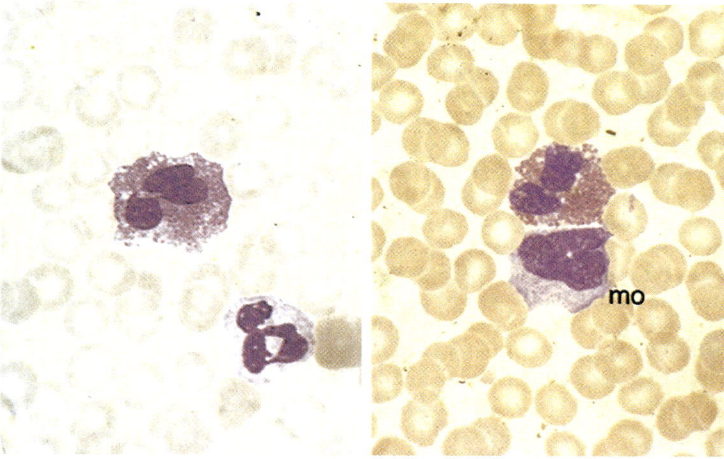

a b

Figure **19** Granulocytes éosinophiles. **a** Éosinophile jouxtant un neutrophile à noyau segmenté. **b** Éosinophile jouxtant un monocyte (mo). Noter le caractère corpusculaire sphérique des granules éosinophiles par rapport à la granulation toxique punctiforme des neutrophiles à noyau segmenté.

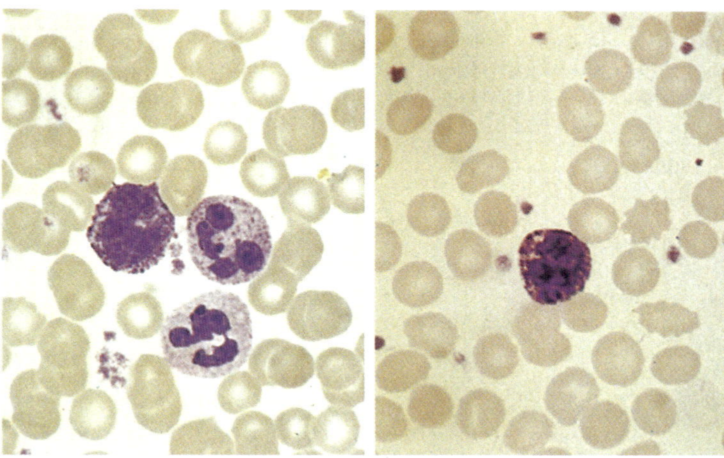

a b

Figure **20** Granulocytes basophiles. **a** À côté de deux neutrophiles à noyau segmenté (celui en haut présente une granulation plus importante), ce granulocyte basophile tranche par ses granules plus gros et ses segments nucléaires plus massifs. **b** Granules superposés au noyau.

Monocytes

Les monocytes proviennent de la moelle osseuse. Ils se différencient de la lignée granulocytaire à un stade précoce de leur développement sans que des précurseurs spécifiques puissent être mis en évidence au cours de l'examen morphologique. En raison de leur grande mobilité et de leurs capacités d'adhésion, les monocytes mûrs sont des cellules de morphologie très polymorphe. Leur taille varie entre 20 et 40 µm et la caractéristique constante est le noyau ovalaire qui présente souvent des contours irréguliers avec des excroissances et des indentations, voire des segmentations sous forme de pseudo-podes. La chromatine nucléaire finement structurée permet la distinction avec les myélocytes, dont la chromatine nucléaire a une structure striée et tachetée, et avec les lymphocytes qui possèdent un noyau homogène condensé. Le cytoplasme est d'étendue variable, gris basophile, contenant de façon diffuse et à la limite de la visibilité de très fines granulations rouges. Ces caractéristiques varient selon la taille de la cellule qui dépend de l'épaisseur du frottis. Dans les zones les moins épaisses comme dans les franges du frottis, on observe l'accumulation de grands monocytes avec un cytoplasme gris-bleu clair (« gorge-de-pigeon »). Dans les zones plus denses, les monocytes peuvent parfois ressembler aux lymphocytes ; la distinction se fait souvent par l'irrégularité du noyau et la teinte bleu-gris « orageuse » du cytoplasme.

Signification diagnostique. Une augmentation importante avec diminution des autres lignées évoque une myélodysplasie (surtout leucémie myélo-monocytaire chronique, p. 108) ou une leucémie monocytaire (p. 96). On peut observer une monocytose significative dans les jours qui précèdent la phase de réparation d'une aplasie granulocytaire, notamment toxique ou immuno-allergique[3].

---

(3) Les monocytoses observées dans les maladies infectieuses chroniques, comme l'endocardite d'Osler, la brucellose, la tuberculose, sont plus souvent relatives qu'absolues et constituent un signe hématologique insuffisamment reproductible ou probant pour être considéré comme significatif. Il ne faut pas confondre la monocytose et la mononucléose, qui résulte d'une stimulation de cellules lymphoïdes (NdT).

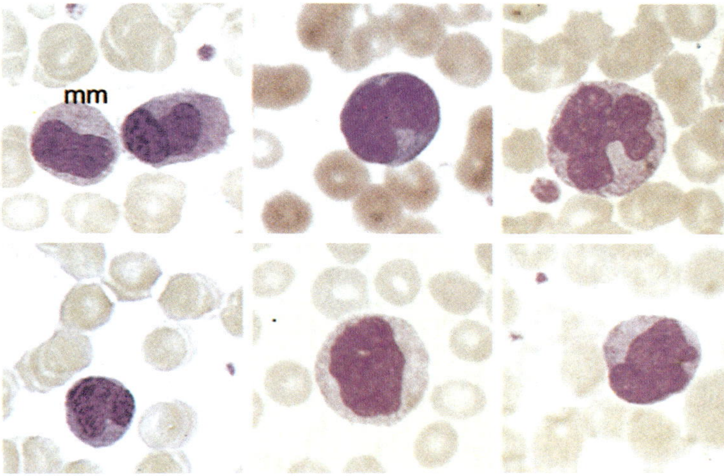

a e

b f

Figure **21** Monocytes. **a**, **b** Dans les zones épaisses du frottis, ils semblent plus compacts. En **a**, à côté d'un métamyélocyte (mm) qui se distingue par son cytoplasme plus clair et une trame nucléaire plus grossière. **c** Forme plus immature avec un cytoplasme bleu foncé. **d**-**f** Dans les zones moins denses du frottis, on observe bien la multiplicité des formes nucléaires.

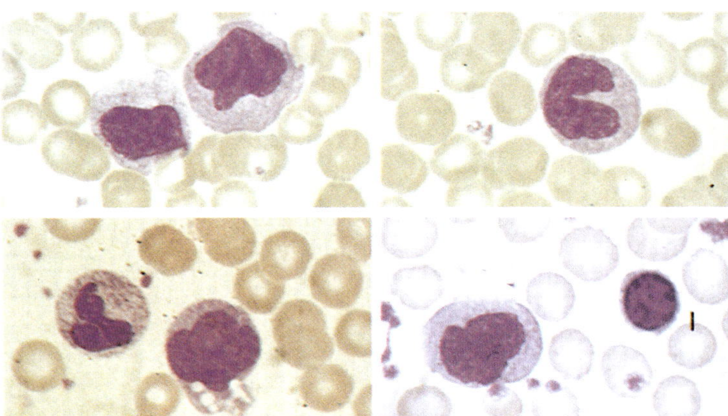

a c

b d

Figure **22** Monocytes. **a** Il est souvent facile de les distinguer des métamyélocytes (figure **14**) grâce à la coloration gris-bleu de leur cytoplasme, leur trame chromatinienne très fine et leur polymorphisme nucléaire. En **b**, vacuoles de phagocytose au pôle inférieur de la cellule. En **d**, monocyte à côté d'un lymphocyte (l).

Lymphocytes (et plasmocytes)

La différenciation lymphocytaire se déroule dans les ganglions lymphatiques, la rate, la moelle osseuse et les plaques de Peyer de la paroi du tube digestif, après conditionnement sous l'influence du thymus (lymphocytes T, 80 p. 100) ou de la moelle osseuse (lymphocytes B, 20 p. 100). Les formes immatures ne paraissent normalement quasiment jamais dans le sang. Les lymphocytes circulants sont surtout des « petits » lymphocytes de 6 à 9 µm de diamètre avec un noyau rond ou ovalaire. Leur chromatine est dense et mottée. En faisant varier la vis micrométrique, on n'observe pas l'aspect « en semoule » des myéloblastes ou l'aspect tourmenté des monocytes. Entre les mottes chromatiniennes, on peut observer des zones plus claires plus ou moins nettes, évoquant des lignes de rupture entre des plaques d'ardoise. Les nucléoles sont rares. Le cytoplasme, discrètement basophile, est très peu abondant. Dans environ 10 p. 100 (maximum 30 p. 100) des cellules, le cytoplasme contient quelques granules rouge-violet azurophiles. Les grands lymphocytes, d'une taille de 9 à 15 µm, ont des caractéristiques identiques avec une structure nucléaire en mottes moins dense. Les lymphocytes dont la différenciation T ou B n'est pas morphologiquement visible sont des cellules lymphoïdes en latence fonctionnelle. La forme terminale de la maturation des cellules B (dans la moelle osseuse et les ganglions) est représentée par les plasmocytes qui possèdent un noyau de structure radiaire « en rayon de roue » et un cytoplasme basophile. Entre le petit lymphocyte et le plasmocyte, il existe des formes variables appelées cellules lymphoplasmocytaires.

Signification diagnostique. Les valeurs normales des lymphocytes sanguins varient entre 1 500 et 4 000/ml. Les fonctions lymphocytaires sont appréciées par le taux d'immunoglobulines (pour les cellules B) et par les réactions cutanées de type tuberculinique (pour les cellules T). Des hyperlymphocytoses sont souvent associées à des transformations morphologiques au cours des infections virales (p. 66) ou des affections lymphoïdes systémiques (p. 70). Les lymphocytes sont épargnés par les processus toxiques ou aplasiques (agranulocytose, p. 84 ; anémie aplastique, p. 148 et suivantes). Des lymphopénies s'observent spontanément au cours de déficits immunitaires congénitaux (maladie de Bruton, maladie de Di George) ou acquis (SIDA).

La présence de plasmocytes mûrs dans le sang est observée au cours de la rubéole et dans l'exceptionnelle leucémie plasmocytaire.

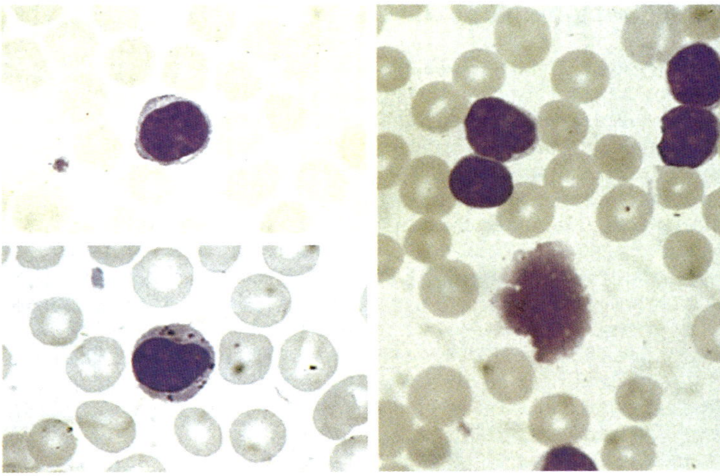

Figure **23** Lymphocytes. **a** Élément typique : petit avec un noyau dense. En **b** avec une granulation azurophile. En **c**, une ombre nucléaire représente les restes d'une cellule cytolysée (sans signification diagnostique particulière).

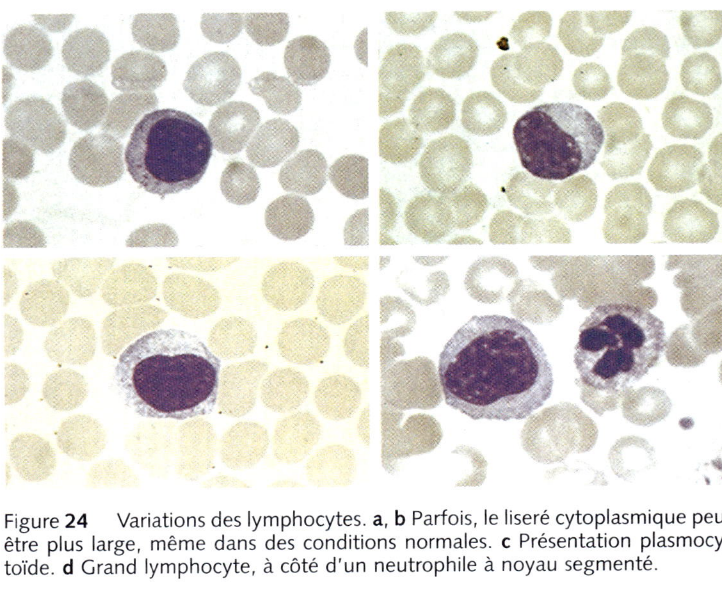

Figure **24** Variations des lymphocytes. **a**, **b** Parfois, le liseré cytoplasmique peut être plus large, même dans des conditions normales. **c** Présentation plasmocytoïde. **d** Grand lymphocyte, à côté d'un neutrophile à noyau segmenté.

Mégacaryocytes et thrombocytes

Les *mégacaryocytes* n'apparaissent dans le sang qu'au cours de syndromes myéloprolifératifs ou myélodysplasiques. Leur description aide à la compréhension de la formation des plaquettes (p. 112 et suivantes). Les mégacaryocytes situés dans la moelle osseuse ont de gigantesques noyaux hyperploïdes (cellules 4n à 32n) élaborés par endomitoses. L'augmentation de la formation des mégacaryocytes et de la libération plaquettaire est régulée par des facteurs humoraux selon les besoins en plaquettes (hémorragie, destruction accrue). Les plaquettes sont libérées par désintégration cytoplasmique avec formation de lambeaux cytoplasmiques contenant des granules. Les noyaux mégacaryocytaires nus sont ensuite phagocytés.

Ces lambeaux passent dans le sang où ils libèrent les *plaquettes mûres*. Elles se présentent comme des éléments anucléés de 1 à 4 µm, possédant un cytoplasme bleu pâle en étoile et de fines granulations bleu rougeâtre au centre.

Signification diagnostique. Sur le frottis sanguin, on observe en général des plaquettes dispersées ou en amas (à l'objectif × 100 : 8 à 15 cellules par champ). Il est possible en principe de les compter par rapport à un million de globules rouges. Une analyse rapide du frottis permet d'apprécier l'augmentation ou la diminution des plaquettes, justifiant alors un comptage dans une chambre, notamment pour vérifier l'existence d'une thrombopénie aiguë (p. 166 et suivantes).

Des micromégacaryocytes apparaissent dans le sang au cours de maladies myéloprolifératives ou myélodysplasiques (p. 169).

Il n'y a normalement jamais de mégacaryocytes sur un frottis sanguin. Les thrombocytes sont présents dans chaque champ de vision

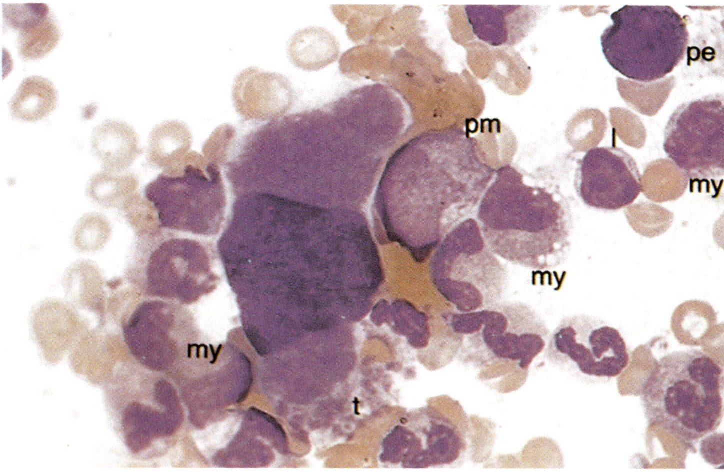

Figure **25** Cytologie médullaire avec un mégacaryocyte. Au centre, le noyau volumineux. Le cytoplasme avec ses granulations très fines est situé des deux côtés du noyau. En bas, on remarque un début de libération de plaquettes (t). À côté, des cellules médullaires immatures ou en voie de maturation ; pe : proérythroblaste ; pm : promyélocyte ; my : myélocyte ; l : lymphocyte.

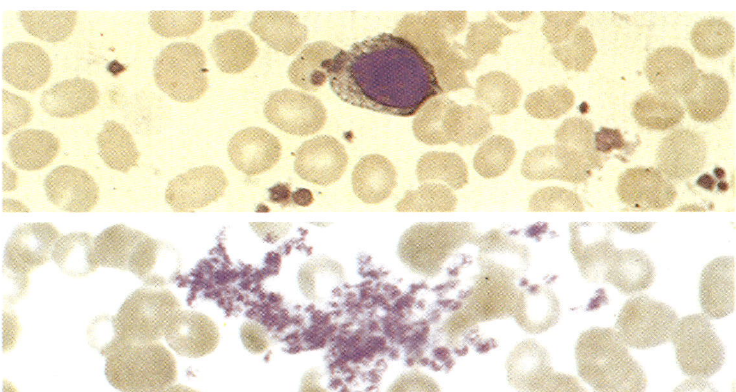

a

b

Figure **26** Thrombocytes. **a** Densité et variations de taille normales des plaquettes (autour d'un métamyélocyte). **b** L'agrégat de thrombocytes, souvent dans les franges du frottis, ne correspond pas à une réelle augmentation de leur nombre.

Composition cellulaire de la moelle osseuse et techniques d'analyse

Nous avons déjà souligné que la plupart des perturbations de l'hématopoïèse peuvent être diagnostiquées par les données de la clinique, de l'hémogramme et des dosages biologiques. Selon notre expérience, l'apprentissage de l'analyse cytologique de la moelle osseuse est difficile et les occasions de s'entraîner rares en raison des indications limitées de cet examen. Mais le diagnostic médullaire apporte fréquemment des renseignements spécifiques utiles au diagnostic. En connaissant les cellules décrites aux pages précédentes, le débutant peut interpréter les frottis médullaires des différentes maladies et suivre une démarche diagnostique analogue. L'analyse des étalements ou des frottis médullaires débute toujours par une vue d'ensemble de la lame au faible grossissement. Elle est suivie d'un examen plus détaillé d'au moins 200 cellules dans deux régions représentatives. On observe de grandes variations des valeurs normales indiquées dans le tableau **4**. La grande variabilité de ces valeurs, chez deux auteurs pourtant parmi les plus expérimentés, illustre bien leur subjectivité et leur imprécision.

Plusieurs critères d'évaluation et de quantification sont accessibles.

Densité cellulaire. Ce critère est très sujet aux artefacts. La figure **27** donne une idée approximative de la densité cellulaire normale. Une moelle peu riche peut être due à la technique du prélèvement ou de l'étalement. Elle est vraisemblable en présence de grumeaux médullaires dans le frottis et s'il existe une prédominance d'adipocytes tissulaires parfois vacuolés.

La *densité cellulaire augmente* au cours des processus régénératifs, des leucémies et des syndromes myéloprolifératifs (sauf dans l'ostéomyélosclérose).

La *densité cellulaire diminue* au cours des processus aplasiques, des myélofibroses ou des envahissements médullaires métastatiques d'un carcinome.

Tableau **4** Répartition des lignées cellulaires médullaires

	Valeurs moyennes (d'après J. Boll)	Valeurs moyennes et extrêmes (d'après K. Rohr)	
Lignée rouge			
– Pro-érythrocytes	1		
– Érythroblastes basophiles	3	3,5	0,5-7,5
– Normobastes(1)	16	19	(7-40)
Lignée des neutrophiles			
– Myéloblastes	2,7	1	(0,5-5)
– Promyélocytes	9,5	3	(0-7,5)
– Myélocytes	14	15	(5-25)
– Métamyélocytes	10,5	15	(5-20)
– Cellules à noyau non segmenté	9,8	15	(5-25)
– Cellules à noyau segmenté	17,5	7	(0,5-15)
Autres lignées cellulaires			
– Granulocytes éosinophiles	5	3	(1-7)
– Granulocytes basophiles	1	0,5	(0-1)
– Monocytes	2	2	(0,5-3)
– Lymphocytes	6	7,5	(2,5-15)
– Plasmocytes	1,5	1	(0,5-3)
Mégacaryocytes			
Grande variabilité selon la densité cellulaire ; 0,5-2/champ de vision dans un agrandissement de vue globale			

(1) Les auteurs français distinguent parmi ces cellules les érythroblastes polychromatophiles et acidophiles.

Rapport lignée rouge/lignée blanche. La cytologie médullaire ne permet qu'une appréciation quantitative relative du rapport entre les précurseurs rouges et la totalité des éléments blancs : il est d'environ 1:4 ; celui entre les précurseurs de la lignée rouge et la lignée myéloïde de 1:3 (tableau **4**).

Une *diminution du rapport au profit de l'érythropoïèse* s'observe au cours des anémies régénératives (anémie post-hémorragique, par hémolyse dans les permiers jours du traitement d'une carence martiale ou vitaminique), dans les polyglobulies, les thrombocytémies et plus rarement au cours des myélodysplasies. Une *augmentation du rapport au profit de la granulopoïèse* s'observe au cours des processus réactionnels (infection, défense antitumorale) et des hémopathies malignes de la lignée blanche (leucémie myéloïde chronique, leucémies).

Distribution et qualité cellulaire de l'érythropoïèse. L'érythropoïèse est habituellement marquée par une prédominance des érythroblastes acidophiles et polychromatophiles, et un pourcentage moins important de pro-érythroblastes et d'érythroblastes basophiles (tableau **4**). Une déviation à gauche correspond à l'augmentation du nombre de formes immatures et une déviation à droite à l'augmentation de la fraction érythroblastique acidophile et polychromatophile. Les carences vitaminiques en vitamine B_{12} ou en acide folique donnent des images typiques de diminution de densité nucléaire et de fragmentations du noyau des pro-érythroblastes ainsi qu'une segmentation érythroblastique (érythropoïèse mégaloblastique) avec prédominance des pro-érythroblastes.

Une *déviation à droite* s'observe au cours des hémolyses (îlots érythroblastiques).

Distribution et qualité cellulaire de la granulopoïèse. La granulopoïèse est soumise au même principe. Le pourcentage des cellules augmente parallèlement à leur degré de maturité. Une déviation à gauche, par rapport à la normale, désigne donc l'augmentation relative des formes immatures, et une déviation à droite l'augmentation des cellules mûres (tableau **4**). Des processus réactionnels peuvent entraîner un asynchronisme de maturation (par exemple, le noyau présente une structure de myélocyte avec un cytoplasme encore très basophile).

Une *déviation à gauche* caractérise les processus réactionnels et les myélodysplasies ; une prédominance de blastes indifférenciés et de formes moyennement mûres est la marque des leucémies aiguës. Une prédominance de promyélocytes normaux est caractéristique des sorties d'agranulocytose.

Une *déviation à droite* doit être considérée sans importance diagnostique.

Cytochimie. La classification des leucémies aiguës peut être facilitée par les réactions de PAS, peroxydase, estérase ou phosphatase acide sur frottis médullaires non colorés (p. 102).

Dans la moelle osseuse, les cellules hématopoïétiques sont dispersées, non cohésives

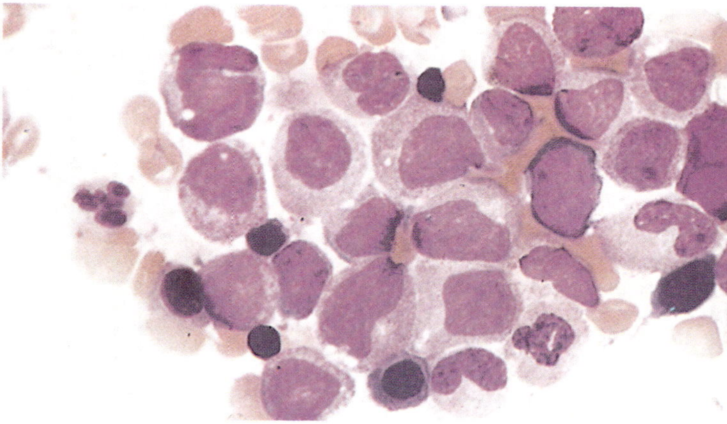

Figure **27** Exemple d'une cytologie médullaire non spécifique sans contamination sanguine et avec une densité cellulaire normale. Les éléments avec des noyaux denses sont des précurseurs rouges. On remarque une prédominance d'origine réactionnelle de la lignée blanche avec une augmentation des formes moyennement mûres.

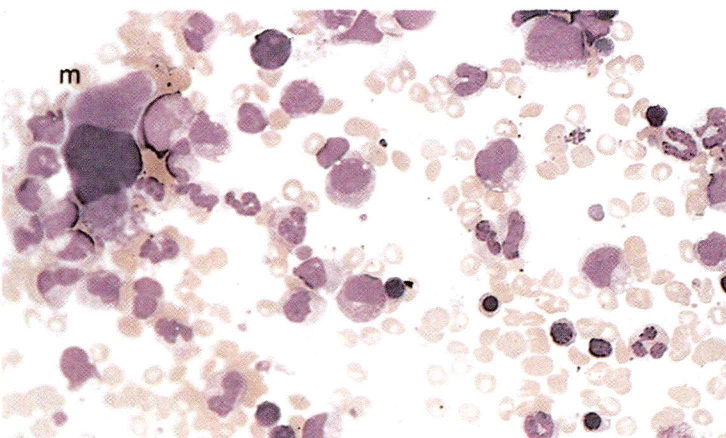

Figure **28** Exemple d'une cytologie médullaire non spécifique mais avec une forte contamination sanguine (agrandissement vue globale x 400) et densité cellulaire normale. On observe le mélange bigarré et le polymorphisme des éléments cellulaires des différentes lignées, caractéristique d'une moelle normale ou réactionnelle. En haut à gauche, un mégacaryocyte (m).

Interprétation qualitative et quantitative des cellules non érythroblastiques et non granuleuses. Les lymphocytes peuvent être augmentés au cours de processus réactionnels mais l'augmentation des lymphocytes médullaires est suspecte de leucémie lymphoïde chronique (LLC). La classification précise suit les critères de la morphologie lymphocytaire (p. 48, 72).

Les *plasmocytes* sont discrètement augmentés lors de processus réactionnels, et fortement augmentés et de forme anormale dans le myélome. L'augmentation des lymphocytes et des plasmocytes, associée à la pauvreté des autres lignées cellulaires, évoque une aplasie médullaire.

L'augmentation des *éosinophiles* et des *monocytes* a la même signification que dans le sang (p. 44, 46).

Les *mégacaryocytes* diminuent au cours des agressions toxiques de la moelle osseuse et augmentent après une hémorragie, une augmentation du taux de renouvellement plaquettaire (thrombopénies périphériques) ou dans les syndromes myéloprolifératifs (leucémie myéloïde chronique, polyglobulie, thrombocytémie).

Coloration de Perls (mise en évidence du fer de l'érythropoïèse). Dans 20 à 40 p. 100 des érythroblastes, la coloration par le bleu de Prusse met en évidence leur contenu en fer sous forme d'un à quatre petits granules cytoplasmiques appelés sidérosomes. Ces cellules portent alors le nom de sidéroblastes. Un nombre élevé de granules au sein d'un érythroblaste est en faveur d'un défaut de l'utilisation du fer, notamment si ces granules sont disposés en anneau autour du noyau (sidéroblastes en couronne). Cette coloration permet aussi de visualiser le contenu en fer des macrophages qui le stockent sous forme de granulations diffuses (figure **30**).

Le pourcentage de sidéroblastes et de macrophages contenant du fer est réduit dans toutes les carences martiales. Les syndromes inflammatoires ou la prise de toxiques entraînent une diminution de la saturation des érythroblastes avec augmentation de saturation des macrophages. Le contenu ferrique des érythroblastes est normal au cours des hémolyses mais augmenté dans les anémies mégaloblastiques et surtout dans le cas des anémies dites sidéroblastiques.

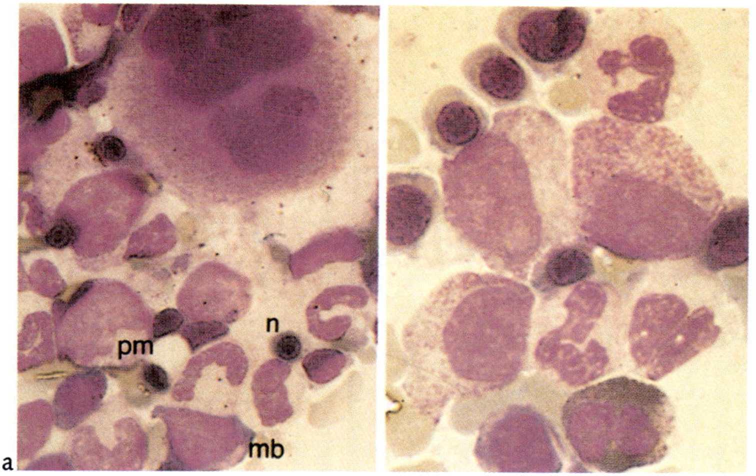

Figure **29** **a** Composition cellulaire polymorphe dans une moelle normale. Mégacaryocyte (au bord supérieur de la photographie) et éléments de la granulocytopoïèse. mb : myéloblaste, pm : promyélocyte, n : neutrophile. **b** Variations morphologiques des différentes formes cellulaires (par exemple, trois promyélocytes).

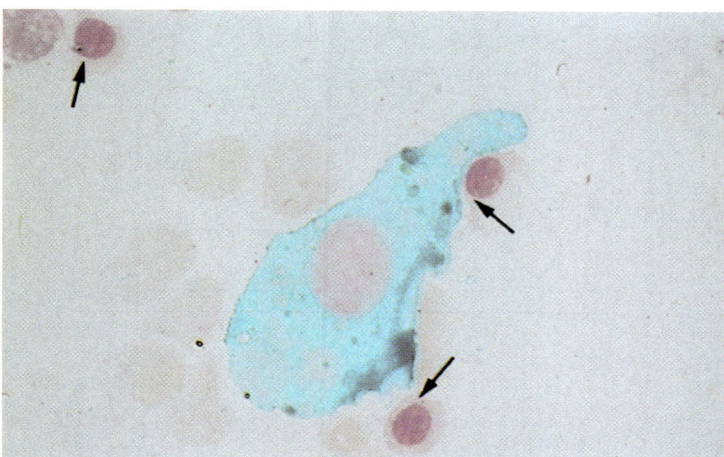

Figure **30** Coloration de Perls de la moelle. Forte charge en fer à l'intérieur d'un macrophage et traces de fer stocké dans des normoblastes (flèches).

Cellules du stroma médullaire

- Les *cellules réticulaires fibroblastiques* forment une charpente solide et élastique dans laquelle sont situées les cellules hématopoïétiques. L'aspiration en rapporte rarement et, sur les frottis cytologiques, elles se trouvent plutôt au niveau des îlots cellulaires denses, se présentant alors sous forme filamenteuse avec un cytoplasme étiré et un petit noyau. La coloration de Perls les fait apparaître comme des cellules « réticulaires » différentes des macrophages potentiellement capables de stocker du fer. Leur augmentation quantitative doit faire évoquer une affection médullaire aplasique ou toxique.
- Les *cellules réticulaires histiocytaires* correspondent à des *macrophages* en cours de phagocytose. Elles sont les principales cellules de stockage du « fer tissulaire » ; cependant, comme elles ont de petits noyaux et un cytoplasme faiblement visible, elles sont souvent mises en évidence sur les colorations standard lorsqu'elles présentent des accumulations de lipides ou des pigments.
- Les *ostéoblastes* sont de grandes cellules avec un cytoplasme large et excentré qui, contrairement à celui des plasmocytes, se colore sans zone d'éclaircissement périnucléaire en un gris-bleu irrégulier et « nuageux ».
- Les *ostéoclastes* sont des cellules multinucléées à large cytoplasme bleu-gris contenant souvent de fines granulations azurophiles.

Ce résumé montre qu'il est possible, en connaissant les éléments cellulaires décrits aux pages 32 à 51, et en tenant compte des catégories médullaires énumérées ci-dessus, d'interpréter un prélèvement médullaire. Il souligne également qu'un diagnostic de certitude n'est possible qu'en intégrant l'analyse de la moelle osseuse aux données de l'examen clinique, de la biochimie sanguine et de l'hémogramme quantitatif et qualitatif. Les chapitres suivants seront consacrés aux conduites diagnostiques devant les perturbations de ces lignées cellulaires.

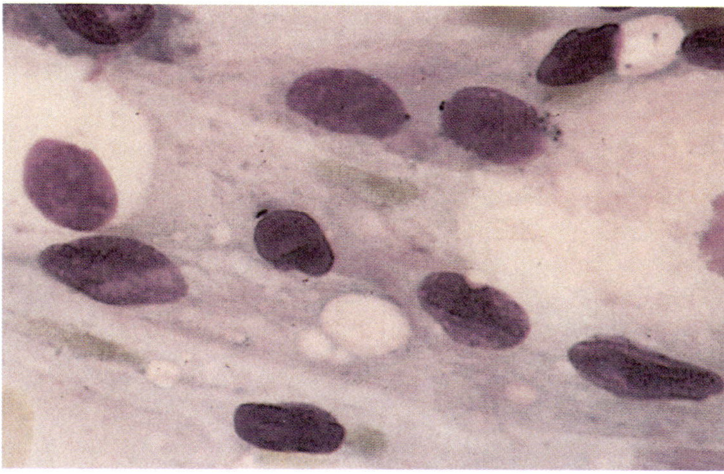

Figure **31** La matrice cellulaire de la moelle osseuse est formée par des fibroblastes fusiformes. En raison de la forte densité des cellules hématopoïétiques, ils sont cependant souvent invisibles et ne peuvent être observés sous cette forme que dans des processus aplasiants.

a

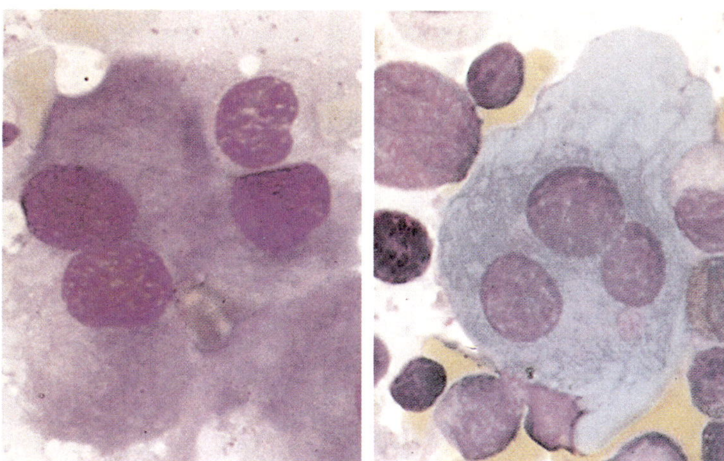

b

Figure **32** **a** Ostéoblastes médullaires qui peuvent être confondus avec des plasmocytes. **b** Ostéoclaste médullaire.

Anomalies des lignées leucocytaires

Une approche ancienne mais pragmatique classe les frottis sanguins selon la prédominance de cellules rondes ou ovales (« mononucléées ») ou de cellules segmentées (« polynucléées »). Cette approche facilite une orientation diagnostique immédiate.

Orientation diagnostique

Diagnostic devant une prédominance de cellules rondes ou ovales :

- hyperlymphocytose ou monocytose réactionnelle (p. 66) ;
- maladies du système lymphoïde (lymphomes, leucémies lymphoïdes, p. 70) ;
- leucémies aiguës et acutisation d'une leucémie myéloïde chronique (p. 88) ;
- déficits en polynucléaires (agranulocytose, anémie aplastique, myélodysplasie, p. 40).

Diagnostic devant une prédominance de cellules segmentées (figure **71**) :

- processus réactionnels (p. 66) ;
- leucémie myéloïde chronique (p. 112 et suivantes) ;
- ostéo-myélosclérose (p. 120).

Prédominance de cellules mononucléées (tableau **5**)

Dans un prélèvement sanguin normal, les valeurs cellulaires quantitatives par microlitre sont soumises à d'importantes variations. De nombreuses maladies provoquent une augmentation (hyperleucocytose) ou une diminution (leucopénie) du nombre des cellules d'une des lignées leucocytaires. L'interprétation nécessite donc la connaissance des *valeurs normales* et de leurs *limites* (tableau **2**, p. 12). L'aspect du frottis permet de distinguer la prédominance des cellules « mononucléées » (rondes ou ovales) et « segmentées » (polynucléées).

La prédominance absolue ou relative de cellules mononucléées oriente principalement vers les diagnostics cités ci-dessus.

Il est très important de faire la distinction entre cellules lymphoïdes et blastes d'origine myéloïde. La structure du noyau est très utile, faite de plaques ou de bourrelets de chromatine très dense alternant avec des zones plus claires dans les cellules lymphoïdes mûres, alors qu'elle semble finement structurée et plus tourmentée, comme du velours ou de la semoule, dans les blastes myéloïdes.

Tableau **5** Conduite diagnostique devant une anomalie de la lignée blanche avec une prédominance de cellules mononucléées

Clinique	Hb	Leucocytes	Polynucléaires (p. 100)	Lymphocytes (p. 100)	Autres cellules
Fièvre ± éruption Adénopathies	n	↓/n	↓	↑ Formes stimulées	—
Fièvre Adénopathies ± splénomégalie	n	↑	↓	↑	Formes stimulées, grandes cellules hyperbasophiles
Adénopathies d'apparition progressive ± splénomégalie	↓	↑	↓	↑↑	—
Sueurs nocturnes Adénopathies d'apparition progressive ± splénomégalie ± fièvre	↓	n/↑	↓	↑	Cellules lympho-plasmocytaires
Adénopathies isolées	↓	n/↑/↓	n/↓	n ou ↑	Cellules clivées (centrocytes)
Splénomégalie isolée	↓	↑/↓	↓	Leucocytes « chevelus »	
Fièvre Angine	n	↓	↓	↑	Monocytes ↑
Altération de l'état général	↓	↑	↓	n	Monocytes ↑
Pâleur, fièvre (syndrome hémorragique)	↓	↑/n/↓	↓	↓	Prédominance de cellules rondes immatures
Asthénie, sueurs nocturnes Douleurs osseuses	↓	n/↓	n	n	—

Étapes du diagnostic (de gauche à droite). I : l'étape suivante n'est pas indispensable au diagnostic ; ⁞ : les examens cités ne fournissent pas de renseignement supplémentaire ; → : examen obligatoire pour le diagnostic ; n : valeur normale ; ↓ : valeur abaissée ; ↑ : valeur augmentée.

Plaquettes	Électro-phorèse	Diagnostic à évoquer	Examens complémentaires/ confirmation diagnostique	Moelle osseuse	Texte
n	n/γ ↑	**Infection virale, par exemple rubéole**	Évolution clinique Sérologies spécifiques		p. 66
n	γ ↑	**Mononucléose**	MNI-test Sérologie EBV (± CMV)		p. 68
↓	n/γ ↓	**LLC surtout Forme leucémique d'un lymphome non hodgkinien**	Si morphologie typique, analyse des marqueurs lymphocytaires Si doute influençant le traitement : histologie ganglionnaire	Atteinte constante dans la LLC ; fréquente dans d'autres lymphomes	p. 74
n/↓	Parfois γ ↑	**Immunocytome (maladie de Waldenström)**	Immuno-électrophorèse ; analyse des marqueurs des lymphocytes sanguins. Si doute, histologie ganglionnaire	Atteinte quasi constante	p. 80
n/↓	n	**Lymphome non hodgkinien, par exemple lymphome centroblasto-centrocytique**	Histologie ganglionnaire si conséquences thérapeutiques	Atteinte fréquente	p. 78
↓	n	**Leucémie à tricholeucocytes**	Phosphatase acide des cellules sanguines	Toujours atteinte ; mais discrète au début	p. 78
n	n	**Agranulocytose**	→	Arrêt de maturation	p. 84
n	Parfois α_2 ↑	**Monocytose relative par infection chronique ou tumeur (1)**	Recherche du foyer		p. 86
↓	n	**Leucémie aiguë**	Cytochimie des cellules sanguines, caryotype Marqueurs immunologiques →	Infiltration blastique constante	p. 88
n/↓	Bande homogène	**Plasmocytome**	Immuno-électrophorèse Protéinurie Clichés du squelette →	Plasmocytes constants	p. 80

(1) Une monocytose excessive est presque toujours liée à un trouble de production médullaire, souvent dans le cas d'une myélodysplasie plus ou moins apparente (NdT).

Hyperlymphocytoses

L'examen des frottis permet de distinguer facilement les cas d'*hyperlymphocytose* à lymphocytes morphologiquement normaux, des *syndromes lymphoprolifératifs* à lymphocytes atypiques et/ou stimulés. Les cellules lymphoïdes possèdent d'importantes capacités de transformation qui se manifestent habituellement par une augmentation de la taille du noyau, une discrète diminution de la densité chromatinienne et un élargissement de la zone cytoplasmique basophile.

Une symptomatologie clinique comportant fièvre, adénopathies, éruption cutanée est souvent associée à l'activation lymphoïde. Les globules rouges et les plaquettes ne sont pratiquement pas modifiés. Les polynucléaires exprimés en valeur absolue (par µl) sont le plus souvent normaux.

L'excès de *lymphocytes morphologiquement normaux* dans le sang est observé au cours des maladies suivantes :

- la *coqueluche* entraîne une hyperlymphocytose, généralement entre 20 000 et 50 000/µl pendant la période des quintes ;
- la *lymphocytose infectieuse* est une maladie infectieuse fébrile, sans gravité et de courte durée, touchant surtout l'enfant élevé en collectivité ; le nombre de cellules peut dépasser 50 000/µl ;
- la *leucémie lymphoïde chronique* comporte une hyperlymphocytose absolue avec des chiffres souvent très élevés.

Des lymphocytes *stimulés* prédominent au cours des maladies suivantes :

- les *primo-infections* par le cytomégalovirus ou le virus d'Epstein-Barr (EBV) entraînent une réaction lymphocytaire majeure avec présence de grandes cellules hyperbasophiles (p. 68) ;
- des cellules hyperbasophiles sont aussi associées aux *infections virales*, notamment par les virus des hépatites, de la rubéole ;
- la *toxoplasmose* dans sa forme ganglionnaire : l'hyperlymphocytose est souvent modérée, les lymphocytes ont une morphologie plasmocytoïde ;
- une confusion terminologique fréquente fait attribuer une « réaction mononucléosique » à la primo-infection par le virus VIH. En réalité, les symptômes reliés à cet épisode ont été décrits sous le terme confus de *syndrome mononucleosis-like* par référence aux seuls signes cliniques. On observe en effet une importante lymphopénie (notamment CD4) lors de cet épisode d'entrée dans la maladie (NdT).

Cellules lymphoïdes polymorphes arrondies ou ovalaires (cellules mononucléées hyperbasophiles) caractéristiques d'une activation lymphocytaire

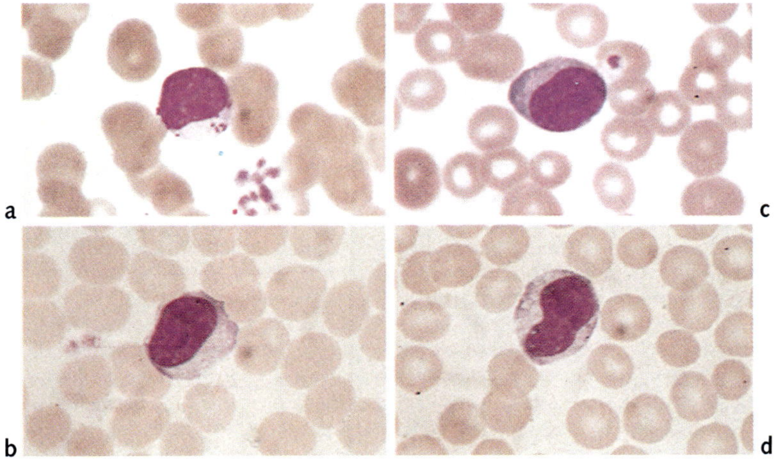

Figure **33** Cellules lymphoïdes hyperbasophiles. **a** Stimulation modérée ; les granules azurophiles peuvent exister dans des cellules quiescentes. **b-d** Stimulation moyenne ; ces formes plasmocytoïdes s'observent souvent au cours de maladies virales comme la rubéole.

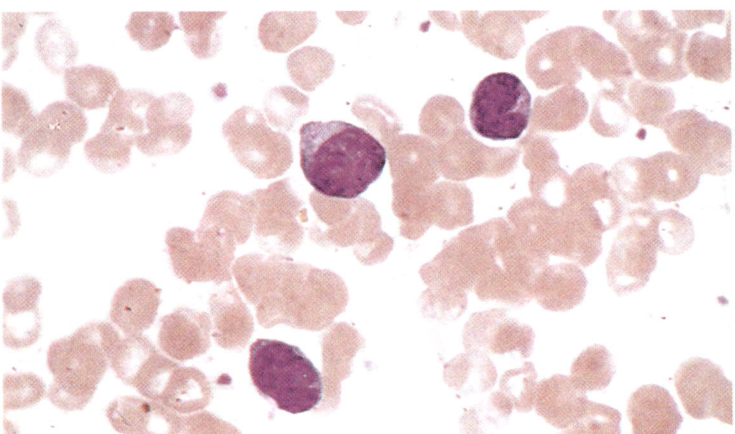

Figure **34** Le frottis est dominé par des formes lymphoïdes réactionnelles de morphologie variable (ici au cours d'une hépatite aiguë). Les deux plus petites cellules se distinguent des monocytes par leur densité nucléaire.

Exemple d'une réaction mononucléosique majeure : la mononucléose infectieuse

L'apparition d'une fièvre précédée de prodromes (asthénie, courbatures…), d'adénopathies et d'une angine avec, à l'hémogramme, une hyperleucocytose modérée (aux alentours de 20 000/µl) à prédominance de cellules mononucléées fait évoquer une mononucléose infectieuse due au *virus d'Epstein-Barr* (EBV). La majorité de ces cellules sont des cellules mononucléées transformées (grandes cellules hyperbasophiles). Il s'agit de lymphocytes de type T en réaction contre les lymphocytes B infectés par le virus. La chromatine des noyaux, dont la taille est deux à trois fois celle des lymphocytes, paraît hétérogène. Le cytoplasme est relativement grand, basophile avec des zones claires et de petites vacuoles, mais sans granulations. Le nombre et l'aspect de ces cellules peuvent varier au cours de l'infection, pouvant reproduire l'aspect d'un immunoblaste à celui de cellules plasmocytoïdes.

Le diagnostic est souvent facile pour un cytologiste expérimenté, mais peut déconcerter un œil moins exercé. Le piège n'est pas tant dans la distinction avec d'autres maladies virales que dans la confusion possible avec une leucémie aiguë, car les lymphocytes transformés peuvent ressembler à des blastes leucémiques. Cependant, le caractère normal des autres lignées, le polymorphisme morphologique des cellules doivent rassurer sur la bénignité du syndrome. Les tests sérologiques (antigènes et anticorps anti-EBV, MNI-test) permettent en général un diagnostic rapide.

Lorsque la sérologie EBV est négative, il faut envisager le diagnostic de primo-infection par le *cytomégalovirus* qui peut être responsable du même syndrome.

Caractéristiques de la mononucléose infectieuse

Âge : enfant ou adolescent.
Symptomatologie clinique : adénopathies cervicales d'apparition rapide, parfois splénomégalie.
Hémogramme : leucocytes ↑, lymphocytes stimulés (hémoglobine et plaquettes normales).
Examens complémentaires : MNI-test, sérologie EBV (IgM+) ; transaminases souvent ↑.
Diagnostic différentiel : autres viroses ; leucémies (Hb ↓, plaquettes ↓, aspect blastique constant). Si persistance des adénopathies au-delà de trois semaines : cytologie → histologie ganglionnaire.
Évolution et traitement : régression spontanée en deux à quatre semaines(1). Traitement symptomatique.

(1) Cette indication de délai semble bien stricte si l'on garde à l'esprit l'évolution souvent traînante de la maladie. On peut tolérer un délai plus long, en particulier pour voir régresser les adénopathies et la splénomégalie si le diagnostic est certain (NdT).

Grandes cellules évoquant des immunoblastes mais avec un cytoplasme large : suspicion de mononucléose

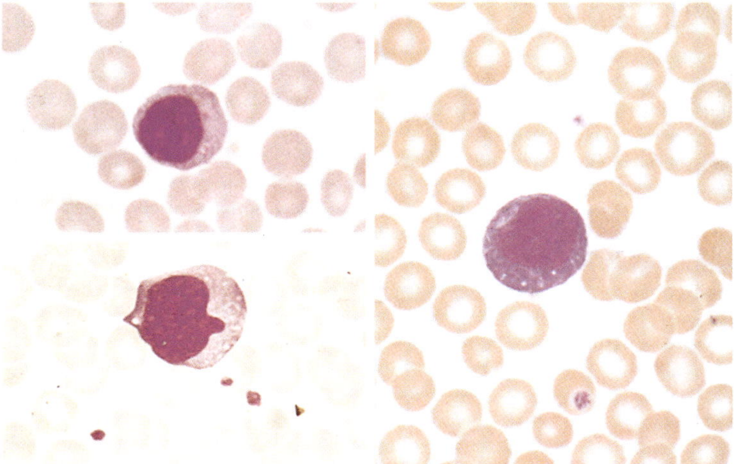

a b c

Figure **35** Lymphocytes transformés au cours d'une mononucléose. **a-c** Différents stades de transformation immunoblastique avec une structure nucléaire dense. Les grandes cellules en **b** et **c** sont parfois appelées « cellules de Pfeiffer ».

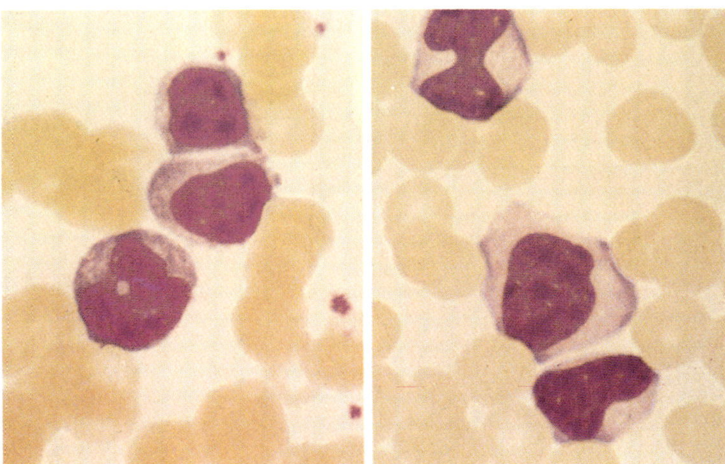

a b

Figure **36** L'image très variée des lymphocytes transformés au cours d'infections virales (surtout la mononucléose).

Maladies du système lymphoïde (lymphomes non hodgkiniens)

Les maladies malignes du système lymphoïde sont subdivisées en lymphomes hodgkiniens et lymphomes non hodgkiniens (LNH). Dans certains cas, les cellules du lymphome sont présentes dans le sang.

- Les LNH à petites cellules sont souvent leucémiques. La leucémie lymphoïde chronique et ses variantes en sont un exemple.
- Les LNH à grandes cellules sont rarement leucémiques. Cependant, les lymphomes lymphoblastiques peuvent évoluer rapidement sous la forme d'une leucémie aiguë lymphoblastique.
- Le myélome est assimilé à un lymphome B caractérisé par une prolifération plasmocytaire médullaire et la sécrétion d'une immunoglobuline monoclonale sérique et/ou urinaire.
- La maladie de Hodgkin n'a jamais d'expression cellulaire dans le sang (d'où sa description au chapitre de la cytologie ganglionnaire, p. 176).

Les classifications anatomopathologiques modernes des lymphomes sont fondées sur la morphologie cellulaire et ganglionnaire ainsi que sur l'immunologie cellulaire. La classification de Kiel, élaborée par K. Lennert, avec ses différentes versions actualisées s'est imposée en Europe. Dans la littérature américaine, la référence est la « Working Formulation » de 1982 (tableau **6**). Ces classifications sont reprises dans une version récente révisée, désignée sous le terme de classification REAL (Revised European American Lymphoma). La définition des stades d'extension des LNH (I à IV) suit la classification d'Ann Arbor de la maladie de Hodgkin.

Tableau **6** Répartition anatomopathologique des lymphomes non hodgkiniens selon la classification de Kiel (1995) ; entre parenthèses : variantes importantes de la classification REAL, 1994

	Caractéristiques cliniques	Working Formulation
Lymphomes B Leucémie lymphoïde chronique (LLC-B)	p. 74	*Small lymphocytic lymphoma consistent with CLL*
Immunocytome lymphoplasmocytoïde (parfois comme la LLC)	p. 76	*Small lymphocytic plasmacytoid*
Immunocytome lymphoplasmocytique (lymphome de la zone marginale)	IgM monoclonale (maladie de Waldenström)	*Small lymphocytic plasmacytoid*
Lymphome centrocytique et sous-type centrocytoïde du lymphome centroblastique [lymphome du manteau]	Souvent généralisé ; parfois plus agressif	*Small, lymphocytic diffuse, small cleaved cell, large cleaved cell et mixed small and large cell*

Tableau **6** (*suite*)

	Caractéristiques cliniques	Working Formulation
Lymphome centroblasto-/centrocytique [lymphome centrofolliculaire, grades I à III]	Parfois non généralisé, limites floues avec des formes à malignité plus élevée (anciennement : lymphome de Brill-Symmers)	*Follicular, predominantly small cleaved, et al.*
Lymphome monocytoïde, inclus lymphome de la zone marginale [lymphome ganglionnaire de la zone marginale et lymphome extra-ganglionnaire des zones marginales des tissus lymphoïdes annexés aux muqueuses (MALT)]	Rapidement généralisé, parfois sous forme leucémique ; ou agressif dans muqueuses, surtout estomac et tube digestif	*Small, lymphocytic* *Diffuse small cleaved*
Leucémie à tricholeucocytes	Splénomégalie, pancytopénie et présence de tricholeucocytes dans le sang	
Plasmocytome et myélome	Ostéolyse, protéine monoclonale Adénopathies exceptionnelles	*Plasmacytoma*
Lymphome centroblastique Lymphome immunoblastique Lymphome anaplasique à grandes cellules B (Ki1 +) } Lymphome B diffus à grandes cellules	Lymphomes agressifs, de malignité élevée, parfois au stade d'extension limitée	*Diffuse, large cell*
Lymphome B lymphoblastique (leucémie aiguë lymphoblastique)	Surtout sous forme d'une leucémie lymphoblastique	*Lymphoblastic*
Lymphome de Burkitt	Forme endémique (Afrique), EBV dans les cellules lymphomateuses ; en Europe sans EBV (rare)	*Burkitt's lymphoma*
Lymphomes T Leucémie lymphoïde chronique (LLC-T) Leucémie prolymphocytaire T [leucémie à grands lymphocytes granuleux T et leucémie à cellules NK]	LLC-T plus agressive que LLC-B Lymphocytose avec des lymphocytes présentant des granulations azurophiles ; souvent indolente	*Small lymphocytic diffuse, small cleaved*

Tableau **6** (*suite*)

	Caractéristiques cliniques	**Working Formulation**
Lymphomes à petits lymphocytes cérébriformes — mycosis fongoïde — syndrome de Sézary	Lymphomes cutanés agressifs Sézary leucémique	*Mycosis fungoides*
Lymphome de la zone T Lymphome lympho-épithéloïde } Lymphomes T périphériques	Agressivité variable, souvent agressif	*Diffuse, small cleaved* *Diffuse large*
Lymphome angio-immunoblastique (AILD)	Parfois clinique très variée avec phénomènes d'auto-immunité ; souvent changement vers forme à haute malignité	*Diffuse, mixed small and large*
Lymphome T pléiomorphe à cellules T et à prédominance de petites cellules/HTLV1+	Endémique (Japon, Caraïbes) ; parfois lyse osseuse ; parfois forme leucémique	*Diffuse, small cleaved*
Lymphome T immunoblastique Lymphome T anaplasique (Ki1+) Lymphome T lymphoblastique	Haute malignité Haute malignité Souvent sous forme de leucémie aiguë de l'enfant ; parfois tumeur médiastinale	*Large cell immunoblastic* *Large cell immunoblastic* *Lymphoblastic lymphoma*

Différenciation des cellules lymphoïdes et origine des lymphomes non hodgkiniens

Les lymphomes non hodgkiniens correspondent à une prolifération monoclonale déterminée à un stade précis de la différenciation des lignées B et T, comme l'illustre de façon schématique la figure **37**.

Le diagnostic morphologique à partir du frottis sanguin n'est jamais suffisant pour poser un diagnostic de lymphome, même dans les cas où il évolue sous forme leucémique (exception faite de la leucémie lymphoïde chronique) et dans certains cas de phases leucémiques des lymphomes lymphoblastiques, dont les images sont proches d'une leucémie aiguë lymphoblastique (p. 100). Dans tous les autres cas, le diagnostic de lymphome justifie une analyse ganglionnaire ou du tissu infiltré pour le diagnostic (figure **123**). Le diagnostic morphologique est utilement complété par une étude immunologique et cytogénétique.

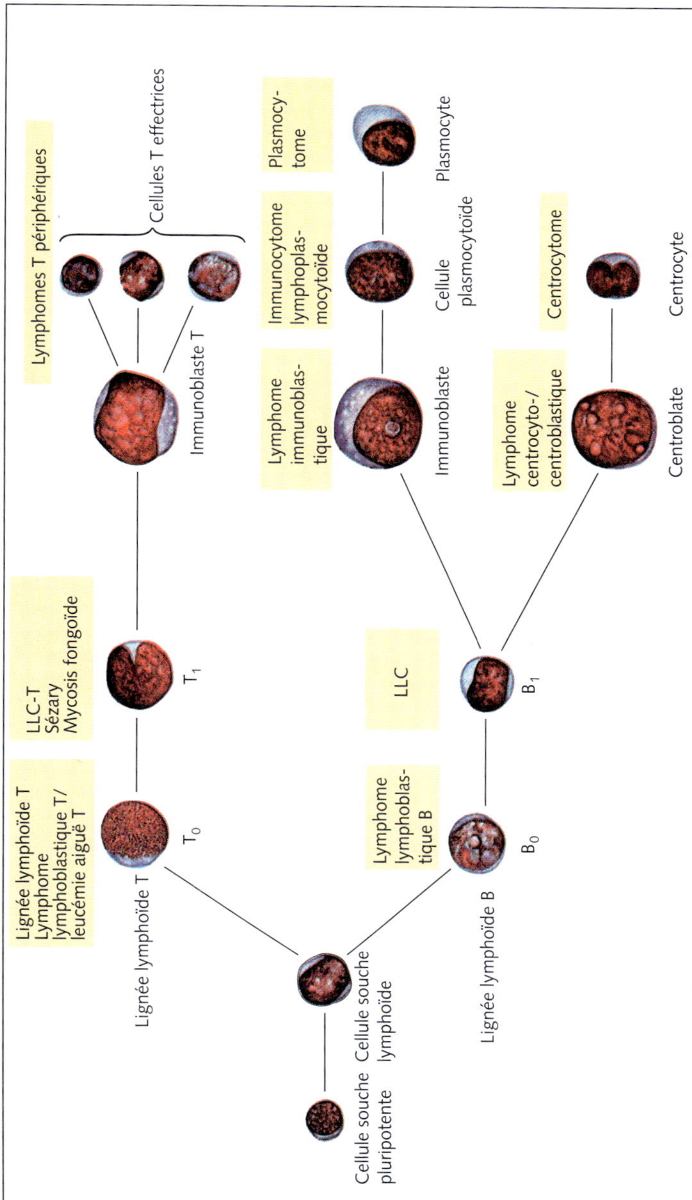

Figure 37 Les différentes variétés de lymphome selon les étapes de la différenciation lymphoïde (d'après Lennert).

Leucémie lymphoïde chronique

Le diagnostic de leucémie lymphoïde chronique peut être évoqué devant la présence, chez un patient souvent âgé, d'adénopathies de taille variable, associées à une hyperlymphocytose nette (souvent supérieure à 20 000/µl et parfois supérieure à 100 000/µl). Les lymphocytes, sur le frottis sanguin, sont relativement petits et leur noyau est structuré en plaques denses. Le cytoplasme est très réduit, discrètement basophile sans granulations. Les ombres de Gumprecht, visibles sur le frottis, correspondent à des résidus de noyaux lysés. Le diagnostic peut être confirmé par la mise en évidence de la monoclonalité des lymphocytes circulants portant les marqueurs typiques des lymphocytes B. La moelle osseuse et les ganglions sont infiltrés par ces éléments lymphoïdes. L'hypogammaglobulinémie progressive accompagne l'atteinte lymphoïde B.

Beaucoup plus rares que cette LLC-B typique, les leucémies prolymphocytaires se présentent selon deux formes différentes : dans la *leucémie prolymphocytaire B*, la splénomégalie domine le tableau et l'hyperlymphocytose est considérable ; plus de 50 p. 100 des cellules ont un noyau avec une chromatine lâche et un ou plusieurs nucléoles bien visibles. La *leucémie prolymphocytaire T* comporte des polyadénopathies de petite taille et un frottis leucémique dominé par des lymphocytes aux contours irréguliers, de grande taille, au noyau généralement nucléolé.

Sous le terme de *leucémie lymphoïde chronique T* ont été décrites des proliférations de cellules de type T/NK actuellement reclassées comme *large granular lymphocytic leukemia* (NdT).

Caractéristiques de la LLC

Âge : adulte d'âge mûr.
Symptomatologie clinique : adénopathies diffuses d'apparition lente, ± discrète splénomégalie, susceptibilité aux infections, signes progressifs d'anémie.
Frottis sanguin : hyperlymphocytose absolue ; en cours d'évolution : Hb ↓, plaquettes ↓, Ig ↓.
Examens complémentaires : immunophénotype sanguin, moelle osseuse infiltrée, si doute histologie ganglionnaire.
Diagnostic différentiel : autres lymphomes leucémiques → immunophénotype.
Évolution, traitement : évolution, souvent relativement indolente ; à un stade plus avancé (*voir* ci-dessous) ou en cas de progression rapide : chimiothérapie.

L'évaluation de la leucémie lymphoïde chronique ne fait pas appel à la classification d'Ann Arbor, applicable aux autres lymphomes. On utilise les classifications de Rai ou de Binet en groupes pronostiques (tableaux **7** et **8**).

Augmentation monotone de petits lymphocytes : suspicion de leucémie lymphoïde chronique

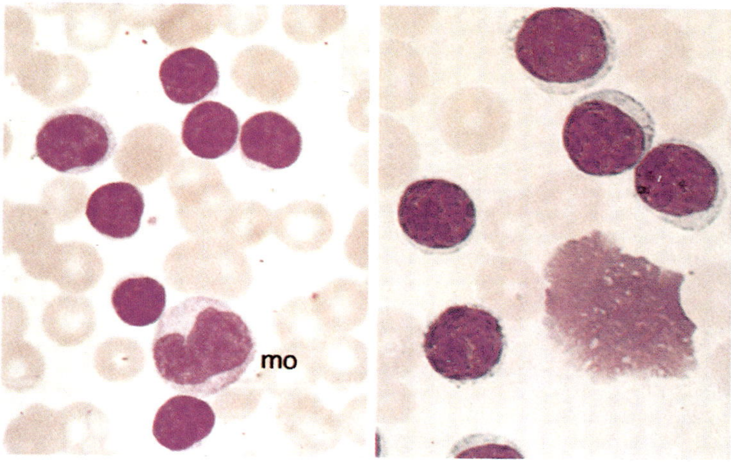

a b

Figure **38** **a**, **b** Frottis au cours d'une leucémie lymphoïde chronique. L'image est dominée par des petits lymphocytes monomorphes avec un noyau dense. Ils sont relativement fragiles, leur destruction entraînant la formation d'ombres nucléaires (« ombres de Gumprecht » en **b**). mo : monocyte.

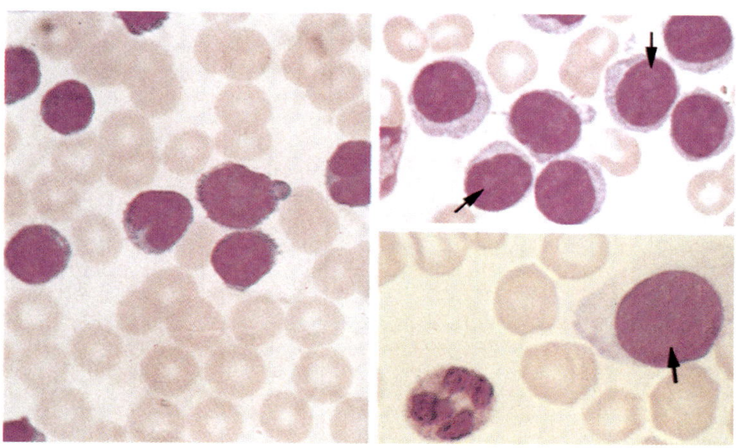

a b c

Figure **39** **a** Lymphocytes d'une leucémie « lymphoïde » T (vraisemblablement de type prolymphocytaire, NdT). Les cellules ont des formes irrégulières avec un noyau à chromatine fine, indenté ou lobulé. **b**, **c** Lymphocytes d'une leucémie prolymphocytaire B. Les cellules possèdent souvent des nucléoles très fins sous forme d'un éclaircissement arrondi dans le noyau (flèches).

Tableau **7** Classification de la LLC selon Rai (1975)

Stade		Définition
(Risque faible)	**0**	Lymphocytose > 15 000/mm^3 Infiltration médullaire > 40 p. 100
(Risque intermédiaire)	**I**	Hyperlymphocytose et adénopathies
	II	Hyperlymphocytose et hépatomégalie et/ou splénomégalie (avec ou sans adénopathies)
(Haut risque)	**III**	Hyperlymphocytose et anémie (Hb < 11,0 g/dl) (avec ou sans adénopathies et/ou organomégalie)
	IV	Hyperlymphocytose et thrombopénie (< 100 000/µl) (avec ou sans anémie, adénopathies et/ou organomégalie)

Tableau **8** Classification de la LLC selon Binet (1981)

Stade	Définition
A	Hb > 10,0 g/dl, plaquettes > 100 000/µl < 3 aires ganglionnaires atteintes(1)
B	Hb > 10,0 g/dl, plaquettes > 100 000/µl ≥ 3 aires ganglionnaires atteintes(1)
C	Hb < 10,0 g/dl et/ou plaquettes < 100 000/µl, quel que soit le nombre d'aires atteintes

(1) Les chaînes cervicales, axillaires, inguinales représentent chacune une aire, que l'atteinte en soit uni- ou bilatérale. La rate et le foie sont assimilés à une aire ganglionnaire (NdT).

Immunocytome (maladie de Waldenström)

L'immunocytome peut être considéré comme une forme particulière de lymphome à petites cellules, avec parfois sécrétion d'une paraprotéine (maladie de Waldenström).

Caractéristiques des différentes formes d'immunocytome

- Immunocytome lymphoplasmocytoïde : peu de cellules circulantes ; diagnostic de certitude seulement à partir de la moelle ou des ganglions montrant de petits lymphocytes B.
- Immunocytome lymphoplasmocytique : peu de cellules circulantes (nécessité d'une analyse médullaire ou ganglionnaire) avec souvent IgM monoclonale (> 5 p. 100) et lymphocytes B à différenciation plasmocytoïde.

Examens complémentaires devant la suspicion d'un immunocytome : immunophénotype cellulaire et/ou ganglionnaire, histologie ganglionnaire, cytologie et/ou histologie médullaire.

Au cours des *tumeurs plasmocytaires* (myélome), on n'observe pratiquement jamais de plasmocytose dans le sang (sauf dans le cas de l'exceptionnelle leucémie à plasmocytes). Le diagnostic de myélome repose sur le myélogramme et la présence d'une immunoglobuline sérique et/ou urinaire (p. 80).

Cellules lymphoplasmocytaires en l'absence d'infection virale : évoquer un immunocytome

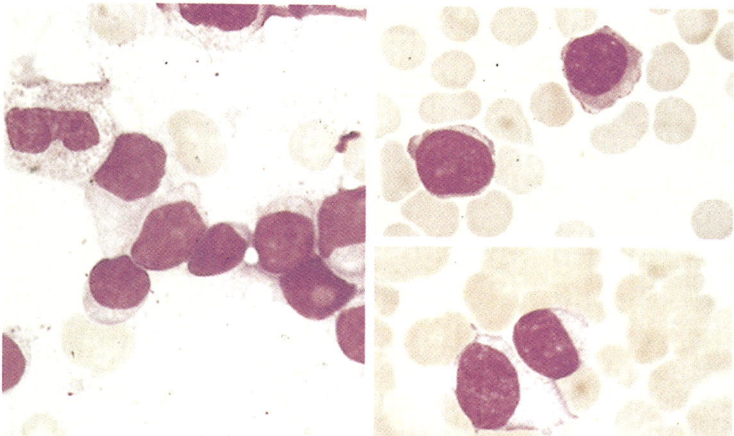

a b c

Figure **40** Cellules plasmocytoïdes d'un immunocytome. **a** Présence simultanée de petits lymphocytes et de cellules lymphoïdes avec un liseré cytoplasmique large : lymphocytes plasmocytoïdes (en haut à gauche, un métamyélocyte). **b**, **c** Différents aspects de lymphocytes plasmocytoïdes.

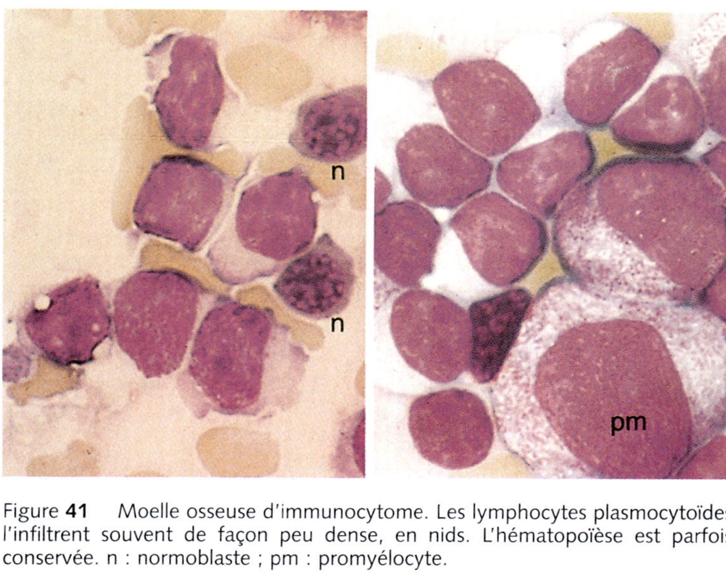

a b

Figure **41** Moelle osseuse d'immunocytome. Les lymphocytes plasmocytoïdes l'infiltrent souvent de façon peu dense, en nids. L'hématopoïèse est parfois conservée. n : normoblaste ; pm : promyélocyte.

Autres lymphomes leucémiques

Tous les lymphomes non hodgkiniens peuvent en principe se présenter sous forme leucémique mais cette caractéristique est plus fréquente dans le cas des lymphomes à petites cellules.

Les lymphomes folliculaires (Kiel : centroblastique, centrocytique) avec atteinte médullaire ont régulièrement des cellules centrocytaires dans le sang. La distinction morphologique est souvent difficile avec le lymphome à cellules du manteau (Kiel : centrocytique) ; elle est cependant importante car ce dernier évolue de façon plus agressive.

Leucémie à tricholeucocytes (réticulo-endothéliose leucémique)

Quelle qu'en soit la présentation clinique, avec ou sans splénomégalie, une pancytopénie (leucopénie, anémie et thrombopénie) justifie une analyse particulièrement attentive du frottis sanguin, à la recherche de cellules à noyau ovalaire parfois en forme de haricot, avec une structure chromatinienne inhomogène et un cytoplasme grisâtre basophile avec de nombreux filaments très fins. Cet aspect est alors en faveur d'une leucémie à tricholeucocytes (ou *hairy-cell leukemia* en raison de l'aspect « chevelu » des cellules). Il existe souvent une atteinte splénique, hépatique et médullaire mais généralement pas d'atteinte ganglionnaire. Cette maladie entre dans le cadre des hémopathies lymphoïdes B. La pancytopénie résulte surtout d'une insuffisance médullaire et accessoirement d'une stase cellulaire intrasplénique accrue par l'augmentation de volume de la rate (hypersplénisme).

L'*exploration de choix* devant la suspicion d'une leucémie à tricholeucocytes est l'examen histologique de la moelle osseuse par biopsie ostéomédullaire (la cytologie médullaire est souvent pauvre voire blanche en raison d'une myélofibrose médullaire).

> ! Une variété de lymphome appelée lymphome splénique à lymphocytes villeux peut être confondue avec la leucémie à tricholeucocytes, en raison de la présence d'une splénomégalie importante et de lymphocytes sanguins dont le cytoplasme émet des prolongements cytoplasmiques, mais souvent plus volumineux et localisés à un pôle cellulaire.

Présence de cellules lymphocytoïdes atypiques : au cours de tous les lymphomes non hodgkiniens, des cellules lymphomateuses peuvent apparaître dans le sang

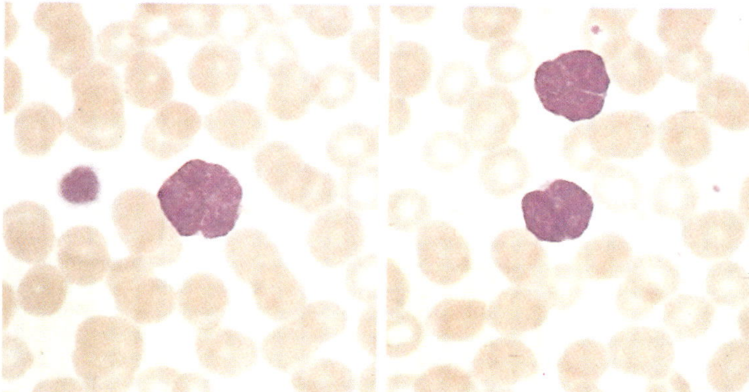

a b

Figure **42** Frottis au cours d'un lymphome centrocytique leucémique (2). Aspect des cellules à noyaux polyédriques, dont la trame chromatinienne est inhomogène et comporte des indentations nucléaires marquées (cellules clivées). En **a**, à gauche, une grande plaquette.

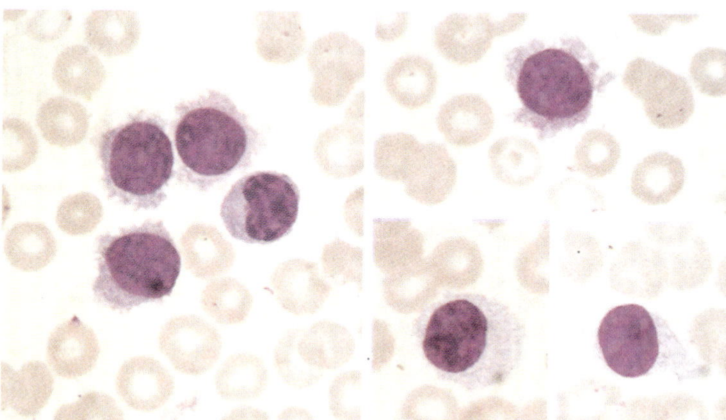

a b c d

Figure **43** **a-d** Frottis au cours d'une leucémie à tricholeucocytes (réticulo-endothéliose leucémique). Les noyaux ovalaires ont une trame inhomogène et dense, et un cytoplasme étalé où l'on discerne bien l'aspect finement frangé.

---

(2) Ce type de lymphome est également désigné comme lymphome folliculaire à petites cellules ou mixte (NdT).

Immunoglobulines monoclonales, myélome multiple

Le myélome multiple correspond à une prolifération maligne de cellules lymphoïdes B sous leur forme de maturation la plus achevée : les plasmocytes (figure **37**, p. 73). On n'observe pratiquement jamais ces cellules dans le sang (la leucémie plasmocytaire est exceptionnelle).

Ces cellules excrètent une immunoglobuline monoclonale, tantôt complète sous forme d'un pic à base étroite migrant en général entre les bêta- et gammaglobulines sur l'électrophorèse du sérum, tantôt incomplète sous forme de chaînes légères qu'il convient de chercher dans les urines. La nature des chaînes est précisée par l'immuno-électrophorèse sérique et urinaire. L'analyse de la moelle osseuse est indispensable.

La présence de plus de 10 p. 100 de plasmocytes ou l'observation de plasmocytes très atypiques est un argument en faveur d'un myélome multiple. L'atteinte peut cependant être focale voire, dans certains cas, isolée (plasmocytome), requérant un examen histologique médullaire (si possible dans une zone ostéolytique). La présence d'une immunoglobuline monoclonale ne suffit pas à caractériser un myélome, dont le diagnostic exige la démonstration d'un envahissement médullaire par des plasmocytes (tableau **9**).

Tableau **9** Diagnostic d'une immunoglobuline monoclonale

Type	Caractéristiques
Affections bénignes	
➤ Immunoglobuline monoclonale « idiopathique » ou MGUS (*monoclonal gammopathy of undertermined significance*)	Âge souvent avancé, plasmocytes médullaires < 10 p. 100, pas de progression Immunoglobulines polyclonales normales
➤ Immunoglobulines monoclonales secondaires à : — des infections — des tumeurs — des maladies auto-immunes	Tout âge, critères comme ci-dessus, terrain de déficit immunitaire (spontané ou thérapeutique), évolution transitoire possible
Affections malignes	
➤ Plasmocytome Plasmocytome disséminé (myélome multiple) 90 p. 100, rarement solitaire 5 p. 100, ou extra-médullaire 5 p. 100 (tumeur ORL)	Ostéolyse ou déminéralisation importante sur les radiographies Plasmocytose médullaire > 10 p. 100 Gammaglobuline monoclonale dans le sang/les urines avec progression
➤ Lymphome Immunocytome, LLC (lymphomes bien différenciés de la lignée B)	Adénopathies, souvent hyperlymphocytose sanguine Immunoglobuline monoclonale, principalement IgM

Toute immunoglobuline monoclonale requiert une exploration de la moelle osseuse

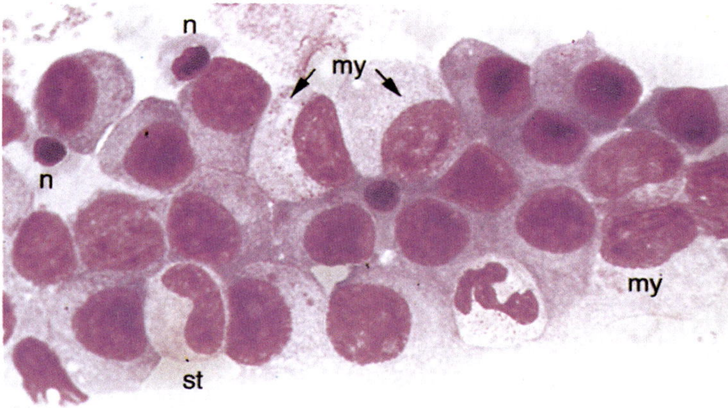

Figure **44** Cytologie médullaire au cours d'un plasmocytome. Les plasmocytes reconnaissables à leur plage cytoplasmique très large et basophile infiltrent la lignée rouge (n : normoblaste) et blanche (my : myélocytes, st : neutrophile peu segmenté).

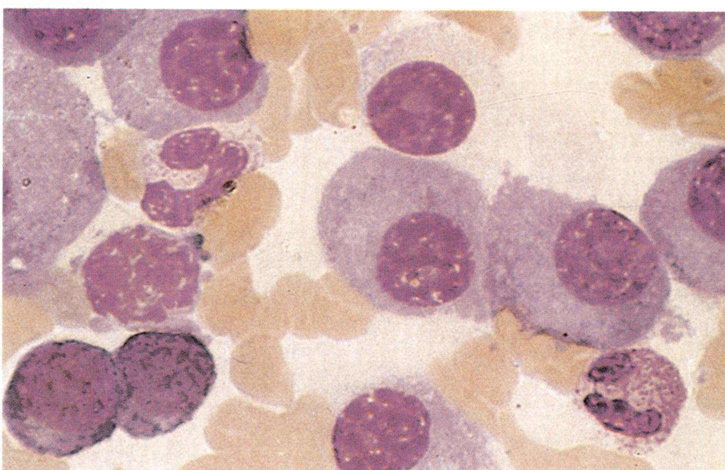

Figure **45** Cytologie médullaire au cours d'un plasmocytome. Les érythroblastes se distinguent des plasmocytes par un noyau plus dense et une plage cytoplasmique plus étroite (en bas à gauche, deux érythroblastes basophiles).

Diversité morphologique du myélome multiple

Les plasmocytes normaux ont un noyau dense, similaire à celui des lymphocytes, mais la chromatine est disposée de façon centrifuge : il en résulte une structure du noyau en rayons de roue. La distinction entre plasmocytes normaux et pathologiques n'est pas aisée.

Une taille inhabituelle (figure **46b**), parfois des inclusions cristallines (figure **46a**), des inclusions protéiques ou « corpuscules de Russell » (figure **47b**), plusieurs noyaux (figure **47a**) évoquent des plasmocytes malins. Le diagnostic morphologique peut parfois être hésitant avec les précurseurs de l'érythropoïèse (figures **45** et **47d**) et les ostéoblastes (figure **47c**).

Selon Salmon et Durie, on peut classer les cas de myélome multiple en trois catégories de masse tumorale : faible, intermédiaire, élevée, chacune ayant un pronostic propre (tableau **10**).

Au stade I, la règle générale est l'abstention thérapeutique. En effet, certains myélomes peu évolutifs et indolents peuvent être simplement surveillés pendant plusieurs années sans traitement. Dès que la maladie dépasse les critères du stade I (d'emblée ou secondairement), le traitement repose sur la chimiothérapie.

Tableau **10** Classification des plasmocytomes selon Salmon et Durie

Stade I Tous les critères suivants sont présents : — Hb > 10 g/dl — calcium sérique normal — structures osseuses radiologiquement normales ou présence d'un plasmocytome unique — composant monoclonal < 50 g/l (IgG) ou < 30 g/l (IgA) — chaînes légères monoclonales urinaires (protéinurie de Bence-Jones) < 4 g/24 h	**Stade II** Ne remplit ni les critères du stade I ni ceux du stade III **Stade III** Présence d'un ou de plusieurs des critères suivants : — Hb < 8,5 g/dl — augmentation du calcium sérique — lésions osseuses radiologiques avancées — composant monoclonal > 70 g/l (IgG) ou > 50 g/l (IgA) — chaînes légères monoclonales urinaires (protéinurie de Bence-Jones) > 12 g/24 h

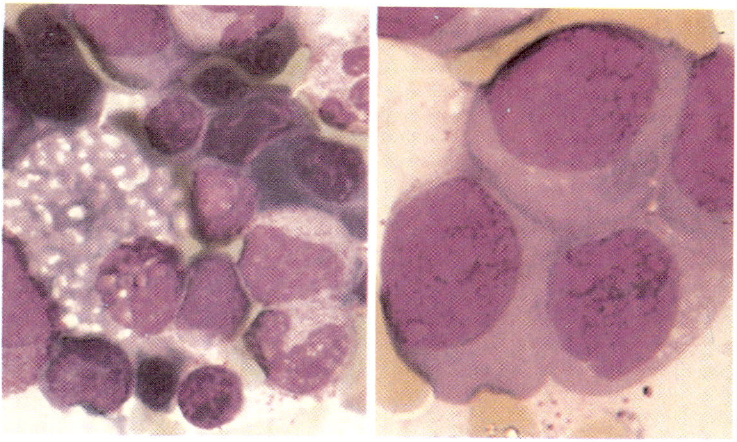

a b

Figure **46** Variations morphologiques au cours du myélome. **a** Des inclusions cristallines créent l'image d'un plasmocyte vacuolisé. **b** Plasmocytome indifférencié avec des éléments blastiques chez lesquels seul le cytoplasme large et excentré rappelle encore l'origine cellulaire.

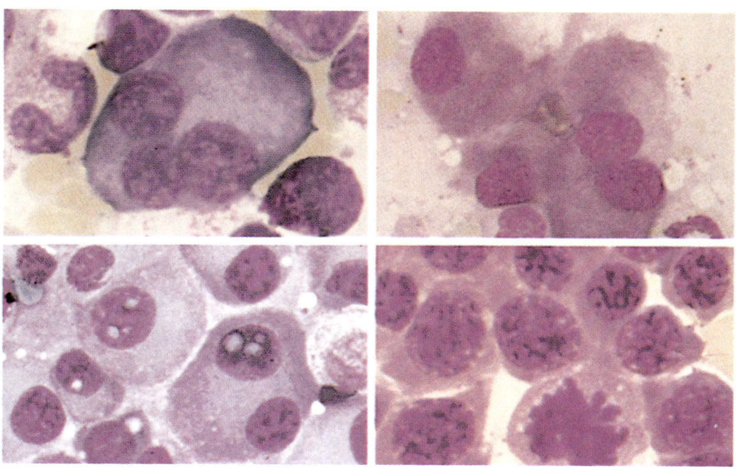

a c b d

Figure **47** Les plasmocytes du myélome peuvent être comporter des atypies. **a** Rarement, on peut observer des plasmocytes multinucléés (à distinguer des ostéoclastes, p. 59). **b** Précipités protéiques (« corps de Russell »). Ils ne doivent pas être confondus avec d'autres cellules médullaires. **c** Ostéoblastes (p. 59). **d** Érythroblastes (particulièrement lorsqu'existe une érythropoïèse mégaloblastique ou dysérythropoïétique).

Lymphocytose relative des neutropénies – Agranulocytoses et facteurs déclenchants

> **!** Une neutropénie absolue entraîne une hyperlymphocytose relative (tableau **11**).

Une agranulocytose résulte en général d'un facteur déclenchant, surtout médicamenteux (tableau **12**). Cet accident est imprévisible. La distinction entre un mécanisme pathogénique toxique ou immunologique est souvent difficile. Une fois l'agranulocytose installée, elle évolue de façon aiguë et réversible en huit à quinze jours si le médicament est interrompu. La survenue d'une infection est un risque majeur et parfois dramatique dans ce contexte, qui nécessite une antibiothérapie large et maintenue jusqu'à la guérison de l'agranulocytose et de l'infection. Sur le frottis, lors de la phase aiguë, il n'existe plus que quelques polynucléaires à côté de lymphocytes stimulés et de monocytes.

La *moelle osseuse* est soit pauvre en cellules et sans précurseurs granuleux (stade aplastique), soit elle présente un début de récupération improprement désigné par le terme de blocage de maturation au stade de myéloblaste-promyélocyte. *Voir* p. 150 le diagnostic différentiel entre l'agranulocytose pure et l'aplasie concernant plusieurs lignées cellulaires.

Tableau **11** Causes des granulocytopénies absolues

Infections	Parfois rougeole, rubéole, grippe
Vascularites ou maladies auto-immunes	Par exemple, lupus érythémateux, syndrome de Felty, neutropénies chroniques d'origine auto-immune
Au cours d'une tricytopénie	Aplasies, myélodysplasies, maladies médullaires malignes, déficits en vitamine B_{12}, en acide folique, hypersplénisme
Médicaments ou irradiations	Traitement par des cytostatiques ou par radiothérapie Agranulocytose aiguë toxique ou « allergique » (*voir* ci-dessous)

Tableau **12** Causes les plus fréquentes des agranulocytoses aiguës

Thyréostatiques **Traitements rhumatologiques**	Carbimazole, métamizole, thio-uracile Diclofénac, indométacine, dérivés de l'or, pénicillamine
Analgésiques	Pyrazolone, surtout métamizole
Antibiotiques	Pénicillines, céphalosporines, sulfonamides
Traitements psychiatriques et neurologiques	Phénothiazines, carbamazépine, clozapine
Antimalariques	Amodiaquine, dapsone

Absence de granulocytes à noyau segmenté sur le frottis, présence de promyélocytes normaux dans la moelle osseuse : agranulocytose

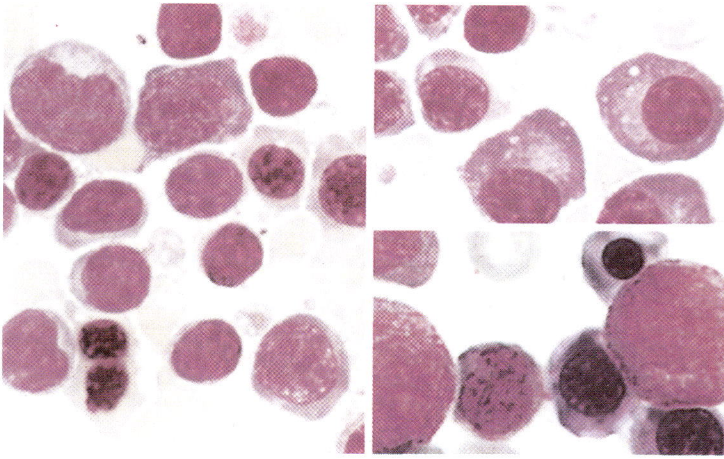

a b c

Figure **48** Moelle au cours d'une agranulocytose. **a**, **b** Dans la phase précoce d'une agranulocytose, les précurseurs de la granulopoïèse peuvent être complètement absents ; prédominance de lymphocytes et plasmocytes à côté de précurseurs rouges. **c** La régénération débute avec l'apparition des promyélocytes.

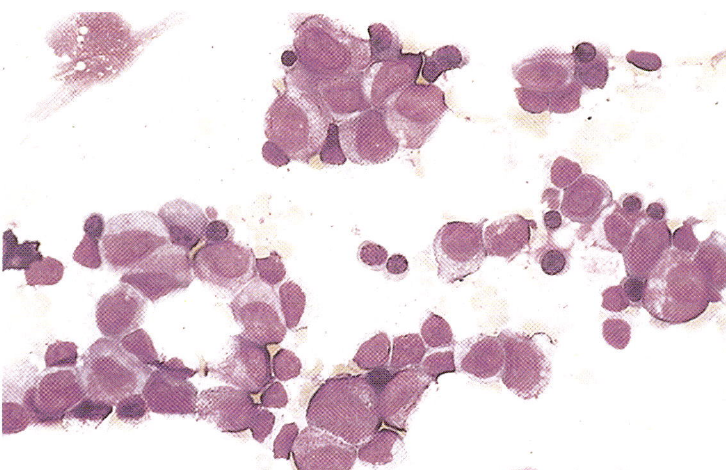

Figure **49** Vue d'ensemble de la moelle au cours de la phase promyélocytaire. Absence complète de cellules en voie de maturation et prédominance de grandes cellules avec des granulations : promyélocytes (*voir* la moelle normale, figure **28**)

Monocytose

Les monocytes possèdent un noyau unique, irrégulier, encoché, avec une structure inhomogène, une plage cytoplasmique relativement large, gris basophile avec un fin semis granulaire à peine visible (caractéristiques, p. 46; fonctions, p. 5). Lorsque l'analyse morphologique des cellules ne permet pas d'affirmer qu'il s'agit bien de monocytes, leur identification peut être complétée par réaction d'estérases sur le frottis non coloré.

➤ Il est traditionnel de considérer dans ce chapitre le cas des monocytoses relatives (> 10 p. 100). Ce concept, très discutable, nous semble ne correspondre à rien de précis, car une monocytose normale ou pathologique se définit par des valeurs absolues et non par des pourcentages. Il introduit une confusion regrettable dans l'esprit du clinicien. Une monocytose est définie par une concentration de monocytes supérieure à $800/mm^3$. Les monocytoses réactionnelles dépendent souvent d'un contexte infectieux ou inflammatoire : les monocytes y sont souvent vacuolisés sur le frottis, leur augmentation reste très modeste. Les monocytoses chroniques traduisent plus généralement une hémopathie (NdT).

Tableau **13** Causes possibles d'une monocytose[1]

Infections

Monocytose non spécifique au cours de nombreuses infections bactériennes dans la phase de récupération ou à la phase chronique :

— listériose
— hépatite virale aiguë
— oreillons
— varicelle
— fièvre récurrente
— syphilis
— tuberculose
— endocardite
— brucellose
— variole
— fièvre pourprée des montagnes Rocheuses
— paludisme
— fièvre thyphoïde
— kala-azar
— fièvre exanthématique
— trypanosomiase (maladie du sommeil)

Stimulation chronique du système immunitaire

— maladies auto-immunes
— maladies dermatologiques chroniques
— maladie de Crohn
— sarcoïdose

Paranéoplasique

— tumeurs solides étendues
— maladie de Hodgkin

Hémopathies

— leucémie myélo-monocytaire chronique (p. 107)
— autres méylodysplasies
— leucémie aiguë monocytaire (p. 97)

(1) L'intérêt sémiologique de la monocytose est très limité et sa significativité discutable, en dehors du cas spécifique des hémopathies (NdT).

Une monocytose chronique est le signe d'une myélopoïèse pathologique : elle évoque un état préleucémique ou un leucémie monocytaire

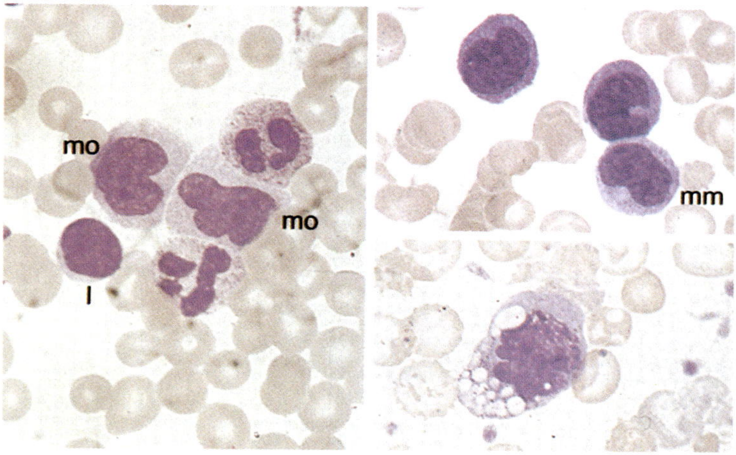

a b c

Figure **50** Frottis au cours d'une hypermonocytose réactionnelle. **a** L'image typique d'un état réactionnel est la présence simultanée de monocytes (mo), de neutrophiles à noyau segmenté et de lymphocytes (l). **b** Un métamyélocyte (mm) à côté de deux monocytes. **c** Monocyte avec des vacuoles de phagocytose (aspect fréquent au cours des infections chroniques).

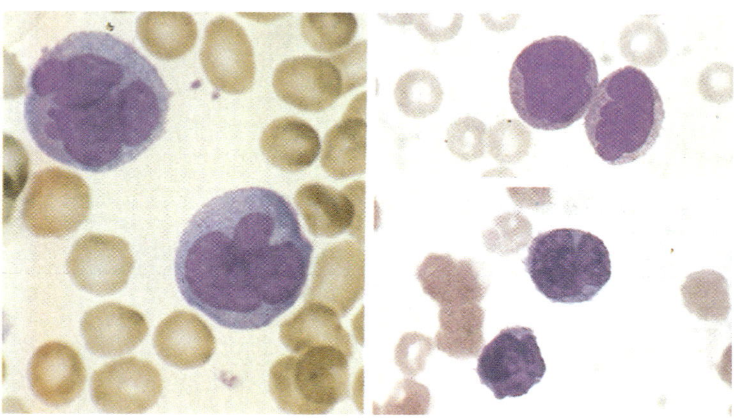

a b c

Figure **51** Frottis au cours d'une leucémie monocytaire. La distinction avec des monocytes normaux réside surtout dans la monotonie de l'aspect des cellules. Elles ont parfois des aspects immatures (« promonocytes »), dont l'origine monocytaire est évoquée en raison des indentations nucléaires. L'absence d'autres cellules est un argument contre un processus réactionnel (figure **50a**).

Leucémies aiguës

Les leucémies aiguës sont caractérisées par une prédominance de cellules mononucléées. Elles sont, pour des raisons didactiques, décrites dans ce chapitre.

Les phénomènes cellulaires communs à toutes les leucémies aiguës sont le développement d'une catégorie de cellules immatures, appelées blastes (syndrome tumoral), et la diminution, généralement simultanée, de la production des lignées médullaires normales (syndrome d'insuffisance médullaire) : il en résulte un polymorphisme de présentation dans l'hémogramme, qui peut montrer une pancytopénie, ou la présence de blastes en nombre variable, parfois considérable.

Tableau **14** Leucémies (classement schématique)

Type de leucémie	Contexte et signes cliniques
Leucémies aiguës (LAM, LAL) — myéloïdes M1-M7 (origine granuleuse, monocytaire, érythrocytaire et mégacaryocytaire) — lymphoïdes L1-L3	Affection toujours aiguë, souvent avec fièvre et tendance hémorragique Plus fréquentes chez l'enfant, avec parfois adénopathies, splénomégalie, atteinte méningée
Leucémie myéloïde chronique (LMC) — affection toujours leucémique du système myéloïde (p. 112)	Évolution chronique, toujours accompagnée d'une splénomégalie. Chromosome Philadelphie
Leucémie lymphoïde chronique (LLC) et autres lymphomes leucémiques — LLC-B (90 p. 100), LLC-T (p. 74) — leucémie prolymphocytaire (p. 74) — leucémie à tricholeucocytes (p. 78) — leucémie plasmocytaire (p. 76)	La leucémie lymphoïde chronique, la (rare) leucémie prolymphocytaire et la leucémie à tricholeucocytes correspondent à des lymphomes leucémiques primitifs avec une évolution chronique ; tous les autres lymphomes malins non hodgkiniens peuvent secondairement devenir leucémiques
Leucémie chronique myélo-monocytaire (LMMC) — forme leucémique de la myélodysplasie (p. 104), anciennement désignée par le terme de leucémie à bas bruit (*smoldering leukemia*)	Clinique subaiguë ; transformation en leucémie aiguë myéloïde (LAM secondaire sur syndrome myélodysplasique)

! Près du quart des leucémies aiguës se révèlent par une pancytopénie (leucémie « aleucémique »)

Quelle que soit la forme de la leucémie aiguë, les blastes sont caractérisés par une structure nucléaire fine, inhomogène avec une trame en grains de semoule. Avant toute analyse médullaire, un examen soigneux du frottis est donc indispensable (si besoin avec l'aide d'un laboratoire spécialisé).

Quel que soit leur nombre dans le sang, la présence de quelques blastes sur le frottis évoque le diagnostic de leucémie aiguë. À côté des blastes spécifiques, il peut persister une proportion en général diminuée de polynucléaires neutrophiles. Cette lacune dans les étapes de la maturation entre blastes et cellules mûres est désignée par le terme d'« hiatus leucémique ». Il est bien différent de la myélémie, telle qu'elle s'observe dans la leucémie myéloïde chronique. Le diagnostic morphologique des leucémies aiguës peut être affiné (jamais remplacé) par des examens complémentaires utilisant des méthodes cytochimiques, immunologiques et cytogénétiques.

! Démarche diagnostique devant une suspicion de leucémie aiguë : frottis sanguin, cytochimie, myélogramme.

Orientation morphologique et cytochimique

Le diagnostic d'orientation fourni par l'étude de la morphologie d'une leucémie aiguë (*voir* ci-dessus) peut être précisé par des techniques cytochimiques réalisées sur des frottis frais de sang ou de moelle. Une classification des leucémies aiguës combinant examens morphologique et cytochimique est présentée dans le tableau **15** (d'après Löffler). La réaction de peroxydase positive permet de reconnaître l'origine myéloïde ou monocytaire des cellules. Si cette réaction est négative, la nature lymphoblastique n'en est pas pour autant certaine et l'étude des marqueurs de différenciation immunologique est utile.

Tableau **15** Classification morphologique, cytochimique et immunologique des leucémies aiguës non lymphoïdes

Type FAB (1)		Peroxydase	PAS	α-Naphtyl-acétate-estérase	Naphtol-ASD-estérase	Marqueurs immunologiques
M0 – M2	Leucémies aiguës myéloblastiques					
M0	LAM avec très peu de marqueurs de différenciation, des blastes non différenciés sans granulations ; distinction avec M1 et LAL seulement par cytochimie	< 3 p. 100	Ø	Ø	Ø	CD 33 ⊕ CD 79a ⊕ CD 22 ⊕ Marqueurs myélo-monocytaires négatifs
M1	LAM avec nette différenciation par des marqueurs (mais encore sans différenciation morphologique) ; parfois présence de discrètes granulations cytoplasmiques	≥ 3 p. 100	Négatif ou finement granulé	Ø	Ø	} (M1 à M3) Marqueurs de surface myélo-monocytaires CD 13 + CD 33 + CDW 65 + CD 117 + ↓ Dans une leucémie d'origine myéloïde ou monocytaire, au moins deux de ces marqueurs sont positifs
M2	LAM avec maturation morphologique ; environ 20-50 p. 100 des blastes présentent des granulations très fines	++ (4-64 p. 100)	Négatif ou finement granulé	Ø	Ø	
M3	Leucémie aiguë promyélocytaire ; la plupart des cellules sont des promyélocytes avec un grand nombre de granules, fréquemment sous forme de bâtonnets d'Auer Variante de M3 avec peu de granulations ; blastes sanguins avec des lobes « bi-multilobaires »	+++	Ø	Ø	Ø	

M4	Leucémie aiguë myélomonocytaire 30-80 p. 100 des « blastes » médullaires sont des myéloblastes, des promyélocytes et des myélocytes : plus de 20 p. 100 sont des cellules monocytaires Variante de M4-éosinophilie avec, en plus, jusqu'à 5 p. 100 d'éosinophiles parfois immatures	< 5 p. 100	Ø	+	+	Marqueurs de surface myélo-monocytaires : CD 13 + CD 33 + CDW 65 + CD 117 + ↓ Dans une leucémie d'origine myélo-monocytaire, au moins deux de ces marqueurs sont positifs (M4 et M5)
M5	a) Leucémie aiguë monoblastique avec dans le sang surtout des monoblastes	±	Ø	+++	+++	
	b) Leucémie aiguë monocytaire avec prédominance de monocytes en voie de maturation	±	Ø	+++	+++	
M6	Érythroleucémie aiguë 50 p. 100 des marqueurs appartiennent à l'érythropoïèse, 30 p. 100 de myéloblastes	Dans les érythroblastes, en mottes ⊕	Ø	Ø	Ø	Dans les formes mûres anti-glycophorine A +
M7	Leucémie aiguë mégacaryoblastique ; blastes polymorphes, parfois avec des vacuoles ou des prolongements cytoplasmiques ; parfois agrégation avec des thrombocytes	Ø	±	±	±	CD 41 ⊕ et/ou CD 61 ⊕

(1) Classification franco-américano-britannique, 1976/1985.

Leucémies aiguës myéloïdes

L'analyse morphologique fine permet le plus souvent de classer les cellules qui dominent le frottis en myéloblastes et promyélocytes, monocytes, lymphoblastes ou blastes atypiques. La classification franco-américano-britannique (FAB) propose une subdivision morphologique de ces groupes principaux (tableau **15**, p. 90).

> ! Cette classification a un réel intérêt pratique, qui conditionne le pronostic et la conduite thérapeutique.

Le groupe des leucémies myéloïdes comprend au moins sept formes dont certaines sont très rares.

Leucémies aiguës myéloblastiques (M1 et M2 de la classification FAB). Ce sont les formes de leucémie myéloïde les plus fréquentes. Les cellules qui dominent les frottis sanguins et médullaires ressemblent, par leurs caractéristiques morphologiques, aux myéloblastes de la granulopoïèse normale. Elles s'en distinguent parfois par une chromatine nucléaire plus grossière, des nucléoles plus visibles ou un cytoplasme moins étendu, plus basophile. Leur taille est variable et peut aller de celle d'un lymphocyte (micromyéloblastes) jusqu'à trois fois plus. Sur un frottis de bonne qualité, il est possible de les différencier des cellules lymphoïdes grâce à leur structure chromatienne plus inhomogène et finement réticulaire. À partir de la classe M2, le cytoplasme peut parfois contenir des inclusions azurophiles en forme de bâtonnets (corps d'Auer), qui correspondent à des granulations azurophiles dystrophiques. Certaines cellules peuvent contenir des granulations spécifiques évoquant un début de différenciation promyélocytaire. Un pourcentage très variable (de 1 à 65 p. 100 des blastes) exprime une réaction de peroxydase positive. La distinction avec la variété promyélocytaire est en général peu équivoque.

Figure **53** Leucémie aiguë myéloïde (type M2, myéloblastique avec différenciation). **a** Frottis sanguin : prédominance de blastes avec des granulations azurophiles souvent discrètes, parfois présence de fins bâtonnets azurophiles (corps d'Auer, flèche). **b** Nombreux corps d'Auer dans le cytoplasme, trame nucléaire en semoule. **c** Cytologie médullaire du cas **a**. À côté des blastes, il n'existe plus que quelques vestiges de l'hématopoïèse normale. mz : métamyélocyte ; st : granulocyte à noyau segmenté sous forme pseudo-Pelger ; n : normoblastes ; e : érythroblaste basophile. ➤

Diminution de toutes les cellules normales, apparition de cellules rondes atypiques : suspicion de leucémie aiguë, souvent myéloblastique (M1, M2)

a

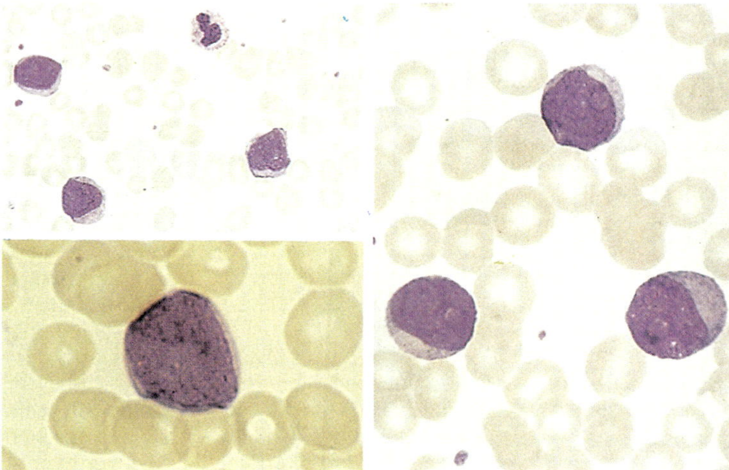

b c

Figure **52** Frottis au cours d'une leucémie aiguë myéloïde (type myéloblastique M1). **a** (Vue globale) déficit absolu en granulocytes à noyau segmenté au profit de cellules inclassables, absence de maturation des cellules (« hiatus »). **b**, **c** La structure nucléaire des myéloblastes leucémiques est finement réticulée et ressemble à de la semoule. On remarque parfois des nucléoles. **c** Le noyau a une chromatine réticulaire « en semoule » en faveur de myéloblastes.

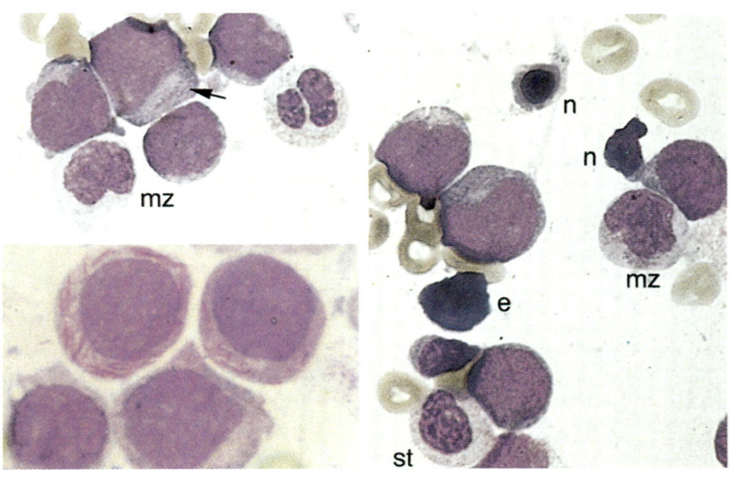

Leucémie aiguë promyélocytaire (M3 de la classification FAB). La morphologie de ces cellules traduit une étape plus avancée de la différenciation de la leucémie myéloblastique, en particulier par la proéminence de l'archoplasme (appareil de Golgi) qui excentre le noyau, et par la richesse en granulations azurophiles. Elles sont souvent relativement grandes avec un noyau de forme variable et se caractérisent surtout par leur richesse en granulations. Les corps d'Auer sont pratiquement constants, souvent en amas comparables à des fagots. La réaction de peroxydase est positive dans toutes les cellules. Les autres réactions cytochimiques sont sans intérêt. Les frottis de moelle de bonne qualité sont parfois difficiles à effectuer en raison de la tendance très rapide à coaguler sur la lame. Cette variété a plusieurs caractéristiques spécifiques : une translocation chromosomique généralement t(15;17) ; l'association d'une coagulation intravasculaire disséminée ; une remarquable sensibilité à l'effet de l'acide rétinoïque sur la maturation des promyélocytes pathologiques (ils se transforment en granulocytes à corps d'Auer puis disparaissent en deux à quatre semaines) ; un meilleur pronostic que les autres variétés myéloïdes.

Leucémie aiguë myélomonocytaire (M4 de la classification FAB). En raison des rapports étroits entre la lignée granuleuse et la lignée monocytaire (*voir* ci-dessus), on peut imaginer une altération conjointe des deux systèmes au cours d'une transformation leucémique. Cette leucémie se présente avec une augmentation de la granulocytopoïèse (plus de 20 p. 100 de myéloblastes et de promyélocytes dans la moelle, parfois avec de fins bâtonnets d'Auer), associée à une augmentation de la monocytopoïèse avec plus de 20 p. 100 de monoblastes et de promonocytes. Dans le sang, des cellules myéloïdes immatures (myélocytes atypiques et myéloblastes) coexistent avec des cellules monocytoïdes. Un pourcentage élevé (> 50 p. 100) des blastes médullaires doit être peroxydase positif et le reste estérase positif (type peroxydase-estérase). Cette leucémie ressemble à la forme M2 mais la différence réside dans l'importante participation de la lignée monocytaire. Elle se distingue de la leucémie myélo-monocytaire chronique (p. 104) par l'absence de signes de myélodysplasie, un envahissement sanguin majeur et surtout l'immaturité des cellules dans la moelle.

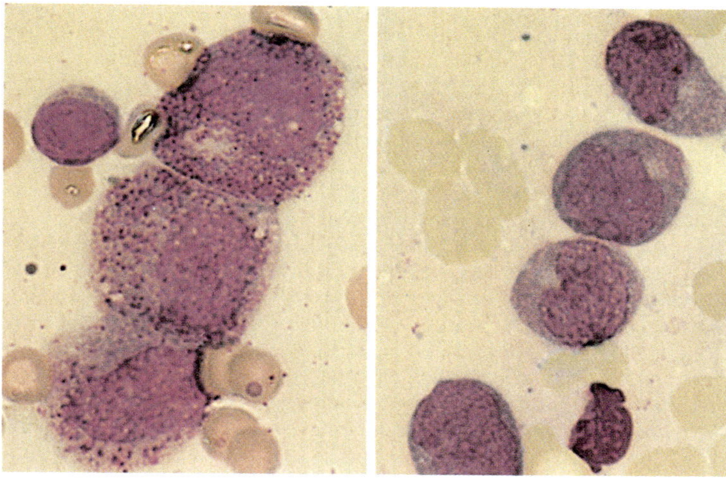

a b

Figure **54** Frottis sanguin au cours d'une leucémie aiguë myéloïde. **a** Type promyélocytaire M3 de la classification FAB. Les granules sont bien visibles. **b** Composition cellulaire myélomonocytaire : M4 de la classificaton FAB.

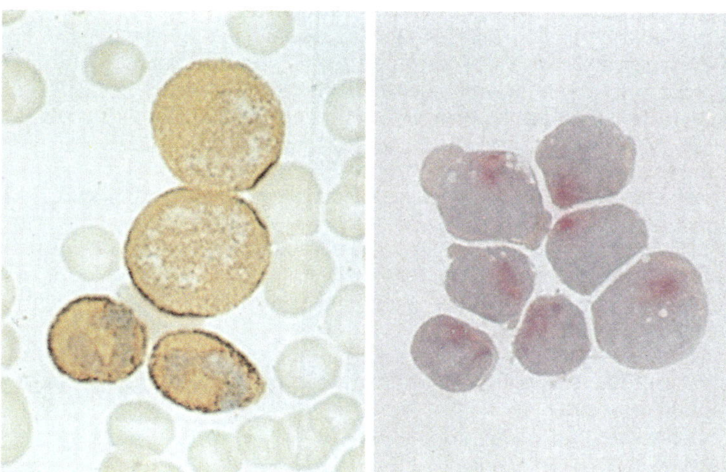

a b

Figure **55** Réactions cytochimiques d'orientation réalisées sur le frottis sanguin. **a** Peroxydase sur des promyélocytes et des granulocytes à noyau segmenté d'une leucémie M2. **b** Réaction phosphatase acide typique dans une LAL (type T).

Leucémie aiguë monoblastique (M5 de la classification FAB). Pendant longtemps, cette forme de leucémie a été classée sous des termes différents : les deux types « Naegeli » et « Schilling » étaient considérés comme des affections issues respectivement de la granulocytopoïèse et du système réticulo-endothélial. Aujourd'hui, on distingue deux aspects : une leucémie monoblastique et une leucémie monocytaire. Dans la variante *monoblastique*, les frottis sanguins et médullaires sont dominés par des grands blastes dont la trame nucléaire très fine contient plusieurs nucléoles. Souvent, seul le cytoplasme, qui est large, gris clair bleuté avec des petits bourgeonnements ressemblant à des pseudo-podes, indique leur origine.

Dans la forme *monocytaire*, on observe dans la moelle des promonocytes. Ils ressemblent aux blastes décrits ci-dessus, mais leurs noyaux sont polymorphes, avec des replis et des encoches, et le cytoplasme renferme parfois des fines granulations. Dans le sang apparaissent des cellules monocytoïdes de maturation variable qui se distinguent difficilement des monocytes normaux. Les deux formes sont caractérisées par une réaction d'estérase fortement positive dans plus de 50 p. 100 des blastes alors que la réaction de peroxydase est négative ou positive dans seulement très peu de cellules.

Caractéristiques des leucémies aiguës

Âge : possible à n'importe quel âge ; pendant l'enfance et l'adolescence souvent sous forme de LAL.

Symptomatologie clinique : asthénie, fièvre, signes hémorragiques plus tardifs. Adénopathies ou atteinte médiastinale typiques seulement au cours des LAL ; toujours atteinte généralisée de tous les organes (parfois même les méninges).

Hémogramme : Hb ↓, plaquettes ↓, neutrophiles ↓. Sur le frottis : prédominance de blastes (morphologie variable, *voir* ci-dessus).

Attention : hyperuricémie !

Examens complémentaires : moelle osseuse, cytochimie, immunocytologie, cytogénétique.

Diagnostic différentiel : syndrome myéloprolifératif transformé (par exemple, LMC) ou syndrome myélodysplasique ; lymphomes non hodgkiniens leucémiques (lymphome lymphoblastique).

Évolution : souvent rapidement progressive avec complications infectieuses et hémorragies.

Traitement : à mettre en œuvre rapidement dans un service d'hématologie : chimiothérapie, éventuellement greffe de moelle à visée curative.

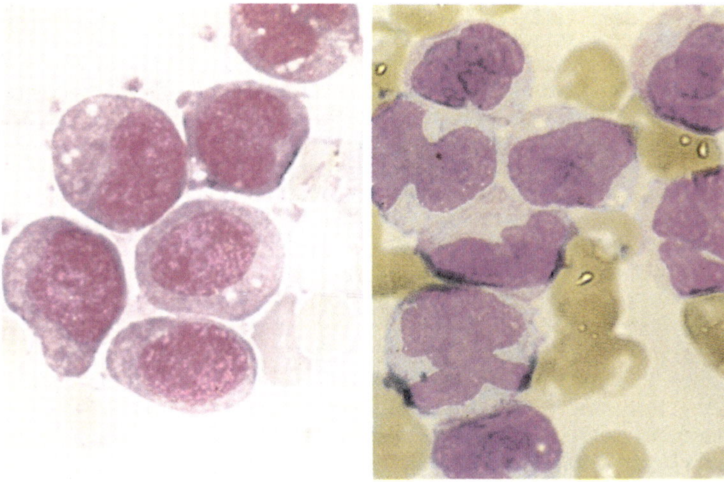

a b

Figure **56** Frottis sanguin au cours d'une leucémie aiguë. Leucémie aiguë monocytaire (M6). **a** Variante monoblastique. **b** Variante monocytaire.

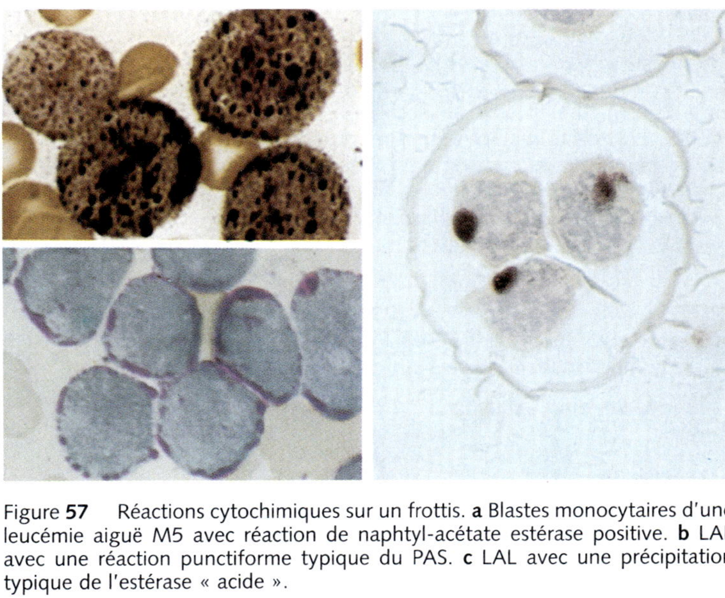

a b c

Figure **57** Réactions cytochimiques sur un frottis. **a** Blastes monocytaires d'une leucémie aiguë M5 avec réaction de naphtyl-acétate estérase positive. **b** LAL avec une réaction punctiforme typique du PAS. **c** LAL avec une précipitation typique de l'estérase « acide ».

Érythroleucémie aiguë (type M6 de la classification FAB). C'est la plus rare des leucémies aiguës myéloïdes. Elle n'est caractéristique que sur un frottis de moelle osseuse. L'aspect est celui d'une variété myéloblastique (M1 ou M2, *voir* ci-dessus) associée à un important contingent d'érythroblastes dystrophiques. Il est cependant remarquable de constater que cette composante érythroblastique dystrophique médullaire peut fluctuer chez un même patient et régresser partiellement, voire totalement, par exemple après correction de l'anémie par transfusions, ne laissant alors persister dans la moelle osseuse qu'un aspect de leucémie aiguë myéloblastique. La présence de ce contingent d'érythroblastes dans le sang est possible mais rare.

Le *diagnostic différentiel* d'une cytopénie avec des précurseurs rouges dans le sang est l'envahissement médullaire carcinomateux où la destruction de la « barrière hémato-médullaire » permet le passage dans la circulation de cellules immatures de la lignée rouge (et parfois blanche). La cytologie et/ou l'histologie médullaire permettent de distinguer ces états pathologiques entre eux.

Leucémie aiguë à mégacaryoblastes (type M7 de la classification FAB). Cette forme de leucémie peut se présenter sous les traits d'une « myélofibrose aiguë » : pancytopénie rapidement progressive, envahissement sanguin peu important par des blastes très indifférenciés de taille moyenne et sans granulations, parfois interprétés comme des cellules lymphoblastiques. La texture chromatinienne « en semoule », l'existence de petites projections cytoplasmiques sont toutefois très évocatrices de l'origine mégacaryoblastique. Le prélèvement médullaire est rendu difficile par la présence d'une fibrose. L'hypothèse diagnostique sera confirmée par l'histologie médullaire et l'analyse des marqueurs (CD 41/CD 61).

Lorsqu'il existe une splénomégalie importante, il faut également évoquer la possibilité d'une transformation mégacaryoblastique d'une LMC ou d'une ostéomyélosclérose.

Les leucémies aiguës à *éosinophiles* ou à *basophiles* sont extrêmement rares.

Érythroblastes dystrophiques à côté des blastes myéloïdes : érythroleucémie

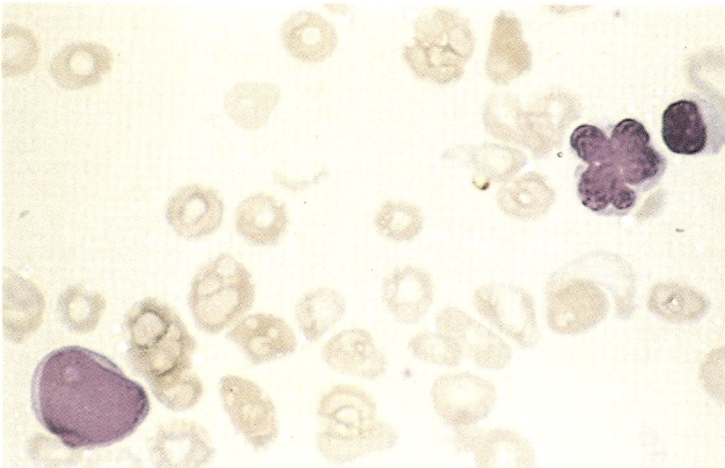

Figure **58** Frottis sanguin d'une érythroleucémie. Des précurseurs rouges (parfois avec des atypies comme la forme en papillon en haut à droite) à côté de myéloblaste (en bas à gauche).

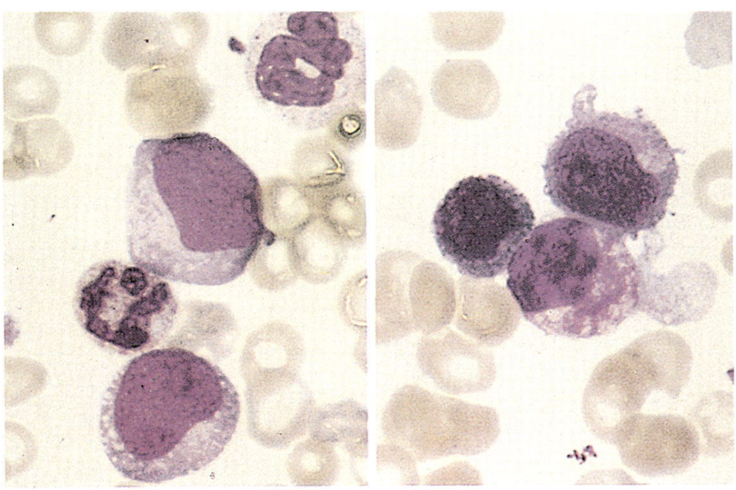

a b

Figure **59** Frottis au cours d'une leucémie aiguë mégarcaryoblastique. Morphologie variable : la vacuolisation grumeleuse et les projections du cytoplasme doivent faire évoquer cette forme de leucémie aiguë.

Leucémie aiguë lymphoblastique

Ces leucémies sont composées de cellules dont la morphologie ne ressemble pas à celle des myéloblastes, des promyélocytes ou des monocytes ou qui n'ont pas leurs caractéristiques cytochimiques. Elles ont souvent en commun un noyau un peu plus petit avec une trame chromatinienne plus dense, mais dont la structure finement granuleuse ne se reconnaît que sur des frottis d'une qualité optimale. La classification en leucémies aiguës lymphoblastiques (LAL) résulte de la ressemblance lointaine de leurs cellules avec les lymphocytes et les lymphoblastes des ganglions. Le diagnostic avec les leucémies et les lymphomes leucémiques à cellules différenciées (LLC, phases leucémiques des lymphomes centrocytiques et des lymphomes du manteau) ne pose en général aucune difficulté. Il est souvent plus malaisé de distinguer une forme lymphoblastique d'une leucémie myéloïde de variété M0 ou M7, voire d'une phase leucémique de lymphome indifférencié. Pour étayer le diagnostic, il faut faire réaliser au laboratoire d'hématologie sur des frottis frais des réactions de PAS et de phosphatase acide. En cas de négativité, des méthodes de marquage immunologique permettent aujourd'hui une distinction précise en fonction des marqueurs de différenciation de surface. Cette classification a également un intérêt pronostique et thérapeutique : par exemple, la LAL commune (LALc) évolue de façon moins agressive que les LAL-B et LAL-T (tableau **16**).

Tableau **16** Classification immunophénotypique des leucémies aiguës lymphoblastiques

	TdT	HLA-DR	CD 19	c-μ	s-IgM	CD 10	Ag T
LAL nulle	+	+	–	–	–	–	–
LAL Pré-Pré-B	+	+	+	–	-	–	–
LAL Pré-B	+	+	+	+	-	–	–
LAL-B(1)	–	+	+	–	+	+/–	–
LAL communes	+	+	+	+/–	–	+	–
LAL-T	+	–	–	–	–	+/–	+

Pré-Pré-B : LAL à progéniteurs B ; c-μ : chaîne lourde mu intracytoplasmique ; TdT : terminal-désoxynucléotidyl transférase ; s-IgM : IgM de membrane ; Ag T : antigènes cellulaires T (c-CD 3, CD 7, CD 5, CD 2).

(1) Cette variété est aussi désignée par le terme de leucémie aiguë de type « Burkitt » (NdT).

Prédominance de blastes atypiques ou de cellules d'apparence lymphoïde : différentes formes de leucémie lymphoblastique

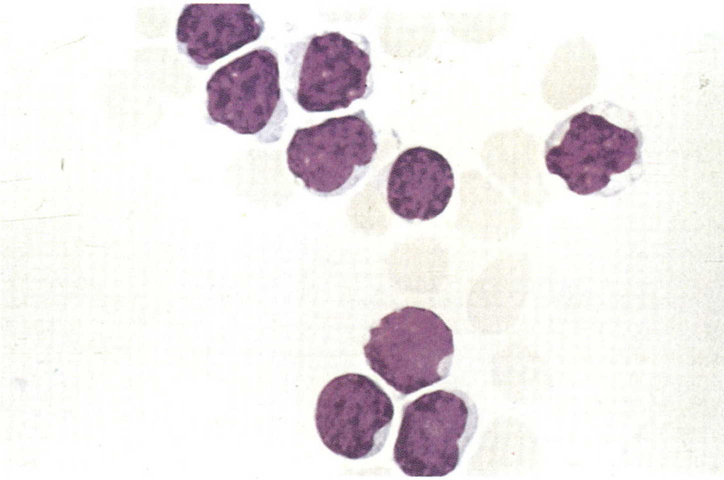

Figure **60** Frottis sanguin au cours d'une leucémie aiguë lymphoblastique (LAL-c). Une classification définitive n'est possible qu'à l'aide de techniques de cytochimie et d'immunologie (tableaux **15** et **16**).

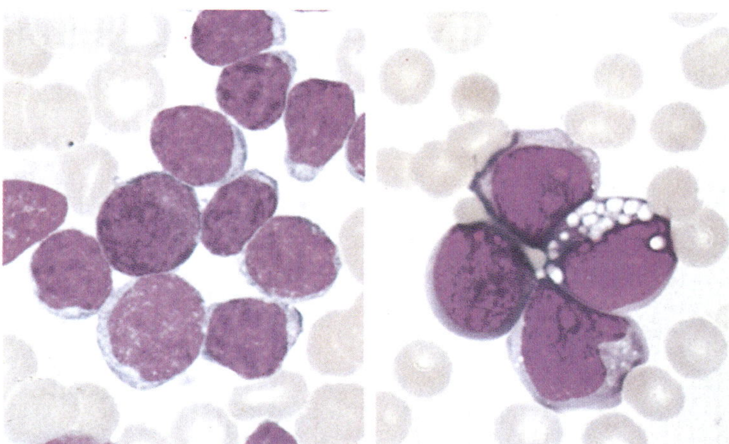

a b

Figure **61** **a** Aspect des blastes dans le sang au cours d'une leucémie aiguë lymphoblastique (LAL-T). **b** Blastes typiques d'une leucémie aiguë lymphoblastique L3 (LAL-B, tableau **16**). (Les photographies des figures **60** et **61** ont été réalisées grâce à des prélèvements du Pr H. Löffler, Kiel.)

Analyse de la moelle osseuse pour le diagnostic d'une leucémie aiguë

En règle générale, il faut confirmer par une ponction médullaire toute suspicion de leucémie aiguë résultant de l'analyse du frottis sanguin. Si, dans la plupart des cas, l'examen de la moelle osseuse ne fournit pas de renseignements supplémentaires, puisque celle-ci contient, sous une forme plus compacte, les mêmes éléments que le sang, cela est loin d'être la règle, en particulier dans les variétés M2, M4 et M6. Les frottis médullaires montrent des lignées granulocytaire, thrombocytaire et érythrocytaire raréfiées. Parfois, le caractère immature des blastes est plus marqué dans la moelle que dans le sang (notamment dans la leucémie monocytaire). Au cours des leucémies lymphoblastiques, l'atteinte médullaire est au début souvent focale.

L'analyse de la moelle osseuse est surtout importante lorsque le frottis sanguin ne permet pas de diagnostic précis, notamment dans les 30 p. 100 (50 p. 100 chez les enfants) des cas où le nombre des leucocytes est abaissé, rendant ainsi difficile la reconnaissance des anomalies lors d'un examen sanguin de routine.

Puisqu'il est presque toujours possible de découvrir, par une analyse soigneuse, les blastes leucémiques, même sur un frottis cytopénique, il nous semble justifié de rappeler, dans cette époque d'automatisation de l'analyse sanguine, la règle suivante :

! Toute cytopénie inexpliquée doit faire procéder à une analyse de la moelle osseuse car elle peut toujours révéler une leucémie aiguë sans ou avec un faible envahissement sanguin.

Une *ponction très pauvre* voire « blanche » peut être due à une densité blastique très cohésive ou (plus rarement) à une fibrose. Cette situation justifie alors la biopsie ostéomédullaire avec analyse histologique.

Figure **63** Différents types d'infiltration des leucémies aiguës. **a** Les leucémies myéloïdes et monocytaires (M1-M5) infiltrent la moelle de façon diffuse et dense. Lors du diagnostic, il n'y a souvent plus d'hématopoïèse normale décelable. **b** Au cours des leucémies lymphoblastiques, l'infiltration est souvent plus discrète et parfois focale (trois blastes à la marge droite) et la granulopoïèse normale est souvent longtemps conservée. ➤

La cytologie médullaire découvre des leucémies aiguës lorsque le frottis reste « muet »

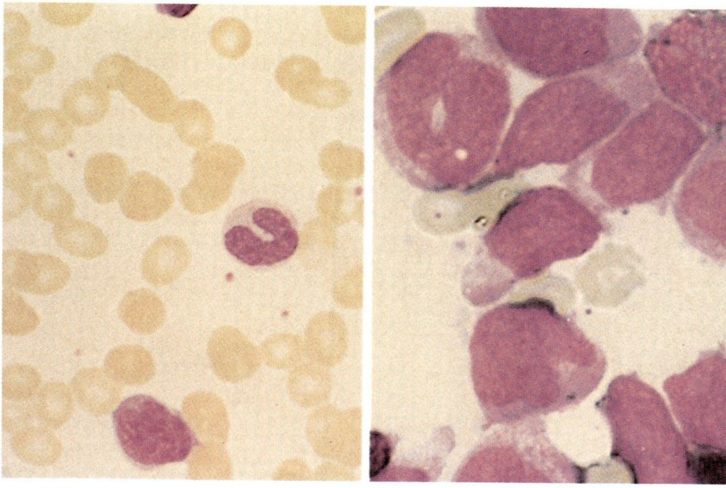

a b

Figure **62** Parfois, il existe une différence entre le frottis et la moelle osseuse (chez le même patient). **a** Le frottis est pauvre et ne montre pas de signes pathologiques de façon certaine (en bas, un monocyte immature). **b** Même cas : la moelle osseuse est infiltrée par de nombreux blastes (monocytoïdes).

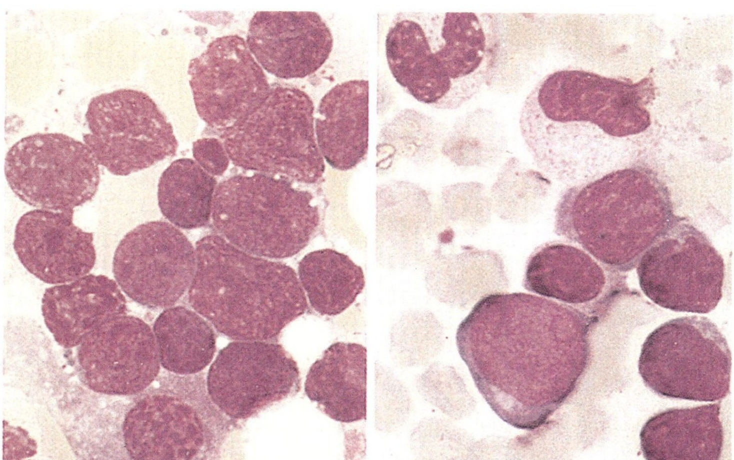

a b

États préleucémiques, myélodysplasies

Ces états se manifestent comme une insuffisance médullaire avec diminution plus ou moins importante des trois lignées (pancytopénie) et peuvent évoluer, en passant par une phase de prolifération blastique insidieuse dans la moelle oseuse (*smoldering leukaemia*), vers une leucémie caractérisée. Le processus pathologique peut s'arrêter à chaque stade de l'évolution mais, souvent, la vie du patient est menacée par une complication inhérente aux conséquences de la pancytopénie. Le potentiel de malignité de cette situation fait proposer le terme d'« état préleucémique ». Une classification plus précise définit plusieurs formes distinctes selon leur aspect médullaire et sanguin (syndromes myélodysplasiques, tableau **17**). Même si leurs limites individuelles sont floues, toutes les formes de myélodysplasie ont plusieurs caractéristiques en commun :

- *anémie*, *bi-* voire *pancytopénie* sans cause évidente ;
- signes de *dysérythropoïèse* avec parfois une variabilité importante de la taille des érythrocytes (macrocytose) et, dans la moelle, des anomalies mégaloblastoïdes et/ou la présence de sidéroblastes en couronne ;
- *dysgranulopoïèse* avec formation de granulocytes de type pseudo-Pelger (hyposegmentation) et hypogranulation (souvent avec déficit de peroxydase) des granulocytes non segmentés et des polynucléaires dans le sang et la moelle ;
- *dysmégacaryopoïèse* avec micromégacaryocytes.

Figure **65** Moelle dysplasique (anémie réfractaire). **a** Érythropoïèse anormale et prédominante, anomalies des polynucléaires de type pseudo-Pelger, avec noyau à deux lobes. La volumineuse cellule au milieu est un mégacaryocyte dystrophique. **b** Mégacaryocyte anormal (micromégacaryocyte). **c** La coloration de Perls révèle la présence de dépôts de fer autour du noyau dans les érythroblastes (sidéroblastes en couronne). ➤

Devant une anémie inexpliquée ou une leucopénie chez un patient âgé, le myélogramme révèle souvent une myélodysplasie

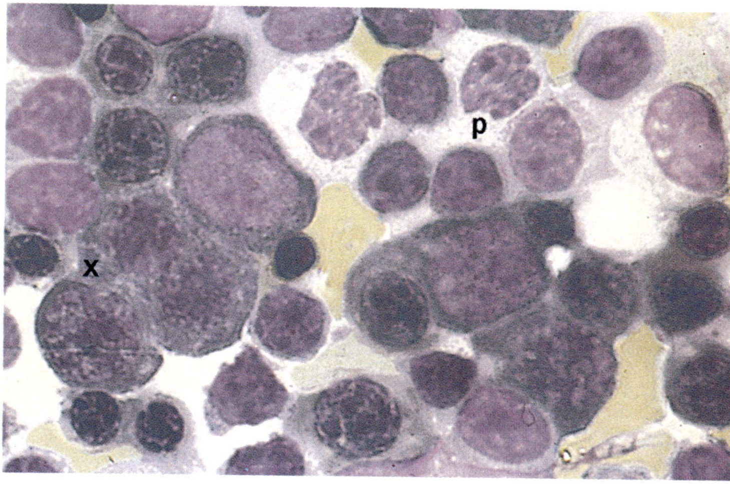

Figure **64** Myélogramme typique de myélodysplasie avec dysérythropoïèse majeure : érythroblaste binucléé (croix). Granulocytes dystrophique (pseudo-Pelger : p).

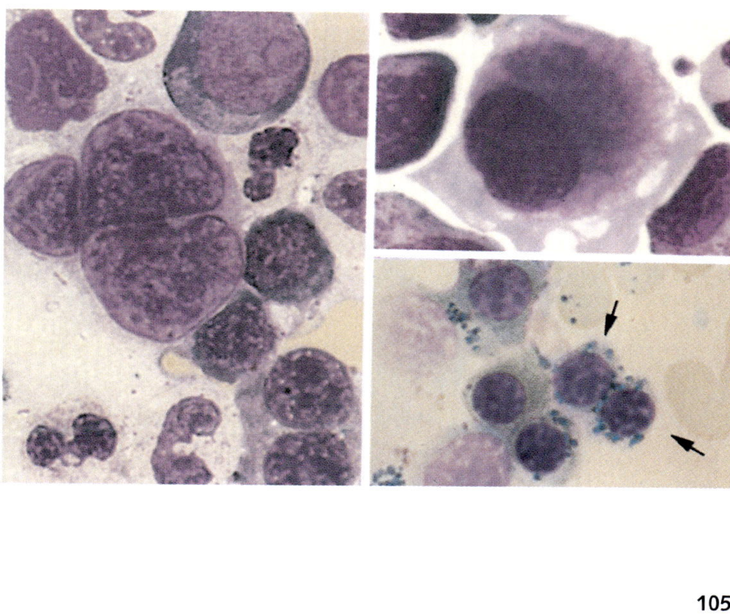

a b c

Tableau **17** Différents types de myélodysplasie

Type de myélodysplasie	Frottis	Moelle osseuse
Anémie réfractaire (AR)	Anémie (normo- ou macrocytaire) ; granulocytes pseudo-Pelger ; blastes ≤ 1 p. 100	Dysérythropoïèse (peu de dysgranulopoïèse et de dysmégacaryopoïèse) Blastes < 5 p. 100
Anémie réfractaire avec sidéroblastes (ARS) (anémie sidéroblastique idiopathique acquise)	Simultanément érythrocytes macro- et microcytaires ; parfois discrète thrombo- et leucopénie ; cellules pseudo-Pelger ; globalement presque identique avec l'AR	Plus de 15 p. 100 des précurseurs rouges sont des sidéroblastes en couronne ; blastes < 5 p. 100
Anémie réfractaire avec excès de blastes (AREB)	Thrombopénie fréquente en plus de l'anémie ; blastes < 5 p. 100 ; monocytes < 1 000/µl ; cellules pseudo-Pelger	Hyperplasie de l'érythropoïèse (avec ou sans sidéroblastes en couronne) ; 5-20 p. 100 de blastes
Leucémie myélomonocytaire chronique (LMMC)	Blastes < 5 p. 100 ; monocytes > 1 000/µl ; cellules pseudo-Pelger	Hypercellulaire, blastes < 20 p. 100 ; augmentation des promonocytes
AREB en transformation (AREBt)	Ressemble à l'AREB mais blastes > 5 p. 100	Blastes 20-30 p. 100 (parfois avec des corps d'Auer)

Le terme de leucémie pauciblastique est actuellement considéré comme désuet. Il désignait initialement toute leucémie myéloïde ou myélomonocytaire sans progression pendant trois mois.

Le diagnostic doit éliminer d'autres processus (tableau **20**, p. 128). Un syndrome myélodysplasique ne doit être retenu qu'après avoir écarté un processus réactionnel ou une cause toxique (par exemple l'alcool, figure **104**). Devant un diagnostic hésitant, notamment dans le cas d'une anémie réfractaire simple, une attitude prudente d'observation peut se justifier car il n'existe pas de traitement spécifique. L'anémie réfractaire avec sidéroblastes en couronne (ARSA), l'anémie réfractaire avec excès de myéloblastes et la leucémie myélomonocytaire chronique se présentent selon un tableau en général évocateur au myélogramme.

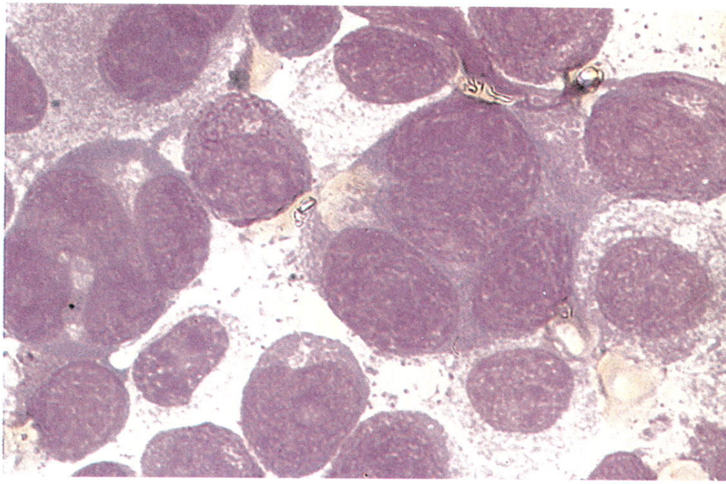

Figure **66** Myélodysplasie sévère (du type anémie réfractaire avec excès de blastes en transformation AREBt). Dysérythropoïèse avec des pro-érythroblastes plurinucléés. Arrêt de la maturation des granulocytes au stade de myéloblastes.

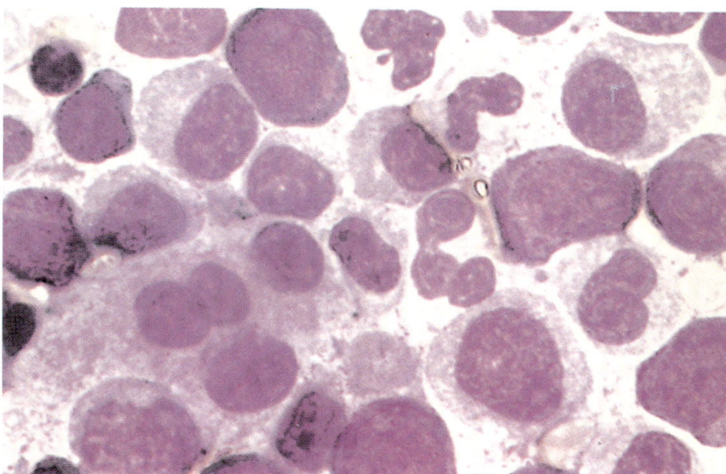

Figure **67** Myélodysplasie de type leucémie chronique myélomonocytaire (LMMC), dysmégacaryopoïèse (à gauche), arrêt de la maturation des granulocytes au stade de promonocyte et des myélocytes atypiques (clairs).

Prédominance de cellules polynucléaires (segmentées) (tableau **18**)

Neutrophilies à granulocytes normalement segmentés

Dans le chapitre précédent nous avons séparé, pour des raisons didactiques, les situations caractérisées par la prédominance de cellules mononucléées (lymphocytes, monocytes) des situations avec une prépondérance de polynucléaires ou de leur précurseurs. Les hyperleucocytoses avec une prédominance de granulocytes neutrophiles polylobés et sans forme immature sont désignées par le terme de granulocytose ou de neutrophilie. En règle générale, ce phénomène ne résulte pas d'une augmentation réaction-

Tableau **18** Conduite diagnostique devant des anomalies de la lignée blanche avec une prédominance de cellules polynucléaires (à noyau segmenté)

Clinique	Hb	Leucocytes	Granulocytes segmentés (p. 100)	Lymphocytes (p. 100)	Autres cellules
Fièvre, parfois signes focaux	n	↑	↑	↓	Discrète myélémie
Patient grand fumeur (sans splénomégalie)	n/↑	↑	↑	↓	ø
Asthénie progressive Splénomégalie	↓	↑	↑	↓	Myélémie jusqu'aux myéloblastes
Asthénie progressive Splénomégalie	↓	n/↑/↓	n/↑/↓	↓	Érythroblastes, myélémie
≠	↑	n	↑	↓	Parfois des érythroblastes
Prurit ou exanthème	n	n/↑	n	n	Éosinophiles ↑

Voir p. 64 pour les explications.

nelle ou compensatrice de la production qui s'accompagnerait en même temps d'une augmentation des formes immatures, mais d'une mobilisation et d'une redistribution de neutrophiles à partir de leurs pools marginés. L'hyperleucocytose induite par l'intoxication tabagique en est un exemple très fréquent.

Causes des neutrophilies

- Stress quel qu'en soit le type ;
- maladies systémiques (surtout maladie de Still) ;
- nécroses tissulaires, par exemple infarctus du myocarde, infarctus pulmonaire ;
- acidoses d'origine diverse, par exemple diabète néphrogénique ;
- médicaments, toxiques chimiques, par exemple :
  - — nicotine,
  - — *corticoïdes*,
  - — épinéphrine,
  - — digitaliques,
  - — allopurinol,
  - — barbituriques,
  - — lithium,
  - — streptomycine,
  - — sulfonamides.

Plaquettes	Électrophorèse	Diagnostic évoqué	Confirmation/examens complémentaires	Moelle osseuse	Texte détaillé
n	n	**Infection aiguë bactérienne (réaction leucémoïde possible)**	Recherche du foyer infectieux ; régression sous antibiothérapie		p. 110
n/↑	n	**Hyperleucocytose tabagique**	Arrêt du tabac		ci-dessus
n/↑/↓	n	**Leucémie myéloïde de chronique (LMC)**	Caryotype t:(9 ;22) ou équivalent moléculaire (BCR/ABL)	Moelle riche avec toutes les fractions	p. 112
n/↑/↓ n/↑	n n	**Ostéomyélo-sclérose** **Polycythémie avec hyperleucocytose**	Anisocytose +++	Souvent ponction blanche, moelle vide → histologie médullaire	p. 120
n	n	**Hyperéosinophilie réactionnelle**	Recherche d'une allergie		p. 122

Neutrophilies avec formes peu segmentées (myélémie)

Une déviation relative vers la gauche à l'intérieur de la lignée granulocytaire (myélémie) correspond à une augmentation du pourcentage des formes plus immatures non segmentées au-delà de 5 p. 100, mais conservant tous les stades intermédiaires de différenciation. Ce phénomène indique presque toujours une hausse de la production au sein de cette lignée. La myélémie est en général associée à une augmentation du nombre total des leucocytes, mais ce n'est pas une règle absolue. L'aspect qualitatif habituel de la déviation est la présence concomitante de différentes formes cellulaires dont le nombre décroît avec leur degré d'immaturité, mais qui représentent une lignée sans interruption allant du polynucléaire définitif jusqu'au myéloblaste. En fonction de l'agressivité du processus déclenchant et suivant les capacités réactionnelles individuelles, une déviation moyennement importante peut alors atteindre les myélocytes tandis qu'une myélémie sévère comportera des promyélocytes, voire (très rarement) des myéloblastes.

Une myélémie peut résulter de phénomènes aigus hémodynamiques ou infectieux

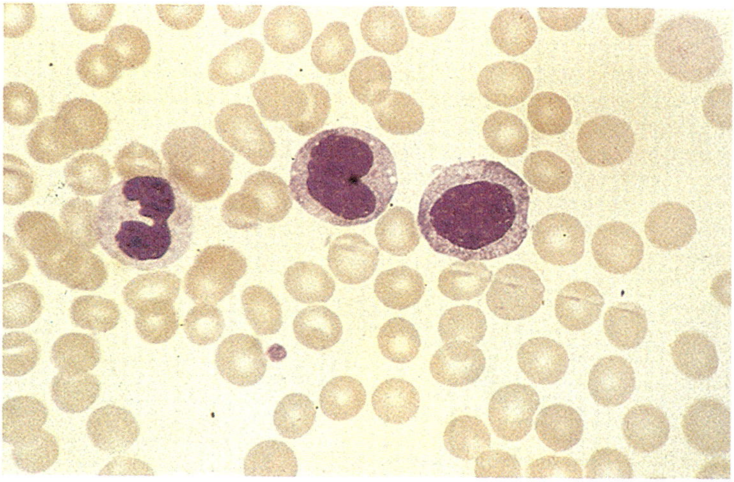

Figure **68** Myélémie réactionnelle. Présence d'un myélocyte, d'un métamyélocyte et d'un granulocyte à noyau segmenté (de droite à gauche) au cours d'une infection bactérienne sévère.

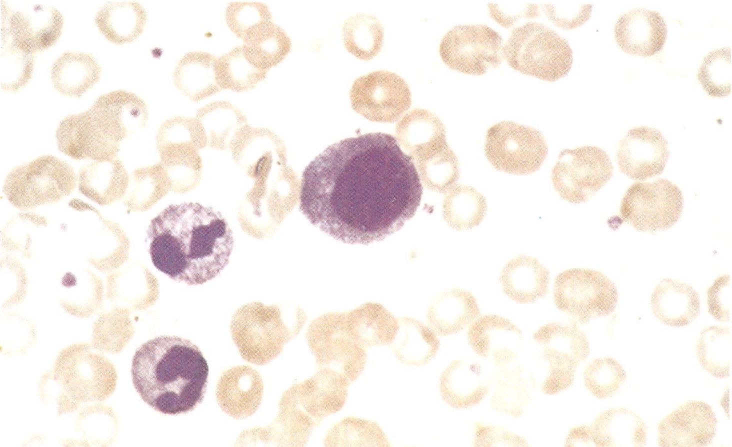

Figure **69** Myélémie réactionnelle. Un myélocyte avec des anomalies de maturation (le cytoplasme évoque celui d'un promyélocyte mais la trame nucléaire grossière est celle du myélocyte) à côté d'un granulocyte à noyau segmenté, avec un début de granulation toxique, et d'un neutrophile à noyau en ruban.

Leucémie myéloïde chronique et syndromes myéloprolifératifs

Un syndrome myéloprolifératif doit être évoqué devant une hyperleucocytose chronique (qui peut aller de 20 000/µl à des chiffres considérables atteignant 200 000/µl), surtout si elle comporte une myélémie allant jusqu'à la présence de promyélocytes et de myéloblastes, associés parfois à une discrète augmentation des éosinophiles et des basophiles ou de quelques érythroblastes.

Les syndromes myéloprolifératifs regroupent quatre affections bien définies : la *leucémie myéloïde chronique* (LMC), l'*ostéo-myélosclérose* ou myélofibrose (M), la *polyglobulie primitive* ou maladie de Vaquez (PV)

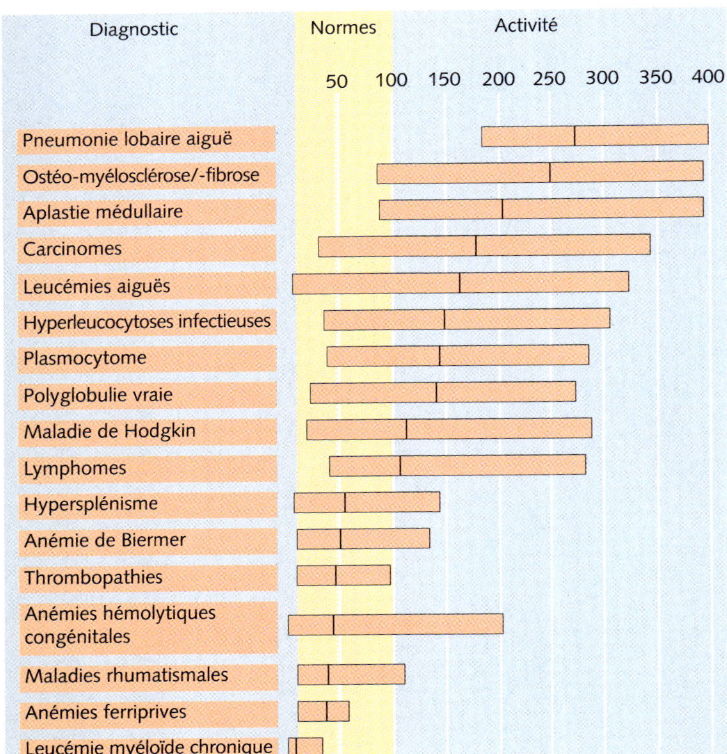

Figure **70** Distribution du taux des phosphatases alcalines leucocytaires dans diverses situations pathologiques. (D'après Merker H, Heilmeyer L. Dtsch Med Wschr, 1960, *85* : 253.) Les renseignements fournis par cet examen sont d'intérêt désuet pour la majorité des auteurs, en particulier français (NdT).

et la *thrombocythémie essentielle* (TE). Les cellules souches semblent touchées à différentes étapes de leur différenciation par des facteurs dont l'origine reste inconnue, mais qui induiraient une prolifération chronique maligne de la lignée blanche (LMC), de la lignée rouge (PV) ou de la lignée plaquettaire (TE), associée parfois à la formation d'une fibrose (M). Les limites sont floues et il existe des formes frontières, notamment entre PV, TE et M.

! Les syndromes myéloprolifératifs s'associent généralement à une reprise d'activité d'organes de l'hématopoïèse embryonnaire (rate et foie).

Ces maladies ont en commun leur survenue en général chez des adultes d'âge moyen, le développement d'une splénomégalie et une évolution lente (tableau **19**).

La particularité de la *LMC* est la présence, dans la totalité des cas, d'une anomalie chromosomique (chromosome Philadelphie). Cette translocation met en présence le proto-oncogène Abelson situé sur le bras long du chromosome 9 avec une séquence spécifique du chromosome 22 appelée BCR. Il en résulte un gène recombinant BCR-ABL qui stimule de manière constitutive la prolifération des cellules.

La *PV* et la *TE* montrent souvent des traits semblables (nombre élevé de thrombocytes et taux élevé d'hémoglobine) et développent fréquemment une fibrose médullaire secondaire. La myélofibrose est caractérisée par une fibrose primitive de la moelle osseuse et de la rate.

Tableau **19** Caractéristiques des différents syndromes myéloprolifératifs

Clinique	Hb	Thrombocytes	Leucocytes	Frottis	Moelle osseuse	PAL	Diagnostic
Âge : 20-70 ans Splénomégalie	n/↓	n/↓/↑	↑↑	Leucocytose considérable et myélémie	Densité ↑↑ Granulopoïèse ↑ (*voir* p. 53)	↓↓ Philadelphie ⊕	Leucémie myéloïde chronique
Érythrose ; splénomégalie discrète	↑	n/↑	(↑)	Parfois discrète myélémie	Érythropoïèse (parfois fibrose) (p. 53)	↑	Polyglobulie vraie
Thromboses fréquentes	n/↑	↑↑	n/↑	Normal ; plaquettes de grande taille ; discrète myélémie	Mégacaryopoïèse ↑↑	n	Thrombocythémie essentielle
Pâleur, splénomégalie	n/↑/↓	n/↑/↓	n/↑/↓	Érythroblastes ; myélémie	Ponction blanche ; fibrose ↑	↑	Ostéomyélosclérose

Caractéristiques de la LMC

Âge : possible à n'importe quel âge ; maximum vers 50 ans.

Symptomatologie clinique : asthénie d'apparition progressive, anémie ; parfois splénomégalie perceptible ; pas de fièvre.

Hémogramme : hyperleucocytose et myélémie, parfois Hb ↓, plaquettes ↓ ou ↑.

Examens complémentaires : PAL ↓↓, moelle osseuse riche en cellules, cytogénétique : (chromosome Philadelphie) et biologie moléculaire (recombinant BCR-ABL).

Diagnostic différentiel : hyperleucocytose réactionnelle. Autres syndromes myéloprolifératifs (moelle osseuse, cytogénétique).

Évolution et traitement : évolution chronique stabilisée par chimiothérapie ; transformation aiguë au bout de plusieurs années. Deux traitements très efficaces ont amélioré le pronostic de la maladie : l'interféron recombinant (mais tous les patients n'y répondent pas bien) et la greffe de moelle osseuse allogénique (seule une partie des cas entrent dans les prérequis de ce traitement).

Conduite diagnostique devant une leucémie myéloïde chronique

L'hémogramme d'une leucémie myéloïde chronique est souvent caricatural : l'hyperleucocytose, parfois considérable, et la myélémie permettent d'en évoquer le diagnostic sans risque d'erreur. Il n'y a en général ni anémie, ni thrombopénie. Une thrombocytose parfois importante peut être révélatrice. L'examen clinique décèle le plus souvent une splénomégalie.

La compostition cellulaire sanguine habituelle comporte de rares myéloblastes, quelques promyélocytes (1-5 p. 100), des myélocytes (10-25 p. 100), des métamélocytes (10-15 p. 100), des granulocytes neutrophiles à noyaux non segmentés et segmentés (50-60 p. 100), des polynucléaires basophiles (1-10 p. 100), éosinophiles (1-2 p. 100), des lymphocytes et des monocytes normaux en valeur absolue. L'évaluation du score de la phosphatase alcaline leucocytaire n'a plus d'intérêt diagnostique face à la facilité d'accès des méthodes de diagnostic par biologie moléculaire (NdT).

Dans près de 100 p. 100 des cas, les cellules de la LMC portent un chromosome 22 anormal (chromosome Philadelphie). Il se détecte sur le caryotype des cellules médullaires capables de se diviser. Cette translocation engendre un gène de fusion spécifique (BCR-ABL), qui peut être mis en évidence dans des leucocytes mûrs grâce à des méthodes de PCR.

Myélémie, augmentation des éosinophiles, des basophiles et des thrombocytes : suspicion de leucémie myéloïde chronique

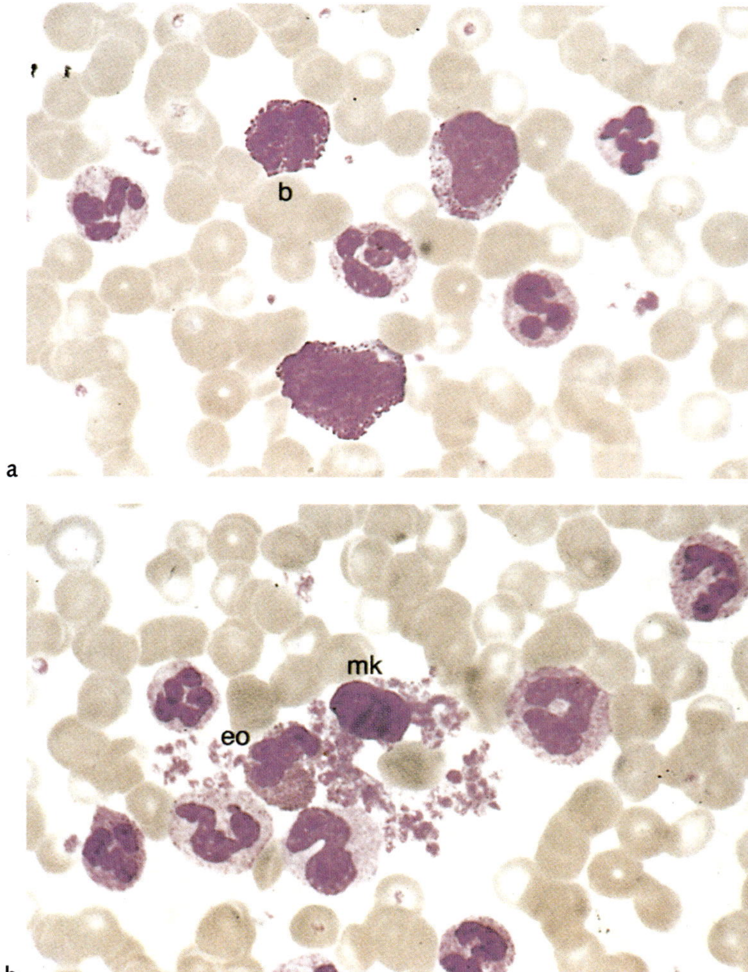

Figure **71** Composition cellulaire variée au cours d'une leucémie myéloïde chronique. **a** Deux promyélocytes à côté de neutrophiles à noyau segmenté et d'un basophile (b). **b** Granulocytes neutrophiles à noyau segmenté et à noyau en ruban, un éosinophile (eo) et un petit mégacaryocyte = microcaryocyte (mk) au milieu d'un amas de thrombocytes ; les micromégacaryocytes n'apparaissent dans le sang qu'au cours des maladies myéloprolifératives.

Analyse de la moelle osseuse dans une LMC. La splénomégalie et l'aspect du frottis sanguin sont suffisamment évocateurs d'une leucémie myéloïde chronique pour faire confirmer directement le diagnostic par la mise en évidence du recombinant BCR-ABL par réaction de polymérisation en chaîne (PCR) à partir du sang. Le prélèvement de la moelle osseuse reste néanmoins utile pour la pratique du caryotype, qui peut apporter des informations supplémentaires, notamment en cas de variante cytogénétique ou d'anomalies clonales additionnelles. La description des aspects médullaires n'est donc rappelée ici que pour mémoire.

La densité cellulaire est presque toujours très élevée. Le frottis est dominé par les cellules de la granulocytopoïèse qui mûrissent normalement pendant la phase chronique de la maladie. Contrairement aux hyperleucocytoses réactionnelles, il n'existe pas de formes stimulées (pas de cellules avec des granulations toxiques ou avec une dissociation entre la maturation nucléaire et cytoplasmique).

Les neutrophiles mûrs peuvent parfois prendre une *forme pseudo-Pelger* (p. 43), les granulocytes *éosinophiles* et *basophiles* sont souvent augmentés. La lignée rouge est souvent relativement éparse. Les histiocytes peuvent stocker des glucocérébrosides, rappelant l'aspect de cellules de surcharge, ou des lipides sous forme de précipitations bleu ciel (histiocytes bleus).

Les *mégacaryocytes* sont souvent augmentés, parfois sous la forme de microcaryocytes avec seulement un à deux noyaux à peine plus grands que ceux des promyélocytes ; leur cytoplasme renferme des granulations nuageuses typiques comme au cours de leur maturation normale.

Dans certains cas, la moelle est parsemée par des mégacaryocytes énormes avec des noyaux très polyploïdes, et une thrombocytémie est observée dans le sang. Cette présentation, évocatrice de thrombocytémie essentielle, peut néanmoins être une authentique leucémie myéloïde chronique, comme le démontre la présence du recombinant BCR-ABL (tableau **19**).

L'analyse cytologique de la moelle osseuse au cours d'une leucémie myéloïde chronique apporte moins d'arguments diagnostiques que l'aspect du sang

a

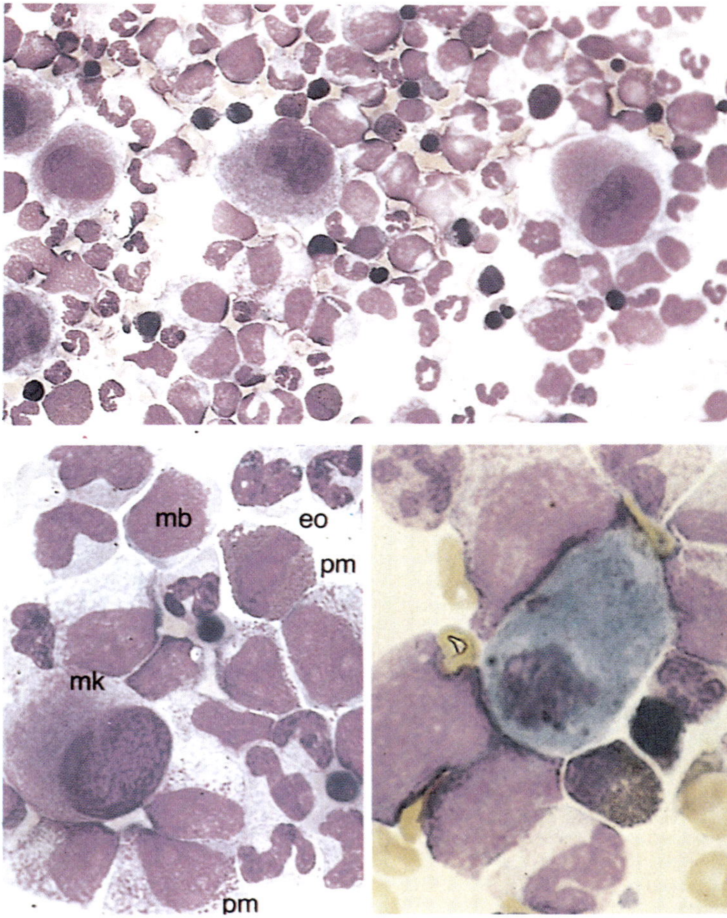

b c

Figure **72** Cytologie médullaire au cours d'une leucémie myéloïde chronique. **a** Vue d'ensemble, composition polymorphe avec une prédominance de la lignée granulocytaire et importante augmentation des mégacaryocytes, souvent sous forme de micromégacaryocytes (avec un seul noyau). **b** L'analyse des cellules de la granulopoïèse montre une prépondérance de cellules à noyaux non segmentés. pm : promyélocyte ; mb : myéloblaste ; eo : éosinophile immature ; mk : petit mégacaryocyte immature (micromégacaryocyte). **c** Histiocyte bleu dans la moelle au cours d'une leucémie myéloïde chronique.

Phase d'accélération et transformation aiguë de la leucémie myéloïde chronique

Au cours d'une LMC, qu'elle soit traitée ou non, il est indispensable de contrôler régulièrement le frottis sanguin car le pourcentage relatif des blastes et des promyélocytes augmente avec le temps. Si la proportion de ces cellules atteint 30 p. 100, si elles sont associées à une thrombopénie au-dessous de 100 000/µl et à un taux d'hémoglobine inférieur à 10 g/dl, il faut craindre une transformation aiguë débutante. Cette phase d'accélération est souvent précédée d'une augmentation marquée des basophiles. L'expansion blastique, peu sensible aux traitements, conduit finalement à un tableau comparable à celui d'une leucémie aiguë. Même si la phase chronique est restée latente et la maladie découverte seulement au stade de la transformation aiguë, plusieurs signes peuvent encore faire évoquer une LMC : l'importance de la splénomégalie, une basophilie prononcée et, parfois, la présence d'une myélémie résiduelle associée à des blastes souvent atypiques pour une leucémie aiguë.

Les blastes peuvent (dans un tiers des cas) reproduire avec fidélité les caractéristiques cytochimiques et immunologiques des leucémies aiguës de type myéloblastique, mégacaryoblastique et lymphoblastique, ce qui doit être interprété comme un signe de dédifférenciation. Les transformations érythroblastiques sont extrêmement rares.

L'examen de la *cytologie médullaire* est surtout utile si la symptomatologie clinique (asthénie, fièvre, douleurs osseuses) évoque l'accélération de la LMC sans que celle-ci soit déjà évidente sur le frottis sanguin. Dans la moelle, la déviation vers les formes blastiques et promyélocytaires est alors souvent beaucoup plus importante que dans le sang. Les limites de ce diagnostic sont imprécises, mais un pourcentage de cellules immatures supérieur à 30 p. 100 suffit pour poser le diagnostic de transformation aiguë.

À ce stade, les autres lignées (hématies et plaquettes) diminuent, les basophiles augmentent.

Une ponction pauvre ou blanche peut être le signe d'une fibrose médullaire, complication fréquente notamment après une évolution prolongée la maladie.

Figure **74** **a** L'augmentation rapide des basophiles peut être le signe d'entrée dans la phase d'accélération d'une leucémie myéloïde chronique. **b** Des blastes d'une accélération sous forme myéloblastique-promyélocytaire. **c** Blastes d'une forme lymphoblastique d'une LMC. **d** Accélération d'une LMC sous forme myélomonocytaire. ➤

La leucémie myéloïde chronique évolue constamment vers une phase aiguë

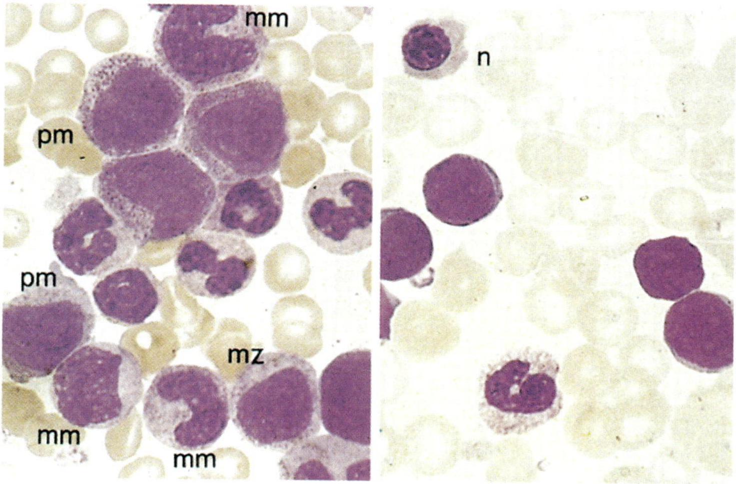

a b

Figure **73** **a** Début de la phase d'accélération de la leucémie chronique avec une myélémie où dominent les cellules capables de division (pm : promyélocytes) à côté de myélocytes (mz), de métamyélocytes (mm) et de granulocytes à noyau en ruban. **b** Blastes de la phase d'accélération de la leucémie myéloïde chronique. Il apparaît un hiatus entre les blastes prédominants et des cellules mûres (granulocytes à noyau en ruban). Des érythroblastes (n) peuvent être présents à chaque stade.

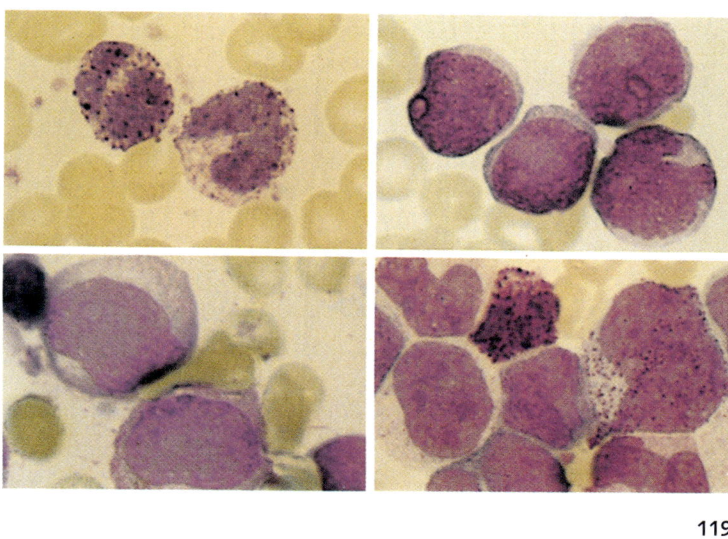

a c b d

Ostéo-myélosclérose (splémomégalie myéloïde)

Le diagnostic de splénomégalie myéloïde est évoqué devant l'association d'une splénomégalie, d'une anémie, d'une discrète élévation des leucocytes (parfois une diminution), d'une thrombopénie ou d'une thrombocytose. Le frottis sanguin en est caractéristique par la présence d'une myélémie et d'un pourcentage élevé d'érythroblastes. L'éosinophilie et l'augmentation des basophiles sont discrètes. L'aspect le plus saisissant est l'importance de la poïkilocytose, avec des hématies en forme de poire ou de larme, qui ne s'observent pas dans la leucémie myéloïde chronique.

Le mécanisme physiopathologique de la myélofibrose résulte, au moins en partie, de la libération par les mégacaryocytes de facteurs d'induction de prolifération fibroblastique, aboutissant à la constitution d'une fibrose progressive. Sur le frottis, ce rôle central de la lignée mégacaryocytaire se traduit souvent par des plaquettes géantes, voire par l'apparition de petits noyaux mégacaryocytaires (mottes denses et sans cytoplasme). Ce tableau de myélofibrose peut être primitif ou secondaire, c'est-à-dire apparaître au cours d'une autre maladie myéloproliférative (notamment la polyglobulie primitive).

Le prélèvement de moelle osseuse est rendu difficile par la présence d'un tissu fibreux et dur qui ne permet pratiquement pas d'aspiration de cellules isolées (figure **76**). La biopsie médullaire permet d'étudier les aspects caractéristiques de la progression du processus de fibrose, d'abord réticulinique, puis dense, aboutissant à l'ostéo-myélosclérose.

Caractéristiques de l'ostéo-myélosclérose

Âge : souvent au-delà de 50 ans.

Symptomatologie clinique : signes d'anémie, parfois prurit, splénomégalie dure.

Hémogramme : poïkilocytose, myélémie avec érythroblastes, souvent pancytopénie.

Examens complémentaires : fibrose médullaire (biopsie médullaire).

Diagnostic différentiel : splénomégalie au cours d'un lymphome ou d'autres maladies myéloprolifératives : analyse de la moelle osseuse.

Myélofibrose due à des tumeurs métastasées ou une inflammation : pas de splénomégalie.

Évolution et traitement : évolution chronique, transformation aiguë peu fréquente. Transfusions. Chimiothérapie ou irradiation splénique si splénomégalie douloureuse ou compressive.

Une splénomégalie associée à une érythromyélémie avec aniso-poïkilocytose évoque une splénomégalie myéloïde

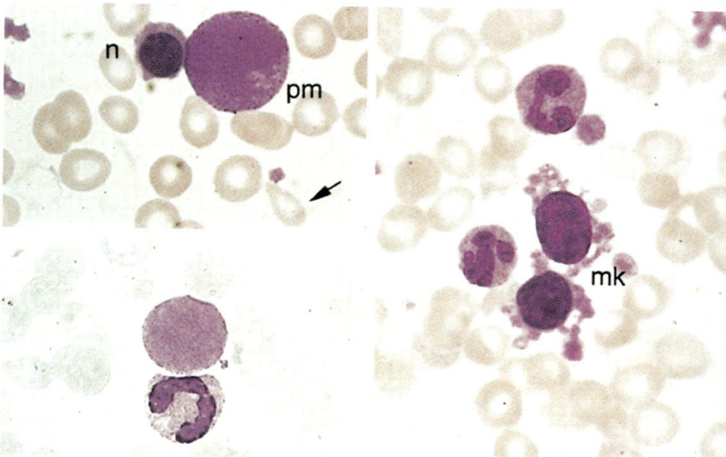

Figure **75** Frottis au cours d'une ostéo-myélosclérose. **a** Myélémie (pm : promyélocyte), érythroblaste (n : normoblaste) et anomalies érythrocytaires sous forme de cellules en larmes (flèche). **b** Plaquettes géantes (à côté d'un granulocyte à noyau en ruban). **c** Microcaryocyte (mk) entouré de plaquettes.

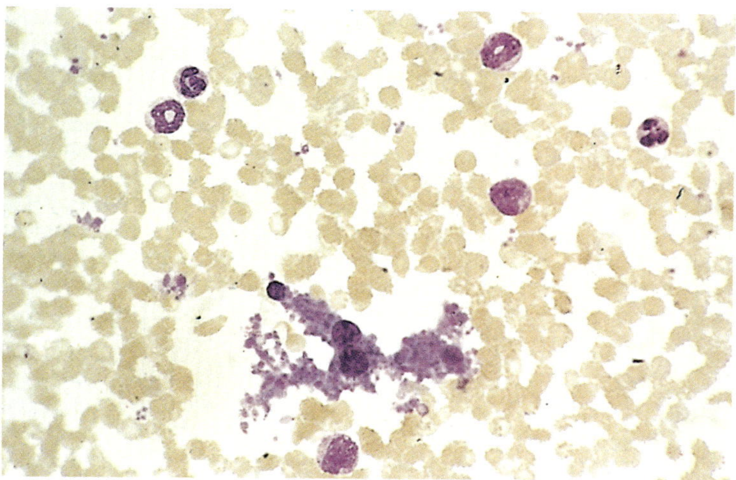

Figure **76** Cytologie médullaire au cours d'une ostéomyélosclérose. Moelle très pauvre avec quelques cellules de la granulopoïèse et des microcaryocytes. La pauvreté cellulaire apparente est liée à la difficulté de l'aspiration.

Proliférations éosinophiles et basophiles

Une augmentation du taux des *éosinophiles* (> 400/µl) s'observe surtout au cours des infections parasitaires à helminthes et des réaction allergiques atopiques. Les helminthiases en cause doivent être recherchées, selon le contexte et l'origine géographique, par un examen des selles et des sérologies.

> ! *Strongyloides stercoralis* entraîne les hyperéosinophilies les plus importantes, parfois même extrêmes. Les helminthiases en cause sont, sous nos climats, la trichocéphalose, l'échinococcose, la distomatose, les larva migrans cutanées et viscérales (*Toxocara canis* en particulier). Les principales helminthiases exotiques sont l'anguillulose et l'ascaridiase, les schistosomes et les filaires.

En dehors de certains cas de scarlatine, de mononucléose ou de lymphocytose infectieuse, les infections bactériennes et virales n'induisent pratiquement jamais d'hyperéosinophilie.

La deuxième grande cause des hyperéosinophilies sont tous les états allergiques tels l'asthme, le rhume des foins ou diverses maladies dermatologiques (urticaire, psoriasis) ainsi que des *réactions d'hypersensibilité* d'origine médicamenteuse. Celles-ci ont été observées avec quasiment tous les médicaments mais elles sont particulièrement fréquentes avec certains antibiotiques, les sels d'or et ses dérivés, l'hydantoïne, les phénothiazines et les dextrans. Parmi les *maladies auto-immunes*, la panartérite noueuse et l'angéite de Churg et Strauss s'accompagnent fréquemment d'une hyperéosinophilie majeure. Toutes les néoplasies peuvent développer une hyperéosinophilie paranéoplasique et notamment les lymphomes à différenciation T (lymphadénopathie angio-immunoblastique en particulier).

Le *syndrome hyperéosinophilique* se caractérise par une éosinophilie atteignant des valeurs extrêmes (souvent > 10 000/mm^3), associée à une splénomégalie, des anomalies cardiaques et des atteintes neurologiques des nerfs périphériques. Ce syndrome de nosologie incertaine résulte d'une stimulation inappropriée des précurseurs éosinophiles par l'interleukine 5. Parmi les *leucémies*, la leucémie myéloïde chronique présente souvent, à côté de ses critères classiques (p. 114), une hyperéosinophilie modérée. Si celle-ci domine le frottis, le terme de leucémie éosinophilique chronique peut être justifié. Une prédominance d'éosinophiles d'apparition rapide, associée à une diminution des neutrophiles, des érythrocytes et des thrombocytes, doit faire penser à la très rare leucémie aiguë éosinophile qui peut être confirmée par un typage cytochimique (naphtol-ASO-chlore-acétate estérase).

Augmentation des basophiles. Une augmentation des granulocytes polylobés (polynucléaires) basophiles au-delà de 2 à 3 p. 100 ou 150/µl n'est observée qu'au cours des syndromes myéloprolifératifs.

L'augmentation des éosinophiles est un signe d'atopie ou d'infection par des helminthes, celle des basophiles un signe de syndrome myéloprolifératif chronique

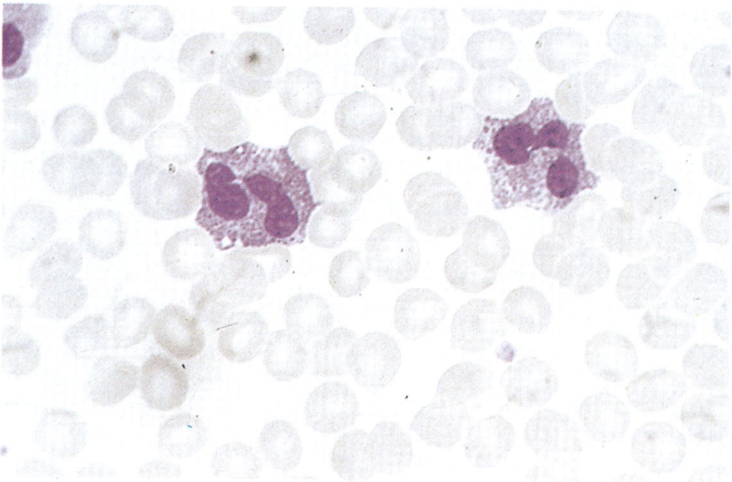

Figure **77** Hyperéosinophilie sur le frottis. Remarquer la forme sphérique des granules, contrairement aux granules toxiques qui se présentent sous forme de petits points (figure **17**).

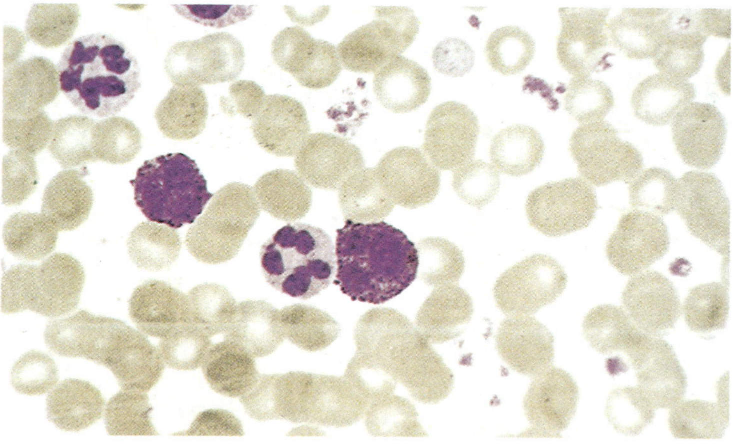

Figure **78** Augmentation des basophiles dans le frottis. Il s'agit de cellules à noyau segmenté avec une granulation basophile (par opposition aux mastocytes tissulaires non segmentés).

Elle peut rarement être notée dans certaines *maladies métaboliques* tels le myxœdème (hypothyroïdie) et les hyperlipidémies. Une prolifération autonome allant jusqu'à la « leucémie chronique basophile » peut exister dans le cadre des maladies myéloprolifératives. La *leucémie aiguë basophile* est une maladie extrêmement rare ; sa maturation médullaire ne dépasse pas le stade promyélocytaire des basophiles et elle ressemble à la LAM-M3 (p. 94).

L'augmentation des *basophiles* est un signe relativement constant au cours des syndromes myéloprolifératifs telles la myélofibrose, la leucémie myéloïde chronique et la polyglobulie primitive.

Les *mastocytes* sont des cellules tissulaires apparentées aux granulocytes basophiles. Leur prolifération est responsable de l'urticaire pigmentaire réversible, plus fréquente dans l'enfance, et de la *mastocytose systémique* de l'adulte au cours de laquelle on peut observer une augmentation simultanée dans le sang des polynucléaires basophiles.

Anomalies des hématies et des plaquettes

Intérêt clinique de la classification des anémies selon les indices érythrocytaires

Les automates de numération actuels permettent une détermination simultanée du nombre et du volume des hématies (volume globulaire moyen, VGM), et du taux d'hémoglobine dans le sang total. À partir de ces valeurs, l'automate calcule les indices érythrocytaires suivants : teneur corpusculaire moyenne en hémoglobine (TCMH) ; concentration corpusculaire moyenne en hémoglobine (CCMH) (tableau **20 ;** méthodes p. 14 ; valeurs normales tableau **2**, p. 13). Ces indices et leurs modifications sont utiles pour classer les anémies et les rattacher à un trouble primitif : l'hypochromie (CCMH < 32 p. 100) et/ou la microcytose (VGM < 80 μ^3) traduisent un défaut de synthèse d'hémoglobine (carence en fer, inflammation, thalassémies) ; la macrocytose (VGM > 100 μ^3) traduit un défaut de synthèse d'ADN et des événements mitotiques au cours de l'érythropoïèse (carences en folates, en vitamine B_{12}, autres troubles de synthèse des nucléotides).

La numération des réticulocytes sanguins (n : 25 000 à 100 000/mm^3) permet d'apprécier la capacité de l'érythropoïèse à réagir en cas d'anémie : l'absence d'augmentation des réticulocytes oriente vers un défaut d'érythropoïèse. L'augmentation des réticulocytes traduit une régénération médullaire efficace (anémie régénérative) et permet d'envisager l'hypothèse d'une anémie par hémolyse ou hémorragie aiguë (tableau **20**). Toutefois, dans certaines situations carentielles (surtout en vitamine B_{12}, en acide folique et, à un moindre degré, en fer), l'instauration d'un traitement corrigeant la carence peut provoquer une régénération (« crise réticulocytaire »). À l'opposé, l'augmentation des réticulocytes peut manquer dans les premiers jours d'une anémie par hémolyse ou hémorragie aiguë.

Anémies hypochromes (ou microcytaires)

Anémie par carence martiale

Les anémies hypochromes relèvent d'une insuffisance de synthèse d'hémoglobine dans les érythroblastes. La cause principale est la carence martiale (figure **79**). Les états d'inflammation chronique (p. 132) et les thalassémies, y compris les formes mineures (trait thalassémique), peuvent se traduire aussi par une anémie microcytaire. Dans la carence martiale, le fer sérique est abaissé et la capacité totale de saturation de la sidérophiline par le fer (CTST) augmente.

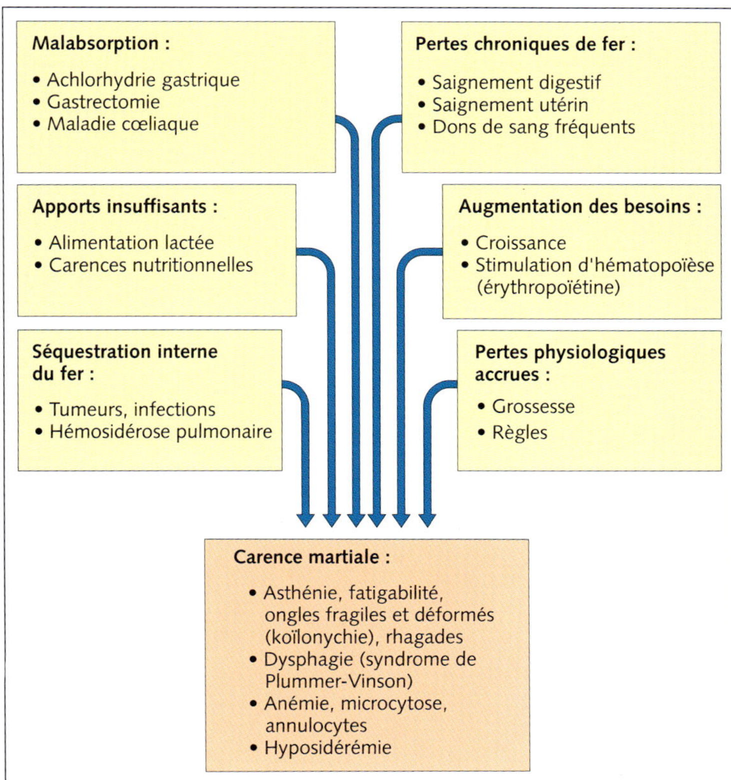

Figure **79** Causes les plus fréquentes de carence martiale (d'après Begemann).

Tableau **20** Signes cliniques, paracliniques et orientation diagnostique des anomalies érythrocytaires

Clinique	Hb	CCMH	Morphologie érythrocytaire	Réticulocytes	Leucocytes	Granulocytes à noyau segmenté (p. 100)	Lymphocytes	Autres cellules	Plaquettes
Fatigue, pâleur (dysphagie)	↓	↓	Annulocytes Anisocytose	↓	n	n	n	—	n/↑
Fièvre, amaigrissement (inconstant)	↓	↓	Anisocytose Poïkilocytose	↓	n/↑	n	n	Éosinophiles ↑ Monocytes ↑ (inconstant)	n
Symptômes imprécis	↓	n/↓/↑	Toutes les tailles (bimorphe)	↓	n/↓	n	n	—	n/↓
Hémorragie aiguë	↓	n	n	n	n	(↑)	(↓)	—	n/↓/↑
Subictère	↓		Normal ou parfois cellules sphériques	↑↑	n/↓	n	n	Normoblastes	n/↓
Splénomégalie	↓	↓	Cellules cibles	↑	n	n	n	Normoblastes	n
Pâleur, signes d'infection ou hémorragies	↓	n	n	↓↓	↓	↓	↑	Monocytes (parfois) ↑	↓↓
Pâleur, antécédents d'éthylisme	↓	↑	Macrocytes	↓	↓	↓	↑	Granulocytes hypersegmentés (parfois) Normoblastes	↓/n
Patient pléthorique, splénomégalie	↓	n	n	n	n/↑	n	n	—	n/↑
Syndrome hémorragique	↓	n	n	(↑)	n	n	n	—	↓↓

Voir p. 64 pour les explications.

VS	Électro-phorèse (sérum)	Fe	Dosage(s) utile(s)/résultat	Trans-ferrine	Diagnostic à évoquer	Confirmation/examens complémentaires	Moelle osseuse	Texte
n	n	↓	Ferritine ↓	↑	**Anémie ferriprive**	Recherche d'un saignement chronique ou d'une malabsorption du fer	Érythropoïèse ↑ Sidéroblastes ↓ Contenu en fer des macrophages ↓	p. 130
↑	α_2 et γ↑	↓	Ferritine n/↑	↓	**Anémie inflammatoire**	Recherche de la cause	Érythropoïèse ↓ Sidéroblastes ↓ Contenu en fer des macrophages ↑	p. 132
n	n	↑	Ferritine n/↑	↓	**Anémie réfractaire Myélodysplasie**	⟶	Érythropoïèse ↑ Sidéroblastes en couronne	p. 136
n	n	n/↓	—	n/↑	**Anémie par hémorragie aiguë**	Recherche de l'origine et de la cause de l'hémorragie	(Érythropoïèse ↑)	p. 140
n	n	n	Haptoglobine ↓↓	(n/ ↓)	**Anémie hémolytique**	Résistance osmotique, test de Coombs direct	(Érythropoïèse ↑, déviation à droite) Stockage de fer important	p. 141
n	n	n	Haptoglobine ↓↓		**Particulièrement : thalassémie**	Électrophorèse de l'Hb, etc.		
↑	n	↑/ (n)	n/↑	(↓/n)	**Aplasie médullaire Envahissement tumoral**	Recherche d'une cause ou tumeur	Hypoplasie de toutes les lignées ou présence de cellules tumorales	p. 148, 152
n	n	n/↑	Vitamine B_{12} et/ou acide folique	(↓)	**Anémie mégaloblastique**	Fibroscopie gastrique Auto-anticorps anti-Fact. Int., test de Schilling	Érythropoïèse mégaloblastique	p. 154
n/↓	n	↓	↑	↑	**Polyglobulie**	Recherche d'une cause Évolution	Érythropoïèse ↑	p. 164
n	n	↓	TCA n	—	**Purpura thrombopénique idiopathique (PTI)**	Recherche d'une cause Présence d'anticorps ⟶	Augmentation des mégacaryocytes	p. 166

Tableau **21** Valeurs normales du fer sérique et de ses protéines de liaison

	Anciennes unités	Unités SI
Fer sérique		
Nouveau-né	150-200 µg/dl	27-36 µmol/l
Adultes		
— femmes	100-120 µg/dl	18-22 µmol/l
— hommes	80-100 µg/dl	14-18 µmol/l
CTFT(1)	300-350 µg/dl	54-63 µmol/l
Transferrine	250-450 µg/dl	2,5-4,5 g/l
Ferritine sérique	30-300 µg/dl	

(1) Capacité totale de fixation du fer par la transferrine.

Le dosage de la ferritine est alors le plus souvent superflu. Si le prélèvement doit être expédié, il faut mieux utiliser le sérum après une centrifugation à faible vitesse car, durant le transport, la destruction mécanique des érythrocytes contenus dans le sang total libère du fer. Le tableau **21** montre les variations du fer sérique en fonction de l'âge et du sexe.

Il est important de comprendre que les hémorragies *aiguës* n'entraînent jamais une anémie microcytaire ou hypochrome : il faut en effet plusieurs mois d'érythropoïèse ferriprive pour modifier de façon significative le volume des hématies.

Frottis sanguin au cours des carences martiales. Comme dans la majorité des cas d'anémie, l'examen du frottis sanguin est très informatif en cas de carence en fer. Lorsque l'anémie est récente ou modérée, seule une partie des hématies sont microcytaires, ce qui ne retentit pas encore sur le volume globulaire moyen. Leur présence peut cependant être décelée sur le frottis sanguin. Dans les anémies marquées (< 11 g/dl ou 6,27 mmol/l), on observe des globules rouges relativement petits (*microcytes*) avec un VGM et une TCMH diminués, et parfois des cellules avec un cytoplasme gris basophile (érythrocytes « polychromatophiles ») qui témoignent du trouble de l'hémoglobinisation. Les érythrocytes polychromatophiles de grande taille (réticulocytes) sont habituellement rares, ce que confirme leur numération après coloration vitale (p. 144).

Lorsque le déficit en hémoglobine est important (< 8 g/dl ou 4,96 mmol/l), le centre du globule rouge s'aplatit et l'hémoglobine se réduit à un bourrelet phériphérique, l'hématie prenant la forme d'un anneau *(annulocyte)*.

Érythrocytes gris-bleu (polychromatophilie), signe initial d'une anémie ferriprive ; cellules en anneau (annulocytes), dans les cas plus avancés

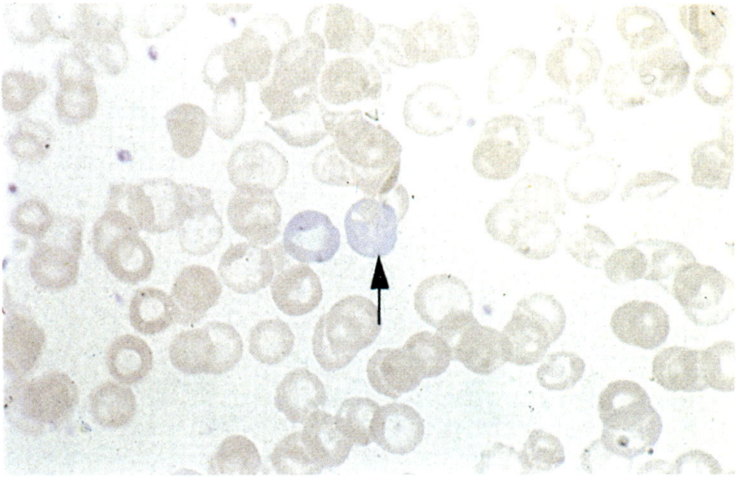

Figure **80** Hématies au cours d'une anémie ferriprive modérée. Prédominance de petits érythrocytes (microcytes) ; par endroit coloration bleuâtre (polychromatophilie, flèche) ; peu de variabilité de forme.

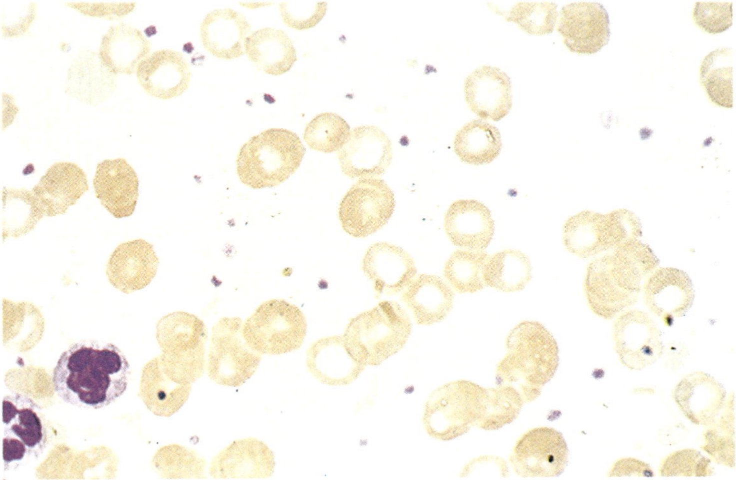

Figure **81** Annulocytes au cours d'une anémie ferriprive sévère. L'hémoglobine est parfois réduite à un anneau très fin.

Anémie inflammatoire

On regroupe sous ce terme les cas d'anémie où la diminution du fer sérique ne résulte pas d'une carence mais d'une séquestration au sein des macrophages : le fer est présent mais non utilisable. Cela est habituel au cours d'infections, de processus toxiques, de maladies auto-immunes et de tumeurs. Ce type d'anémie est désigné en France par le terme d'anémie inflammatoire, et dans les pays anglo-saxons sous celui d'« anémie des maladies chroniques ». L'anémie est normochrome au début et progressivement hypochrome, mais l'abaissement du VGM n'y est jamais aussi important que dans les carences en fer ou dans les thalassémies.

L'examen du frottis sanguin révèle la présence de modifications portant sur la taille, la forme et la coloration des hématies, plus prononcées que dans les cas de carence martiale :

- *Anisocytose* : ce terme désigne une grande variabilité de la taille des érythrocytes, au-delà des limites normales. Cette anisocytose est responsable de la présence dans un seul champ de vision du microscope d'érythrocytes dont la taille varie de la moitié au double de celle d'une hématie normale.
- *Poïkilocytose* : elle indique une variabilité de la forme des érythrocytes avec, à côté de la forme ronde normale, des cellules ovales, en poire ou en goutte.
- *Polychromatophilie* : elle désigne la discrète coloration gris-bleu des érythrocytes et témoigne d'une diminution importante du contenu en hémoglobine de ces cellules immatures.

Le nombre de réticulocytes est presque toujours diminué au cours de ce type d'anémie, même s'il existe parallèlement une hémolyse ou une hémorragie.

Grande variabilité de la forme des érythrocytes : évoquer d'une anémie inflammatoire

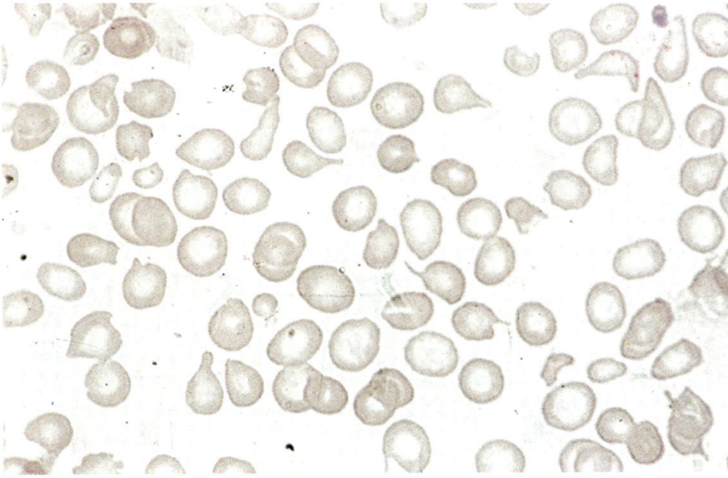

Figure **82** Morphologie érythrocytaire au cours d'une anémie inflammatoire. Grande variabilité de la taille (anisocytose) et de la forme des hématies (poïkilocytose).

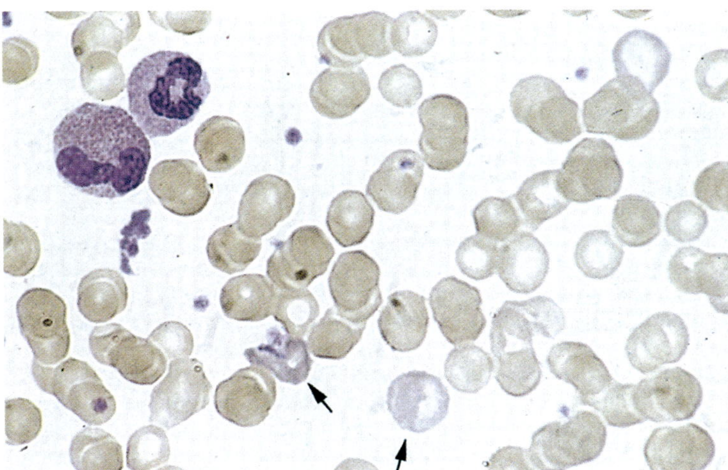

Figure **83** Anémie inflammatoire. Anisocytose, poïkilocytose et polychromatophilie (flèches) importantes. Deux granulocytes, l'un à noyau segmenté, l'autre à noyau en ruban avec des granulations toxiques, témoignent d'un processus réactionnel.

Cytologie médullaire dans la démarche diagnostique d'une anémie hypochrome

L'insuffisance de synthèse de l'hémoglobine résulte de causes qui sont faciles à identifier par des examens simples. Il est rigoureusement inutile de pratiquer un myélogramme dans ces situations (tableau **20**). La description des cellules médullaires n'est donnée ici qu'à titre documentaire, en particulier pour rappeler les aspects observés après coloration de Perls.

Au cours de l'**anémie par carence martiale**, l'érythropoïèse est stimulée par compensation. Le pourcentage relatif des précurseurs érythropoïétiques augmente, modifiant ainsi le rapport entre érythropoïèse et granulopoïèse qui passe de 1:3 à 1:2 en faveur de l'érythropoïèse, mais rarement au-delà. Au sein de la lignée rouge, les formes immatures, érythroblastes et pro-érythroblastes, augmentent de façon relative dans le sens d'une « déviation à gauche » (valeurs normales, tableau **4**). Souvent, ces cellules ne présentent pas d'anomalies de structure évidentes mais leur cytoplasme reste basophile, même dans les normoblastes, en raison d'une teneur insuffisante en hémoglobine.

Dans le cadre d'une carence martiale vraie, la coloration de Perls sur la moelle montre une diminution voire une absence complète de « sidéroblastes », c'est-à-dire de normoblastes contenant des granules de fer (au-dessous de 10 p. 100, valeur normale 30 à 40 p. 100). On observe aussi constamment l'absence de fer dans les macrophages de la trame médullaire.

Au cours de l'*anémie inflammatoire* au contraire, l'érythropoïèse est plutôt réprimée. La coloration de Perls de la moelle donne alors des renseignements importants. La séquestration du fer par le système réticulo-cellulaire est décelable sous forme de grains de fer (sidérosomes) à l'intérieur des macrophages (figure **86**) qui contrastent alors avec les précurseurs rouges quasiment dépourvus de fer. On peut cependant observer des situations particulières dans lesquelles des anémies inflammatoires se présentent avec des réserves de fer vides en raison d'une carence martiale préexistante.

La granulopoïèse est prédominante et présente souvent des aspects de « stimulation » aspécifiques, ainsi que des dissociations dans la maturation nucléocytoplasmique (c'est-à-dire un cytoplasme encore basophile avec des granulations promyélocytaires, associé à un noyau mature « strié » de myélocyte).

Les mégacaryocytes sont presque toujours augmentés, quelle que soit la cause de l'hyposidérémie (carence ou inflammation). Il en résulte une augmentation des plaquettes sanguines dans le sang. En fonction du type du processus déclenchant, on peut aussi observer une augmentation modérée des monocytes, des lymphocytes et des plasmocytes.

L'analyse médullaire est généralement inutile devant une anémie hypochrome/microcytaire

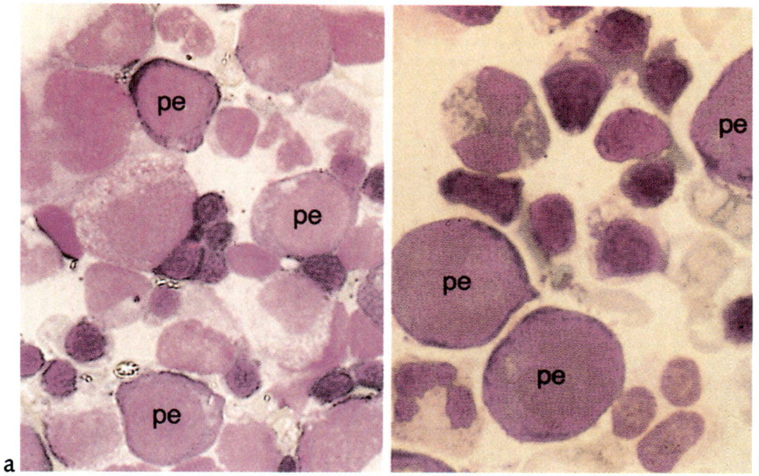

Figure **84** Moelle osseuse au cours d'une anémie ferriprive. Érythropoïèse augmentée et asynchronisme de maturation nucléocytoplasmique. pe : pro-érythroblastes.

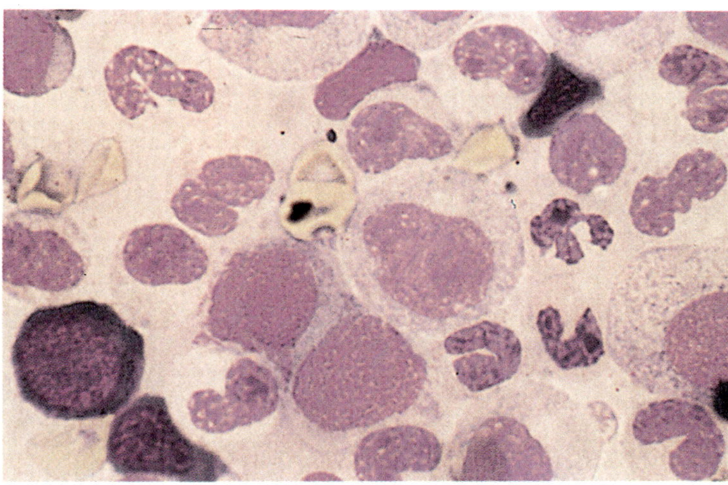

Figure **85** Moelle osseuse au cours d'une anémie inflammatoire avec une érythropoïèse réduite et une granulopoïèse réactionnelle.

Anémies hypochromes sidéroblastiques

Une anémie par non-utilisation du fer (anémie sidéro-achrestique) doit être évoquée devant une anémie hypochrome avec des réserves du fer sérique normales voire élevées. Les érythrocytes montrent une *anisocytose marquée*, une *poïkilocytose*, un VGM moyen abaissé, une polychromasie et parfois de discrètes *ponctuations basophiles* (figure **105**). L'hypothèse diagnostique peut être étayée par une *analyse de la moelle osseuse*. Contrairement aux images de l'anémie toxi-infectieuse, la lignée rouge est ici largement représentée. La coloration de Perls est l'outil diagnostique de choix, révélant un excès de fer déposé dans les érythroblastes (sidéroblastes). L'accumulation du fer concerne non seulement le cytoplasme, où de nombreux grains de fer sont décelables (sidérosomes), mais plus encore les mitochondries, ce qui explique la disposition des dépôts de fer en un anneau autour du noyau (sidéroblastes en couronne).

Les anémies sidéroblastiques ont des causes variées :

- Les *anémies sidéroblastiques héréditaires* sont très rares. Leur transmission est récessive, liée à l'X ou autosomique. Certaines peuvent répondre à l'administration de pyridoxine. La présence de sidéroblastes en couronne est habituelle au cours des formes sévères de *thalassémie* (p. 138).
- Des *anémies d'origine médicamenteuse* ou *diététique* ont été décrites avec la phénacétine, le paracétamol et l'isoniazide. L'intoxication éthylique chronique peut aussi engendrer la formation d'une faible proportion de sidéroblastes en couronne.
- Les *intoxications chroniques par le plomb* (*saturnisme*) induisent une hypochromie par le biais d'une perturbation de la synthèse de l'hème. Les hématies à ponctuations sont particulièrement abondantes sur le frottis. Le dosage du plomb dans le sang ou dans les urines après mobilisation par l'EDTA assure le diagnostic.
- Des *maladies systémiques* peuvent être associées à une anémie sidéroblastique selon des mécanismes mal élucidés. Ces associations ont été signalées dans des cas de myélome, de lymphomes, de maladies myéloprolifératives et au cours de la polyarthrite rhumatoïde.
- Les *anémies sidéroblastiques idiopathiques* sont observées chez des sujets d'âge mûr. Au début, elles n'affectent qu'une fraction de l'érythropoïèse, ce qui explique un aspect de double population d'hématies, normochrome et hypochrome, qui n'apparaît qu'à l'examen du frottis de sang. Les anémies sidéroblastiques primitives peuvent se rapprocher d'autres formes de myélodysplasies avec lesquelles elles partagent de nombreux aspects cytologiques et évolutifs (p. 106).

! Les anémies sidéroblastiques peuvent, comme toute myélodysplasie, constituer un syndrome préleucémique (p. 104).

Anémie hypochrome, poïkilocytose et ponctuations basophiles avec un fer sérique élevé : surcharge en fer par défaut d'utilisation

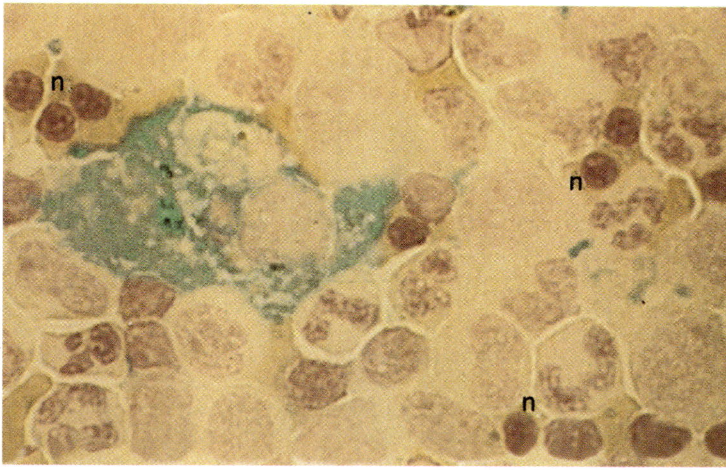

Figure **86** Coloration de Perls de la moelle osseuse au cours d'une anémie inflammatoire : contenu en fer des macrophages accru, contrastant avec des normoblastes (n) pauvres en fer.

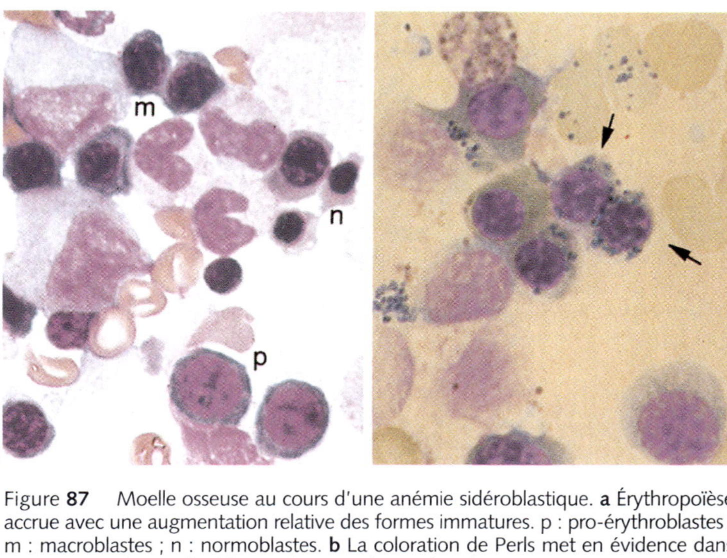

a b

Figure **87** Moelle osseuse au cours d'une anémie sidéroblastique. **a** Érythropoïèse accrue avec une augmentation relative des formes immatures. p : pro-érythroblastes ; m : macroblastes ; n : normoblastes. **b** La coloration de Perls met en évidence dans presque tous les érythroblastes des granules parfois disposés en anneau autour du noyau : sidéroblastes en couronne (flèches).

Anémies hypochromes (microcytaires) associées à une hémolyse

Thalassémies

Une anémie microcytaire à fer sérique normal ou augmenté évoque une thalassémie, surtout s'il existe des cas similaires dans la famille. La microcytose est l'élément essentiel des variétés dites d'expression mineure (trait thalassémique par hétérozygotie β ou mutations α limitées à un ou deux des quatre gènes), avec un nombre normal d'érythrocytes, un VGM abaissé et parfois une splénomégalie. Le frottis sanguin montre des hématies très hypochromes, certaines ont un îlot d'hémoglobine en position centrale (*cellules cibles*). Ces cellules restent minoritaires sur le frottis. On observe aussi une anisocytose nette et des ponctuations basophiles fréquentes. La présence de quelques normoblastes indique une augmentation globale de l'érythropoïèse. Malgré l'absence de spécificité de ces cellules cibles – elles peuvent également s'observer au cours d'une anémie sidéropénique sévère –, il est licite, en l'absence d'hyposidérémie, de faire pratiquer une électrophorèse de l'hémoglobine. Une augmentation significative (entre 3 et 6 p. 100) de l'hémoglobine A_2 confirme le diagnostic de *ß-thalassémie* mineure ou hétérozygote. Les formes mineures d'*α-thalassémie* comportent les mêmes aspects sanguins mais n'engendrent pas d'augmentation de la fraction A_2 de l'hémoglobine. Les formes majeures ß-homozygote ou α à trois ou quatre gènes mutés se présentent avec un tableau clinique et hématologique beaucoup plus grave, où s'associe une composante d'hémolyse prononcée. Dans ces cas, on remarque sur le frottis sanguin des cellules cibles, en même temps qu'un grand nombre d'érythroblastes. L'électrophorèse de l'hémoglobine montre une prédominance d'Hb F dans les formes β, d'hémoglobine H (tétramères β) dans les formes α.

La thalassémie se distingue de l'anémie due à une carence martiale par un fer sérique élevé *et* par une moelle osseuse avec des réserves de fer en quantité suffisante dans les précurseurs de la lignée rouge et dans les cellules réticulaires. Les thalassémies occupent une place particulière parmi les anémies hémolytiques en raison de leur hypochromie ; les autres anémies hémolytiques sont en général normochromes (p. 141).

Anémie hypochrome sidéroblastique avec présence de cellules cibles : évoquer une thalassémie

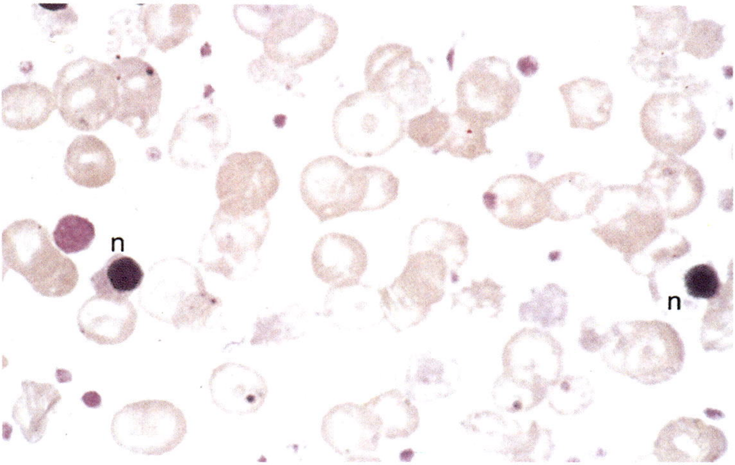

Figure **88** Frottis au cours d'une thalassémie mineure. Importante aniso- et poïkilocytose ; érythrocytes avec un îlot central d'hémoglobine (cellules cibles). La présence de normoblastes (n) dans le sang est rarement importante.

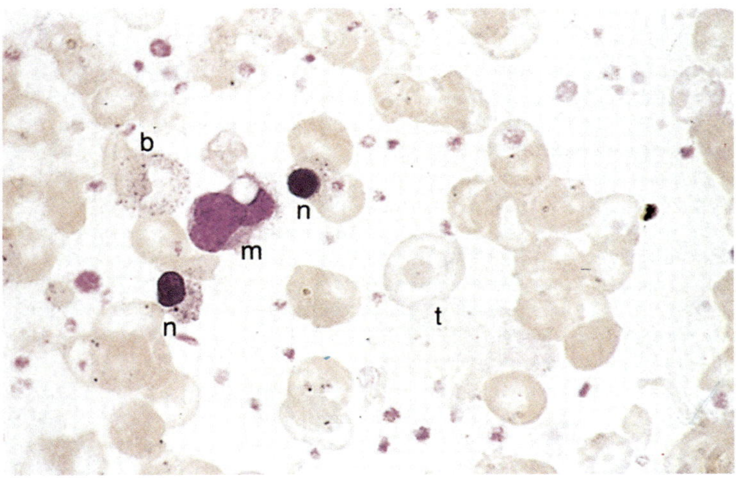

Figure **89** Frottis au cours d'une thalassémie majeure. La morphologie érythrocytaire irrégulière est typique avec la présence de cellules cibles (t), de normoblastes (n) et de ponctuations basophiles (b). Un monocyte (m) semble phagocyter une hématie.

Anémies normochromes

Les anémies normochromes (CCMH, 32 à 36 p. 100) et normocytaires (VGM, 77-91 fl) peuvent s'expliquer de façon simplifiée par deux grands mécanismes : a) par une réduction de la durée de vie des hématies en circulation (normale de 120 jours en moyenne) : il peut s'agir de *pertes sanguines aiguës* ou d'une destruction prématurée des hématies caractérisant l'*hémolyse pathologique* ; b) par la réduction ou la suppression d'une érythropoïèse par ailleurs qualitativement normale, caractéristique des *anémies hypo-* ou *aplastiques* quelle qu'en soit la cause.

Le signe hématologique le plus utile pour distinguer ces deux mécanismes est l'appréciation de la régénération grâce au comptage des réticulocytes (p. 15). Dans le cas d'un raccourcissement de la durée de vie (hémorragie aiguë, hémolyse), l'érythropoïèse est stimulée, ce qui augmente la proportion des réticulocytes sanguins. Dans le cas d'une insuffisance médullaire, cette compensation n'apparaît pas et le nombre des réticulocytes sanguins n'augmente pas. Les signes biologiques traduisant l'hémolyse pathologique sont la diminution de l'haptoglobine plasmatique et/ou l'augmentation de la bilirubine libre. Le premier traduit une hémolyse intravasculaire, l'hème libéré dans le sang se fixant sur cette α_2-globuline pour être recyclé dans le foie, ce qui entraîne une diminution de l'haptoglobine au-dessous des taux mesurables (normalement 50-150 mg/dl ou 0,5-1,5 g/l). L'augmentation de la bilirubinémie libre est la conséquence d'une hémolyse tissulaire, par catabolisme de l'hème au sein des macrophages.

Anémie par hémorragie

Le diagnostic d'une anémie par hémorragie aiguë est surtout clinique. L'hémogramme n'est guère utile au début : dans les premières heures, il sous-estime l'importance de la perte sanguine car, malgré la perte d'un important volume d'hématies, l'hématocrite s'abaisse peu en raison d'un phénomène d'hémoconcentration. Dans les 12 à 36 heures suivantes, il risque de surestimer cette perte car l'hypovolémie crée un appel de liquide extracellulaire (hémodilution). À partir du troisième jour, on note une augmentation franche des réticulocytes avec un pic entre le septième et le dixième jour. On observe alors des hématies polychromatophiles et parfois même, en cas de perte sanguine importante, des érythroblastes (jusqu'à 5/100 globules blancs). Si l'hémorragie était importante, une tendance à l'hypochromie peut apparaître ultérieurement, d'autant plus précoce que les réserves antérieures en fer étaient précaires (anémie hypochrome, p. 127). Dans les situations très rares où l'anamnèse et l'examen clinique n'ont pas permis de mettre en évidence l'hémorragie aiguë comme cause d'une anémie normochrome aiguë (incluant une recherche de sang dans les selles), la distinction avec une anémie hémolytique peut être facilitée par le dosage de l'haptoglobine qui se révélera normal (si le sujet n'a pas été transfusé).

Anémies hémolytiques normochromes

Les anémies hémolytiques résultent d'un raccourcissement de la durée de vie des hématies, insuffisamment compensé malgré une production érythropoïétique accrue.

! L'hématopoïèse médullaire est généralement augmentée et peut, selon l'évolution de la maladie, compenser la destruction cellulaire de façon transitoire ou même permanente en réutilisant le fer libéré.

Sauf dans les cas de maladie médullaire associée ou dans les tous premiers jours d'une hémolyse aiguë, on observe *toujours* sur l'hémogramme une augmentation franche des réticulocytes (pouvant atteindre 500 000 à 800 000/mm^3) et parfois la présence d'érythroblastes acidophiles. Cette augmentation des réticulocytes peut engendrer une discrète macrocytose (< 105 μ^3) car les réticulocytes sont plus volumineux que des hématies normales. Cette macrocytose doit être distinguée de celle qu'engendre l'épuisement des réserves d'acide folique qui résulte d'une surconsommation de folates par augmentation chronique de la production (p. 154). La diminution de l'haptoglobine et l'augmentation de la bilirubine et des LDH dépend de l'intensité de l'hémolyse.

Les anémies hémolytiques se manifestent selon les cas par une anémie chronique ou par des accès d'anémie aiguë. Ces derniers peuvent traduire un phénomène d'hémolyse brutal ou aggravé, notamment dans les cas d'anémies hémolytiques auto-immunes ou en cas de déficit en glucose-6-phosphate déshydrogénase. Parfois au contraire, ces crises aiguës de déglobulisation traduisent davantage une suspension transitoire de la compensation érythropoïétique médullaire, en particulier lors d'une infection intercurrente par le parvovirus B19 : l'absence de réticulocytose pendant cette période peut être trompeuse si la déglobulisation est révélatrice.

L'étude de la *moelle osseuse* n'a guère d'intérêt en cas d'hémolyse. Elle montrerait l'augmentation de l'érythropoïèse par rapport à une moelle normale. Les érythroblastes sont souvent regroupés en « nids » (figure **90**) et non dispersés comme dans une moelle normale (figure **28**). Les thalassémies font cependant exception (p. 138). L'érythropoïèse peut revêtir un aspect mégaloblastique (p. 156) si les réserves de l'organisme en acide folique sont épuisées.

Les mécanismes physiopathologiques pouvant déclencher une hémolyse sont nombreux. Les principales causes peuvent être corpusculaires, c'est-à-dire résulter d'une maladie de l'érythrocyte lui-même : membrane, hémoglobine, enzymes. Elles sont alors dans la plupart des cas héréditaires. Elles peuvent résulter d'une cause extracorpusculaire, externe à l'hématie : anticorps, toxiques chimiques ou physiques, lésion mécanique de la membrane, parasitisme hématophage. L'examen du frottis sanguin est le premier et le meilleur examen de débrouillage diagnostique en cas d'hémolyse, quelle qu'en soit la présentation : il permet de déceler les anomalies caractéristiques de nombreuses causes d'hémolyse : sphérocytes, drépanocytes, schizocytes, corps de Heinz, paludisme et autres parasitismes hématophages (*Babesia*), agglutinats d'hématies, etc. (tableau **22**).

Tableau **22** Mécanismes des principales variétés d'anémies hémolytiques

	Morphologie des hématies	Confirmation diagnostique
Lésion érythrocytaire (hémolyse corpusculaire)		
➤ Héréditaire		
• Maladie de la membrane		Résistance osmotique
– sphérocytes	Sphérocytose	Étude des protéines de membranes
– elliptocytes	Elliptocytose	
• Maladie de l'hémoglobine		Électrophorèse de l'hémoglobine
– thalassémies	Cellules cibles	
– drépanocytose	Drépanocytes	
– autres hémoglobinopathies	(en hypoxie)	
• Enzymopathies		Dosages enzymatiques spécifiques
– glucose-6-phosphate déshydrogénase	Corps de Heinz parfois	
– pyruvate kinase		
➤ Acquise		
• Hémoglobinurie paroxystique nocturne		Test de Ham-Dacie, CD 55, CD 59
• Syndrome de Zieve	Hématies crénelées	
Lésion exo-érythrocytaire (hémolyse extracorpusculaire)		
➤ Fixation d'anticorps		
• Iso-immunisation (érythroblastose fœtale, transfusions)		Test de Coombs direct, agglutinines irrégulières
• Auto-anticorps chauds		Test de Coombs direct
• Agglutinines froides	Auto-agglutination	Titre d'agglutinines froides
• Immuno-allergiques (céphalosporines)		
➤ Toxiques, physiques ou chimiques (métaux lourds, nitrites)	Présence de corps de Heinz	
➤ Micro-angiopathies : syndromes hémolytique et urémique, de Moschcowitz, carcinoses médullaires	Hématies fragmentées (schizocytes)	Thrombopénie, insuffisance rénale, cytolyse hépatique
➤ Infections et parasitoses (paludisme, babésiose, *Welchia perfringens*)		Examen du frottis, hémocultures

La cytologie médullaire est souvent peu typique au cours des hémolyses

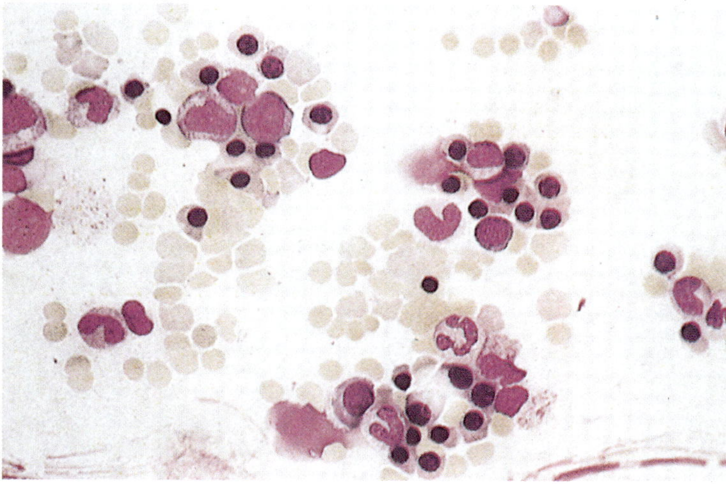

Figure **90** Moelle osseuse au cours d'une hémolyse (faible grossissement). Prédominance de normoblastes avec leurs noyaux denses groupés en îlots.

Figure **91** Cytologie médullaire au cours d'un syndrome de Zieve. Macrophages stockant des lipides.

Augmentation des réticulocytes au cours des anémies hémolytiques

Dans les hématies jeunes, la coloration vitale (p. 15) fait précipiter les mitochondries et les ribosomes encore présents, dessinant ainsi un réseau granuleux à l'intérieur des cellules (substance granulofilamenteuse). Plus le réticulocyte est jeune, plus ce précipité est dense. Les réticulocytes très immatures correspondent, dans la coloration panoptique, aux hématies polychromatophiles (p. 131). En moyenne, la maturation définitive d'un réticulocyte, c'est-à-dire l'élimination de ces organelles cytoplasmiques et l'achèvement de la synthèse d'hémoglobine, s'effectue en 24 à 48 heures. La détermination du taux des réticulocytes permet donc d'évaluer les capacités de régénération de l'érythropoïèse.

Hémoglobinurie nocturne paroxystique

L'hémoglobinurie nocturne paroxystique (HNP) est une entité particulière. Elle est liée à une *mutation génétique* acquise supprimant l'insertion membranaire du glycosyl-phosphate inositol (GPI) sur certaines cellules souches. Ce déficit rend les cellules plus vulnérables à l'hémolyse par le complément. Les accès d'hémolyse, typiquement nocturnes, sont associés à des douleurs abdominales. Une évolution aplasique est aussi possible (p. 148).

Sphérocytose

Cette anémie hémolytique corpusculaire est liée à des mutations souvent dominantes (75 p. 100 des cas), parfois récessives (25 p. 100 des cas), affectant les protéines du cytosquelette de la membrane (spectrine ankyrine). Ictère et splénomégalie traduisent l'hémolyse intratissulaire. L'évolution est chronique, parfois émaillée de crises aiguës de déglobulisation par érythroblastopénie, et expose à la constitution d'une lithiase biliaire par excès d'excrétion de pigments (lithiase pigmentaire). Sur le frottis, les érythrocytes se distinguent par leur densité : ils ne possèdent qu'une ébauche voire pas du tout de centre clair en raison de leur forme qui est sphérique au lieu d'être biconcave. Bien que leur volume soit normal, leur diamètre apparent (courbe de Price-Jones, figure **92**) paraît plus petit que celui d'hématies normales, d'où le terme impropre de microsphérocytes.

Une résistance globulaire osmotique très abaissée et une auto-hémolyse in vitro excessive, mais partiellement corrigée par l'adjonction de glucose, étayent le diagnostic.

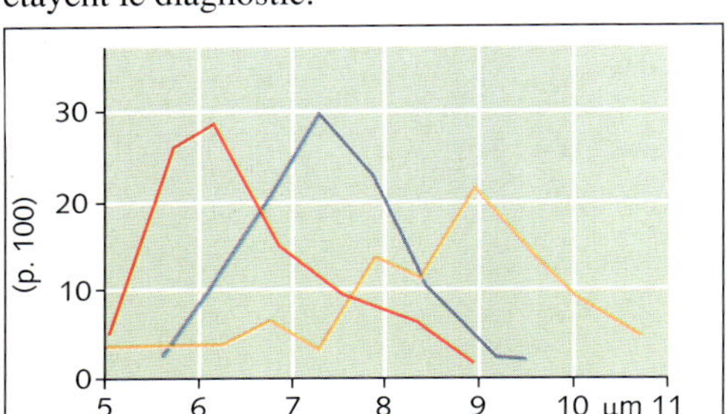

Figure **92** Courbe de volume des hématies (dite courbe de Price-Jones) : aspect normal (bleu), anémie macrocytaire (jaune) et microcytaire (rouge).

Frottis sanguin d'une hémolyse : augmentation des réticulocytes, forme des érythrocytes parfois sans particularités

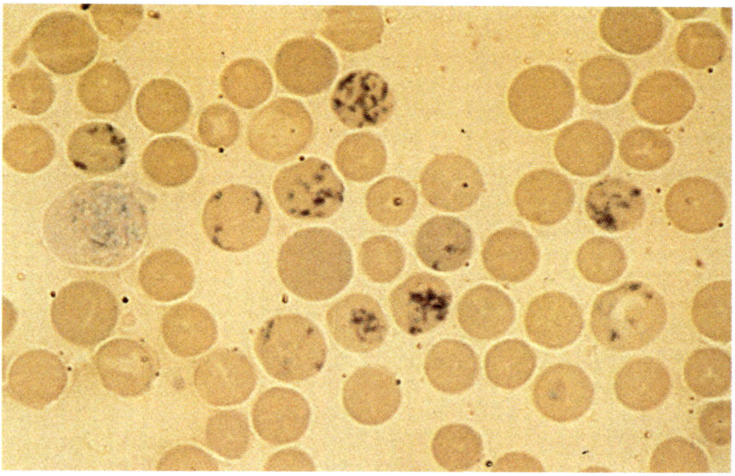

Figure **93** Augmentation des réticulocytes. Le précipité apparaissant avec la coloration vitale (bleu de crésyl) est d'autant plus dense que le réticulocyte est jeune.

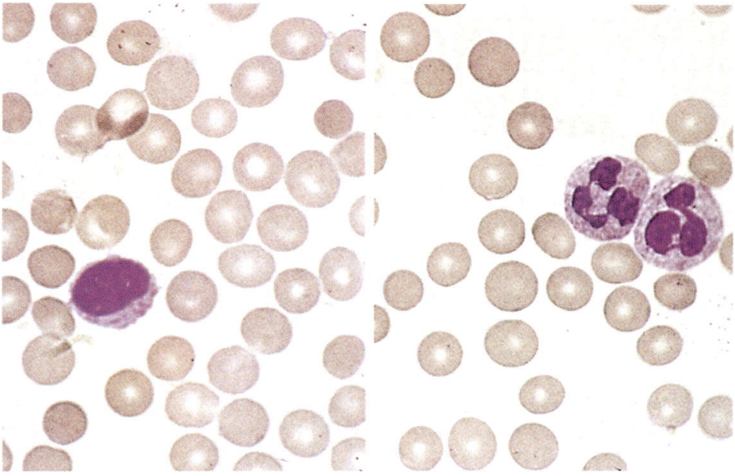

a b

Figure **94** Sphérocytose. **a** Les hématies n'ont pas de centre clair. Réduction de leur diamètre apparent par rapport à un lymphocyte. **b** Par rapport à un neutrophile à noyau segmenté.

Autres anémies hémolytiques avec particularités morphologiques

Elliptocytose. Cette anomalie rare est transmise de façon autosomique dominante. Plus de 25 p. 100 des érythrocytes ont une forme ovale ou en bâtonnets (figure **95a**). Si ce pourcentage est moins élevé, il fait évoquer une variabilité des formes dans le cadre d'une poïkilocytose.

Drépanocytose. C'est une hémoglobinopathie autosomique dominante. Il s'agit rarement d'une découverte fortuite. Le diagnostic est évoqué chez un patient d'origine africaine en raison de signes d'hémolyse ou d'accès de douleurs très variables, notamment abdominales. Le frottis peut déjà montrer quelques cellules en forme de faucille mais, le plus souvent, celles-ci se développent après privation d'oxygène (figure **95b**) : on place une goutte de sang frais entre lame et lamelle, en ajoutant une goutte d'une solution de métabisulfite ($Na_2S_2O_4$) à 2 p. 100. Le diagnostic est confirmé par la présence d'une fraction Hb S sur l'électrophorèse de l'hémoglobine. Les sujets drépanocytaires homozygotes souffrent toujours d'une hémolyse chronique normocytaire ; dans les situations provoquant une hémolyse (manque d'oxygène, infections), on observe des crises graves avec des microthromboses dues au phénomène de falciformation. Les sujets hétérozygotes (trait drépanocytaire) n'ont pas de symptômes cliniques ou hématologiques spontanés (en particulier d'anémie), mais un manque d'oxygène peut les provoquer. Il existe parfois des combinaisons avec d'autres hémoglobinopathies, par exemple les thalassémies.

Schizocytose. La présence d'hématies en forme de coquille d'œuf, de casque, en triangle ou en demi-lune, appelées schizocytes (figure **96**) évoque une hémolyse mécanique par fragmentation érythrocytaire. Elles résultent d'un processus de micro-angiopathie ou d'une coagulation intravasculaire disséminée (CIVD). Une thrombopénie est régulièrement associée. Les principales variétés sont le *purpura thrombotique thrombocytopénique* (syndrome de Moschcowitz), où la micro-angiopathie prédomine dans les capillaires glomérulaires du rein et du cerveau, et des syndromes apparentés survenant chez des enfants (syndrome hémolytique et urémique) ou chez des femmes enceintes (HELLP-syndrome). Ces anémies hémolytiques micro-angiopathiques peuvent aussi résulter du développement de métastases médullaires (cancers de la prostate, de l'estomac) et plus rarement de maladies avec atteinte vasculaire comme la panartérite noueuse, la granulomatose de Wegener ou la sclérodermie.

Les schizocytes doivent être distingués morphologiquement des **échinocytes** (hématies spiculées) qui sont des simples artefacts, et des **acanthocytes** (hématies à protubérances en feuilles d'acanthe) observés dans l'abêtalipoprotéinémie congénitale (maladie de Bassen-Kornzweig) ou en cas de dyslipoprotéinémie (alcoolisme aigu, syndrome de Zieve).

Des formes érythrocytaires anormales témoignent souvent d'une hémolyse

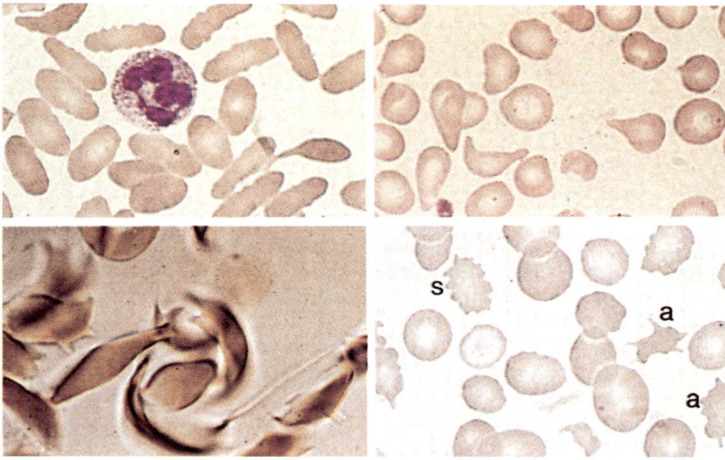

a c b d

Figure **95** Exemples de formes érythrocytaires anormales au cours d'hémolyses. **a** Elliptocytes. **b** Érythrocytes drépanocytaires en situation de déficit en oxygène. **c** Schizocytes, de petits fragments érythrocytaires. **d** Acanthocytes (a) et un échinocyte (s).

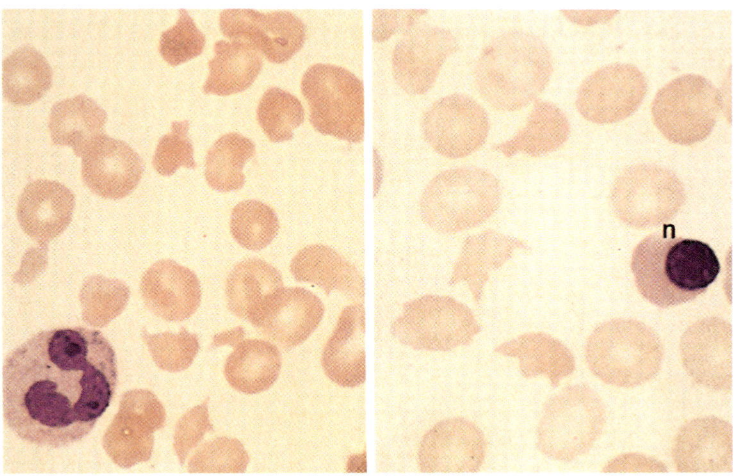

a b

Figure **96** Hématies fragmentées (schizocytes). **a** Au cours d'un purpura thrombotique thrombocytopénique. **b** Au cours d'une hémolyse micro-angiopathique due à une tumeur métastatique. n : normoblaste.

Anémie normochrome néphrogénique

La découverte d'une anémie normochrome doit faire évoquer une insuffisance rénale. Dans les formes aiguës, elle devient apparente en quelques semaines. Dans l'insuffisance rénale chronique, l'anémie est constante et peut atteindre des valeurs aux alentours de 6 g/dl. Elle résulte principalement d'une réduction de synthèse de l'érythropoïétine, hormone régulatrice de l'érythropoïèse, et accessoirement d'un raccourcissement de la durée de vie des hématies.

L'analyse du frottis est peu informative, hormis une poïkilocytose ; le nombre de réticulocytes n'est pas augmenté. La moelle osseuse ne montre pas de modifications caractéristiques et n'apporte donc rien au diagnostic.

Les caractères de l'anémie au cours de l'insuffisance rénale peuvent aussi dépendre de facteurs associés : une microcytose peut indiquer une carence martiale liée aux séances d'hémodialyse, à des hématuries répétées dans le cas d'une polykystose rénale. La présence de schizocytes peut traduire une micro-angiopathie dans le cadre d'une hypertension ou d'une glomérulonéphrite malignes. Une carence nutritionnelle en folates avec macrocytose est possible.

Anémies aplastiques – Panmyélopathies

Aplasies pures de la lignée rouge

L'érythroblastopénie pure est une forme d'aplasie limitée à la lignée érythroblastique. Une forme congénitale rare est décrite sous le nom d'anémie de Blackfan-Diamond. Les affections acquises aiguës et transitoires observées chez l'adulte et l'enfant semblent le plus souvent dues à des infections virales, en particulier à parvovirus B19. L'érythroblastopénie acquise chronique est souvent associée à un thymome et alors d'origine auto-immune.

L'anémie est normochrome, les lignées blanche et thrombocytaire ne présentent pas d'anomalies pouvant orienter le diagnostic.

La moelle osseuse montre dans toutes ces formes une granulopoïèse et une mégacaryopoïèse normales, contrastant avec l'absence (plus ou moins) complète d'érythropoïèse.

Le *diagnostic différentiel* se pose avec de très rares anémies dysérythropoïétiques congénitales qui sont normo- ou macrocytaires et présentent dans la moelle une érythopoïèse marquée avec des érythroblastes multinucléés, des fragmentations nucléaires et des ponts cytoplasmiques (trois types différents).

Une diminution des cellules d'une ou de plusieurs lignées (pancytopénie) d'origine indéterminée impose le myélogramme

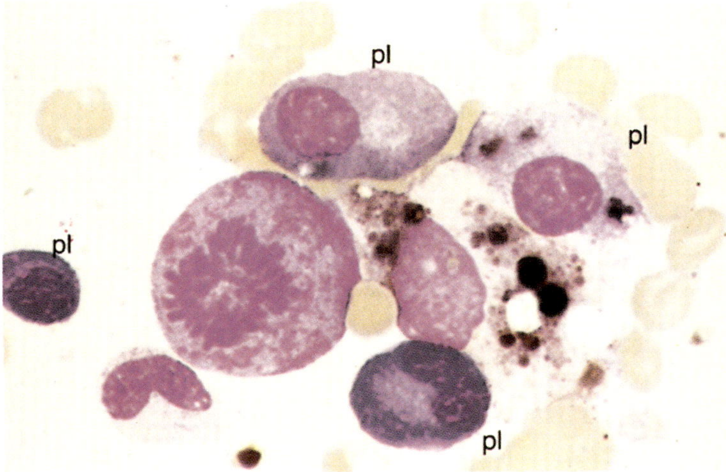

Figure **97** Cytologie médullaire au cours d'une aplasie médullaire. Les cellules médullaires normales sont rares. On observe ici un macrophage stockant des pigments, une mitose d'un granulocyte, et des plasmocytes (pl). Leur présence évoque une agression médullaire récente.

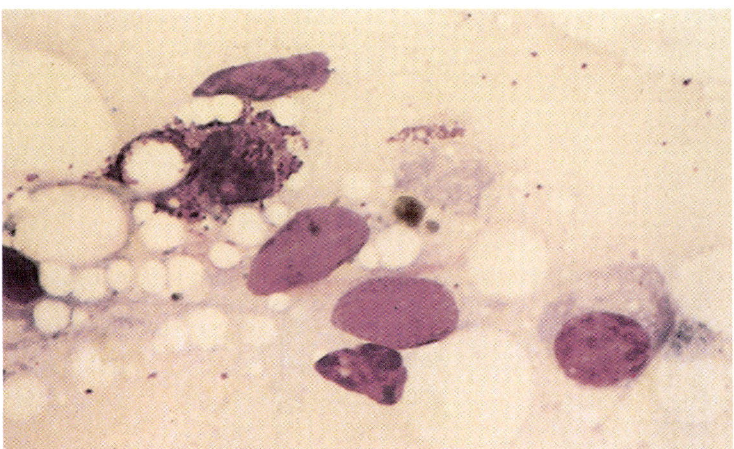

Figure **98** Moelle pauvre au cours d'une aplasie. Deux cellules du stroma médullaire, un basophile tissulaire (en haut à gauche), un plasmocyte (à droite). Les cellules de l'hématopoïèse sont absentes.

Aplasies médullaires globales (panmyélopathie, panmyélophtisie, anémie aplastique)

L'aplasie globale de la moelle osseuse se traduit dans le sang par une pancytopénie, c'est-à-dire la diminution simultanée des hématies, des granulocytes et des thrombocytes. Elle résulte rarement d'une maladie constitutionnelle (maladie de Fanconi, associant aplasie et malformations rénales, squelettiques ou cutanées). Plus souvent, elle résulte d'une lésion des cellules médullaires ou de leur micro-environnement par un processus auto-immun ou toxique (benzène, radiations, médicaments).

Dans le sang se développe rapidement une anémie normochrome avec diminution importante des réticulocytes, les granulocytes diminuent puis disparaissent progressivement, ainsi que les monocytes. La thrombopénie est d'importance variable et conditionne le risque de saignement.

Les cellules restantes de toutes les lignées sont qualitativement normales mais elles se présentent souvent dans un état de stimulation (granulations toxiques dans les neutrophiles) provoqué soit par le facteur toxique à l'origine de la maladie, soit par des infections intercurrentes. Lors de l'aspiration de la *moelle osseuse*, on constate surtout un nombre réduit de grumeaux médullaires. Une ponction totalement blanche est cependant rare.

Le matériel étalé montre des aspects très particuliers (figure **98**) : les frottis sont habituellement pauvres et on observe, notamment dans le franges en queue de l'étalement, des îlots de cellules du stroma médullaire. Ces cellules « réticulaires » se distinguent normalement à peine sur un frottis normal. Tout autour sont dispersés quelques lymphocytes, plasmocytes, basophiles tissulaires et macrophages, qui peuvent comporter des vacuoles de phagocytose. En fonction du stade du processus aplasique, on peut encore observer des vestiges des lignées hématopoïétiques. Parfois, les anomalies médullaires sont inhomogènes, avec alternance de zones riches et de zones désertiques. Dans le cadre d'une pancytopénie d'origine indéterminée, tout résultat cytologique insuffisant ou suspect doit donc être complété par une biopsie médullaire pour une étude anatomopathologique d'un fragment de moelle.

Diagnostic différentiel d'une diminution de plusieurs lignées (bi- ou tricytopénie) :

- Les cytopénies à *moelle hyperplasique*, lorsqu'elles ne sont pas liées à une régénération compensant une destruction sanguine excessive (hémolyse) ou un ralentissement du transit des cellules du sang dans la rate (hypersplénisme), s'avèrent souvent être des *myélodysplasies* (p. 104).
- Des cytopénies avec *myélofibrose médullaire* sont l'expression habituelle d'une maladie *myéloproliférative* (p. 112).
- Une cytopénie peut également résulter d'une *infiltration* médullaire par des cellules malignes (leucoblastes, tricholeucocytes, cellules métastatiques) que la simple aspiration de moelle ne révèle pas toujours, d'où l'intérêt d'une analyse histologique dans tous les cas de frottis médullaires pauvres.

- Des carences profondes en *vitamine B_{12}* ou en *acide folique* peuvent entraîner des cytopénies où le caractère macrocytaire de l'anémie est parfois évocateur (p. 154).
- L'envahissement médullaire par des *cellules malignes* peut induire une cytopénie. Cette prolifération peut être inapparente dans le sang dans le cas des *plasmocytes* de la maladie de Kahler, dans les *lymphomes* et dans certaines *leucémies* où les cellules malignes peuvent être absentes ou rares dans le sang (notamment les leucémies à tricholeucocytes).
- Les *irradiations* étendues et les *médicaments cytostatiques* peuvent évidemment être responsables de cytopénies. Dans ces cas, le diagnostic repose moins sur l'hémogramme ou l'analyse de la moelle osseuse que sur l'anamnèse qui doit permettre de les distinguer des panmyélopathies proprement dites.
- Les cytopénies liées à une aplasie toxique médicamenteuse, tableau **23**.

> **!** Devant une anémie, une thrombopénie ou une leucopénie inexpliquées, il faut impérativement arrêter tout produit pouvant potentiellement en être responsable (tableau **23**).
> L'aplasie médullaire est une maladie aiguë grave nécessitant un traitement intensif et hautement spécialisé (glucocorticoïdes, ciclosporine, sérum antilymphocytaire, greffe de moelle).

Tableau **23** Substances susceptibles d'induire de façon certaine ou probable une aplasie médullaire

Analgésiques et anti-inflammatoires	Phénylbutazone, oxyphenbutazone, autres AINS ; sels d'or, pénicillamine
Antibiotiques	Chloramphénicol, sulfamides
Anticonvulsivants	Hydantoïne
Antithyroïdiens	Carbimazole, métimazole
Neuroleptiques	Phénothiazines
Autres médicaments	Cimétidine, tolbutamide, ticlopidine
Insecticides	Hexachlorecyclohexane et autres organochlorés
Solvants	Benzène
Virus[1]	Parvovirus B19, virus EBV

(1) Contrairement à une idée généralement répandue, les aplasies observées après un syndrome d'hépatite ne sont en relation avec aucun des virus d'hépatite connus à ce jour (NdT).

Métastases médullaires et autres processus d'envahissement

En principe, les anémies résultant d'un envahissement médullaire par des métastases tumorales sont de type normochrome. Mais elles peuvent aussi devenir microcytaires, notamment s'il existe un syndrome inflammatoire chronique ou un saignement.

La présence d'érythroblastes sur le frottis sanguin peut faire évoquer le diagnostic de carcinose médullaire car ces cellules témoignent d'une destruction de la barrière hémato-médullaire (figure **96a**). Un envahissement médullaire conduit en général tôt ou tard à une diminution des autres lignées cellulaires et notamment des plaquettes.

> **!** Les métastases osseuses des tumeurs malignes envahissent rarement et seulement à un stade tardif la moelle osseuse et donc l'hématopoïèse. Une infiltration de la moelle osseuse s'observe le plus souvent avec les métastases des carcinomes bronchiques à petites cellules et des carcinomes mammaires.

Les effets directs de l'envahissement médullaire tumoral doivent être distingués des conséquences d'une anémie hémolytique micro-angiopathique tumorale (p. 142). L'association de ces deux processus est évidemment possible.

Dans cette situation, la *cytologie médullaire* montre souvent une diminution globale de la densité des cellules hématopoïétiques et les signes d'une moelle réactive comme dans une anémie inflammatoire (p. 132). Les cellules métastatiques sont difficiles à classer, mais peuvent presque toujours être reconnues comme des cellules extra-hématopoïétiques anormales. Elles sont souvent détectées dans les franges du frottis et dans quelques champs seulement. Elles se caractérisent surtout par un regroupement très serré en nids. Elles ont au moins la taille d'un myéloblaste ou d'un pro-érythroblaste (par exemple, au cours du carcinome bronchique à petites cellules) et, parfois, elles sont nettement plus grandes. Le diagnostic étiologique de la tumeur primitive est souvent difficile ou impossible, sauf par exemple dans le neuroblastome de l'enfant ou les métastases de mélanome. Dans les cas incertains et devant une cytologie négative ou une ponction blanche, la biopsie médullaire est nécessaire en raison de la distribution focale du processus métastatique qui pourrait donc ne pas être présent dans un prélèvement par aspiration.

Lorsqu'un lymphome malin ou un myélome plasmocytaire envahissent la moelle et répriment l'hématopoïèse, la barrière hémato-médullaire reste intacte et l'on n'observe pas d'érythroblastes dans le sang. L'envahissement est généralement diffus dans les lymphomes non hodgkiniens et plutôt focalisé dans la maladie de Hodgkin. Quel que soit le type de lymphome, une cytologie négative ne constitue donc jamais une preuve d'absence d'envahissement médullaire, dont le diagnostic est plus fiable par la biopsie médullaire.

Une anémie, une thrombopénie et une hyperleucocytose avec des normoblastes dans le sang doivent faire évoquer un envahissement médullaire par des cellules tumorales

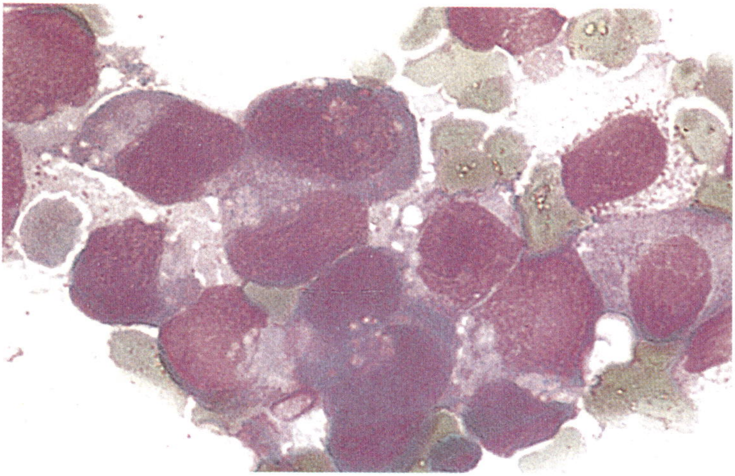

Figure **99** Lors d'un envahissement médullaire, on observe des amas de cellules atypiques au sein d'une hématopoïèse réduite : cellules d'un adénocarcinome (avec leurs noyaux vacuolés typiques).

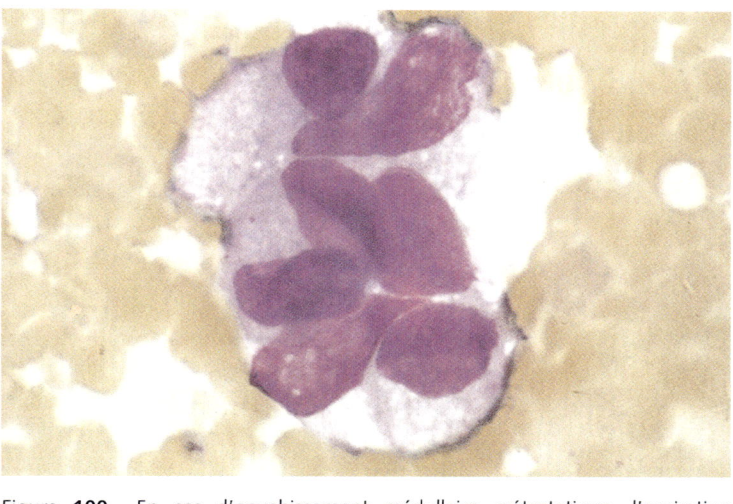

Figure **100** En cas d'envahissement médullaire métastatique, l'aspiration ramène souvent seulement du sang et des îlots de cellules tumorales : métastase un carcinome mammaire.

Anémies macrocytaires

Le diagnostic d'anémie macrocytaire repose sur l'augmentation du volume globulaire moyen au-dessus de 100 μ^3. Il peut être évoqué cliniquement chez des patients éprouvant des signes nets d'anémie, parfois une pâleur jaunâtre, une muqueuse linguale atrophique et des troubles de la sensibilité profonde. L'analyse du frottis sanguin oriente le diagnostic : outre une poïkilocytose et une anisocytose marquées, il révèle surtout la grande taille des érythrocytes qui peuvent parfois atteindre celle des granulocytes. L'examen de la moelle osseuse montre dans ces cas la présence de nombreux érythroblastes géants ou *mégaloblastes*, caractéristiques surtout par l'aspect « perlé » de la chromatine nucléaire, l'intense basophilie du cytoplasme, l'asynchronisme de maturation nucléo-cytoplasmique.

Toutefois, cette présentation peut être modifiée par l'association à une carence martiale (anémie dimorphe) et, surtout, par la consommation intempestive de vitamine B_{12} ou d'acide folique qui peuvent masquer le caractère macrocytaire et mégaloblastique de l'anémie.

Tableau **24** Principales causes des anémies macrocytaires(1)

Carence en vitamine B_{12}	Carence en acide folique
Carence d'apport	**Carence d'apport**
– Alimentation exclusivement végétarienne	– Alcoolisme chronique
Malabsorption	**Malabsorption**
– Anémie de Biermer vraie – Suites de gastrectomie – Résection iléale – Maladie de Crohn – Pullulations microbiennes intestinales – Insuffisance pancréatique externe – Bothriocéphalose	– Maladie cœliaque **Augmentation des besoins** – Grossesse – Anémies hémolytiques chroniques **Interférences métaboliques** – Hydantoïnes – Améthoptérine – Triméthoprime – Contraceptifs oraux – Alcool

(1) Une macrocytose indépendante d'une carence en acide folique ou en vitamine B_{12} peut être induite par certains médicaments comme l'hydroxy-urée, l'azidothymidine, ou accompagner des troubles de production médullaires comme les myélodysplasies (NdT).

Les causes des anémies mégaloblastiques (tableau **24**) sont dominées par les carences en vitamine B_{12} et/ou en acide folique. Comme ce déficit en subtrats essentiels ne perturbe la synthèse d'ADN pas électivement dans les érythrocytes mais également dans les autres lignées cellulaires, il peut en résulter, après un certain temps d'évolution, une pancytopénie. Les granulocytes polylobés présentent une augmentation du nombre des segments nucléaires (hypersegmentation), témoignant d'une anomalie de leur maturation. Les réticulocytes sont diminués. Le fer est normal ou élevé.

Une augmentation du volume des hématies doit faire rechercher une anémie mégaloblastique

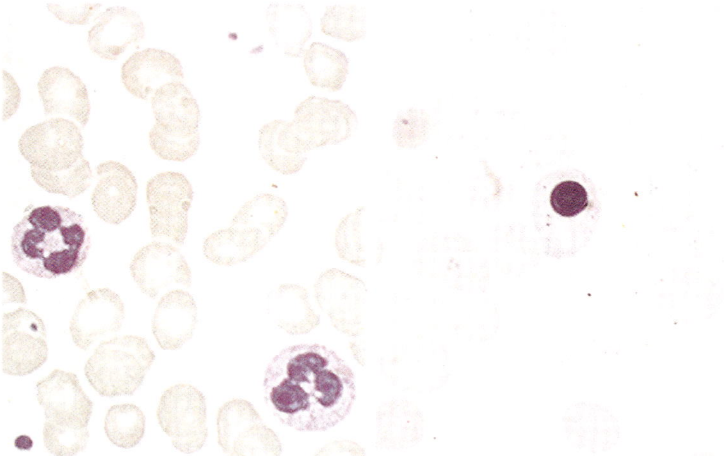

a b

Figure **101** Frottis au cours d'une anémie macrocytaire. **a** Les hématies atteignent presque le diamètre d'un granulocyte. **b** On peut observer — surtout à la phase de régénération — des érythroblastes dans le sang.

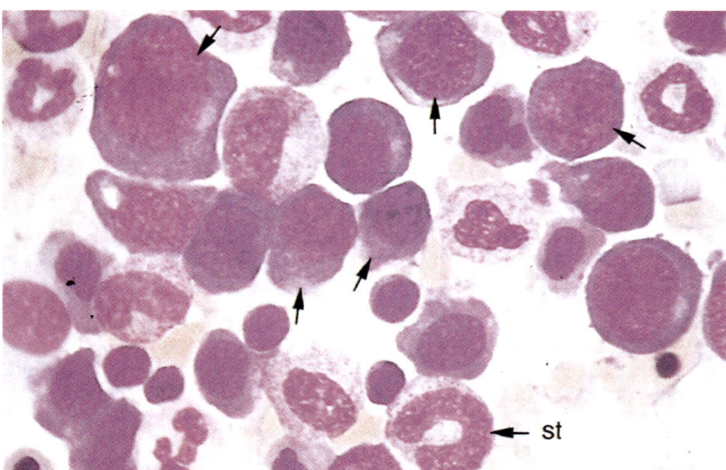

Figure **102** Moelle osseuse au cours d'une anémie mégaloblastique. Prédominance de précurseurs érythropoïétiques (souvent immatures) avec une trame nucléaire peu dense typique (flèches) et des formes plus mûres qui présentent souvent des indentations nucléaires. st : métamyélocyte géant.

! Les signes hématologiques ne permettent pas de distinguer une anémie par carence en folates d'une anémie par carence en vitamine B_{12}.

Les principales causes de ces carences sont citées dans le tableau **24**. La maladie de Biermer ou « anémie pernicieuse » se manifeste souvent chez des patients âgés. Le diagnostic repose sur la mise en évidence d'une muqueuse atrophique sur les biopsies gastriques, d'une achlorhydrie histamino-résistante et sur la présence dans le sérum d'auto-anticorps contre les cellules fundiques et/ou le facteur intrinsèque gastrique. D'autres manifestations d'auto-immunité sont fréquentes chez ces patients : vitiligo, hypothyroïdie notamment.

L'*alcoolisme chronique* peut perturber le métabolisme des folates, en provoquant une carence d'apport, une perturbation de l'absorption et un renouvellement cellulaire accru. De nombreux éthyliques peuvent en outre développer une macrocytose sanguine, semblant indépendante d'une carence en acide folique ou en vitamine B_{12}, associée à la présence d'érythroblastes vacuolisés et à un faible pourcentage de sidéroblastes en couronne (*voir* ci-dessous).

Au cours des *anémies mégaloblastiques*, la moelle osseuse a une densité cellulaire élevée. Le frottis est dominé par des érythroblastes de grande taille et avec un noyau rond. Leur taille est variable ; leur chromatine est très lâche et grossièrement réticulaire comme du sable. Les nucléoles sont marqués. Le cytoplasme est souvent très basophile avec une zone claire périnucléaire. Ces formes correspondent à des pro-érythroblastes et à des macroblastes avec une maturation perturbée. Comme les limites entre les formes mûres et immatures des cellules mégaloblastiques sont floues, elles sont toutes regroupées sous le terme de *mégaloblastes*.

La granulopoïèse est perturbée à partir des myélocytes et forme des cellules géantes avec des noyaux peu denses. Les granulocytes mûrs sont hypersegmentés, comme dans le sang. Les mégacaryocytes ont des noyaux hypersegmentés ou de multiples noyaux uniques. La coloration de Perls montre une augmentation des sidéroblastes et des cellules réticulaires contenant du fer ; parfois, on peut observer des sidéroblastes en couronne. Après supplémentation avec la vitamine B_{12}, même par voie orale et à une dose physiologique, ces anomalies érythroblatiques régressent au bout de trois jours et celles de la granulopoïèse au bout d'une semaine. Il faut donc prélever la moelle osseuse avant le début du traitement.

Contrairement à la carence en folates et/ou de vitamine B_{12}, l'*éthylisme chronique* n'entraîne pas de perturbations de la granulopoïèse. L'érythropoïèse n'est pas toujours mégaloblastique. Ses caractéristiques sont plutôt la présence de pro-érythroblastes vacuolés, d'érythroblastes multinucléés, un stockage du fer dans les plasmocytes et une fraction de sidéroblastes en couronne.

La distinction entre une moelle d'alcoolisme chronique avec sidéroblastes en couronne et un syndrome myélodysplasique primitif (anémie réfractaire sidéroblastique) est rarement équivoque sur l'analyse du frottis de moelle.

Un déficit vitaminique peut affecter toutes les lignées médullaires. L'intoxication éthylique chronique en est un exemple

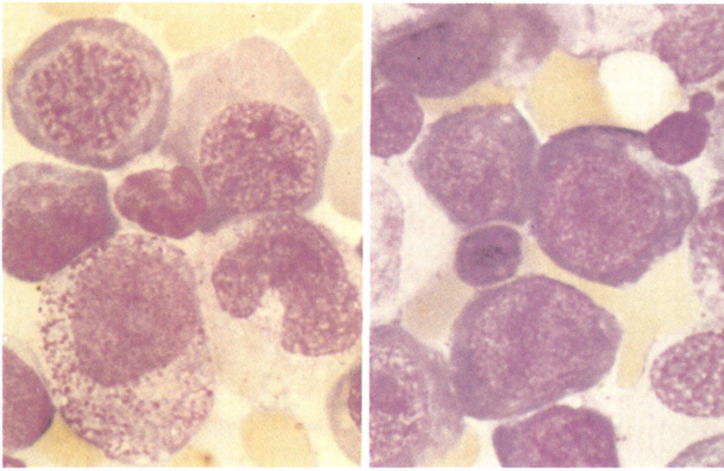

a b

Figure **103** Polymorphisme de l'érythropoïèse mégaloblastique. **a** Myélocyte et métamyélocyte géants. **b** Promyélocyte.

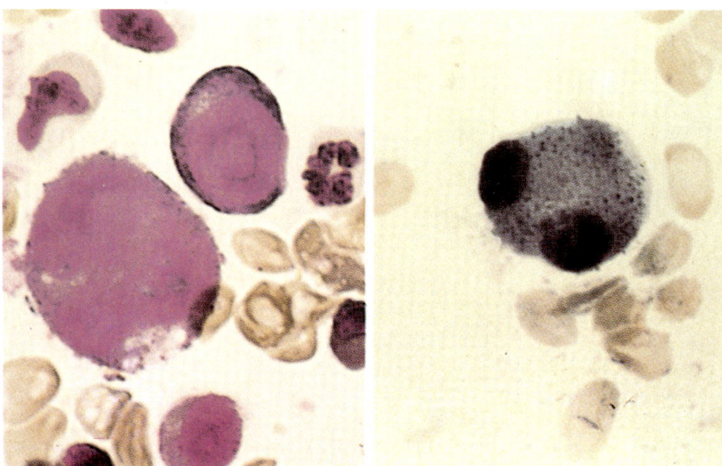

a b

Figure **104** Modifications relativement typiques de l'anémie par intoxication éthylique. **a** Pro-érythroblaste vacuolé. **b** Stockage de fer dans un plasmocyte binucléé (document : Dr Michelot, Lauffenberg, avec autorisation).

Inclusions érythrocytaires

Avec la coloration panoptique (May-Grünwald-Giemsa), les hématies ont en général une hémoglobinisation homogène et sont dépourvues d'inclusions. La coloration vitale (p. 15) permet de révéler dans les hématies les plus jeunes (réticulocytes) la présence de ribosomes, de mitochondries et d'appareil de Golgi sous forme d'inclusions granulofilamenteuses.

Plusieurs types d'inclusions peuvent être décelés dans les hématies. Dans le cas d'un déséquilibre de synthèse des chaînes de globine, les ribosomes peuvent précipiter à l'intérieur des hématies : ils sont alors visibles sous forme de ponctuations basophiles sur les frottis colorés au Giemsa (figure **105a** et **b**). Ce phénomène est normal chez le fœtus et le nourrisson. Chez l'adulte, lorsqu'il est peu important, il est absolument aspécifique et n'a pas de valeur diagnostique particulière. En revanche, l'association d'une anémie et d'une fraction importante d'érythrocytes à ponctuations basophiles doit faire évoquer une thalassémie, une intoxication saturnine, une anémie sidéroblastique ou l'exceptionnel déficit en pyrimidine 5'nucléotidase.

Les *corps de Howell-Jolly* (figure **105c** et **d**) sont des petites sphères denses d'environ 1 µm de diamètre, visibles dans la coloration panoptique normale. Ils résultent d'un défaut d'expulsion d'un fragment de noyau, souvent un chromosome détaché du fuseau mitotique. En règle générale, ces corps de Howell-Jolly sont éliminés par la rate lors du passage de l'hématie. Leur présence dans le sang s'observe de façon constante après une splénectomie ou dans d'autres maladies diminuant les propriétés phagocytaires de la rate (hyposplénismes fonctionnels).

Les *corps de Heinz* (figure **106a**) apparaissent après coloration vitale (réticulocytes, p. 15), sous forme de précipités arrondis uniques, accolés à la membrane cytoplasmique qui prend un aspect en « balle de golf ». Ils évoquent la présence d'une forme rare d'hémolyse par hémoglobine instable, ou d'une hémolyse toxique (p. 142).

L'*anneau de Cabot* (figure **106b** et **c**) est une structure en anneau très fine, elliptoïde, de coloration violette éosinophile à l'intérieur des hématies. Il est constitué par des reliquats de fibres du fuseau mitotique. La présence de ces anneaux n'a pas de valeur diagnostique spécifique puisqu'ils peuvent apparaître au cours de n'importe quelle anémie sévère.

> De fines inclusions dans une faible proportion d'hématies peuvent ne traduire aucun trouble spécifique

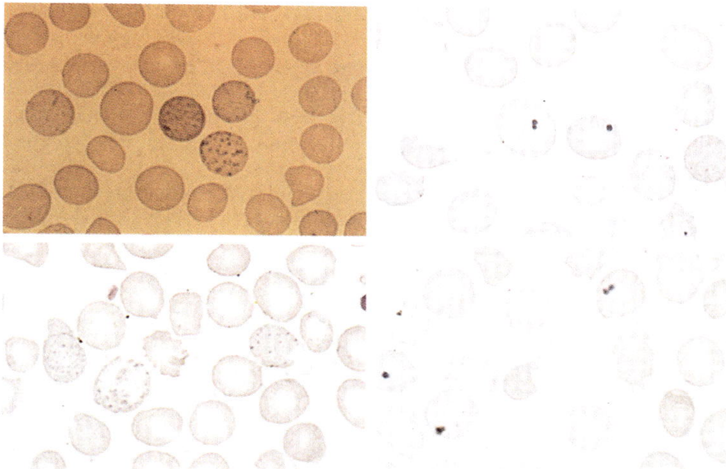

a b c d

Figure **105** **a**, **b** Hématies à ponctuations basophiles (mieux visible avec un diaphragme fermé). **c**, **d** Hématies à corps de Howell-Jolly. **d** Hématies déformées par des excroissances irrégulières de la membrane (acanthocytes).

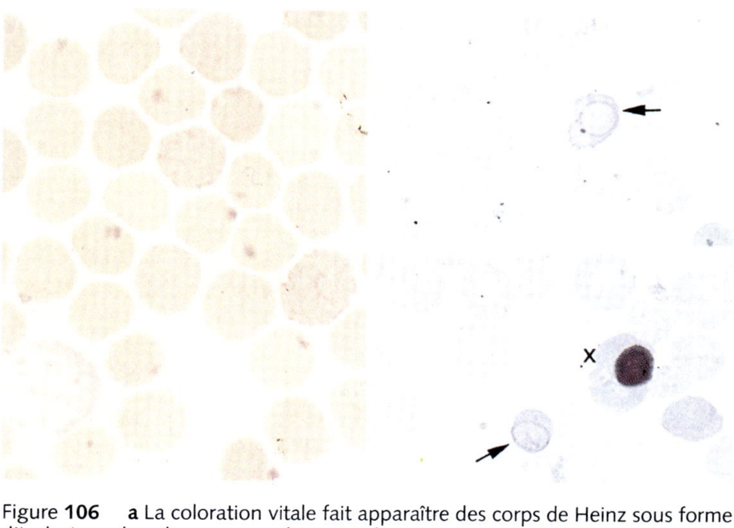

a b c

Figure **106** **a** La coloration vitale fait apparaître des corps de Heinz sous forme d'inclusions dans la zone membranaire. **b**, **c** Anneaux de Cabot sous forme de cercles très fins (flèches). Érythroblaste macrocytaire (croix).

Diagnostic du paludisme sur le frottis

De nombreux parasites tels les trypanosomes ou les filaires peuvent apparaître dans le sang. En climat tempéré, celui qu'il faut savoir reconnaître est le paludisme. L'hématozoaire présent dans les hématies peut cependant être confondu avec d'autres micro-organismes hématophages, et une bonne connaissance des principales formes de *Plasmodium* est utile.

L'apparition, après un séjour dans une région tropicale, d'une fièvre associée à des symptomes pseudo-grippaux doit faire évoquer un paludisme, qu'il est facile de confirmer par l'examen du frottis sanguin ou d'une goutte épaisse (p. 21). Cette dernière technique est une hémolyse des hématies sur lame, libérant ainsi les parasites, ce qui en facilite l'identification si la parasitémie est faible (c'est rarement le cas avec *Plasmodium falciparum*). Selon le type de parasite et son stade de maturation, on peut observer différentes formes. Quand le diagnostic de paludisme est évoqué sur la présence de parasites intra-érythrocytaires, le parasitologiste peut alors confirmer et classer les *Plasmodia* en *P. vivax* (responsable de la fièvre tierce), *P. falciparum* (fièvre tierce maligne) ou *P. malariae* (fièvre quarte) (tableau **25**, figure **107**). La plupart des accès palustres sont dus à *P. vivax* (42 p. 100) et *P. falciparum* (43 p. 100).

Les principaux aspects morphologiques de ces formes de paludisme dépendent des étapes du développement du parasite : le premier stade de developpement intra-érythrocytaire est appelé *trophozoïte* (ou cellule en chevalière). L'aspect est celui d'une formation annulaire avec une vacuole centrale. Cet aspect ne doit pas être confondu avec un corps de Howell-Jolly ou une plaquette sanguine superposée à l'hématie. Sa découverte, parfois au prix d'un examen minutieux du frottis, permet de poser le diagnostic. Parfois, plusieurs anneaux coexistent dans une seule hématie. Dans l'hématie, on peut aussi observer de fines ponctuations rougeâtres correspondant à des produits de dégradation de microtubules (ponctuations de Schüffner). Plusieurs divisions parasitaires vont ensuite remplir les vacuoles. Les *schizontes* ainsi formés (figure **108b**) occupent progressivement toute la surface érythrocytaire avec leurs 10 à 15 noyaux. Par endroit, ils déposent un pigment marron-noir. L'éclatement des érythrocytes au cours d'un pic fébrile entraîne finalement la désintégration des schizontes et la libération de leurs sous-unités (*mérozoïtes*) qui peuvent à leur tour infecter de nouveaux érythrocytes.

Parallèlement à cette multiplication asexuée, certains mérozoïtes vont donner naissance à des *gamétocytes* qui resteront toujours uninucléés et dont le cytoplasme ponctué peut remplir l'érythrocyte contaminé en totalité. Les grandes cellules bleu foncé correspondent à la forme femelle (macrogamétocytes), et les plus petites bleu pâle (microgamétocytes), à la forme mâle. Les macrogamétocytes prédominent en général. Leur développement se poursuit dans l'intestin du moustique anophèle, infecté lors d'un repas sanguin.

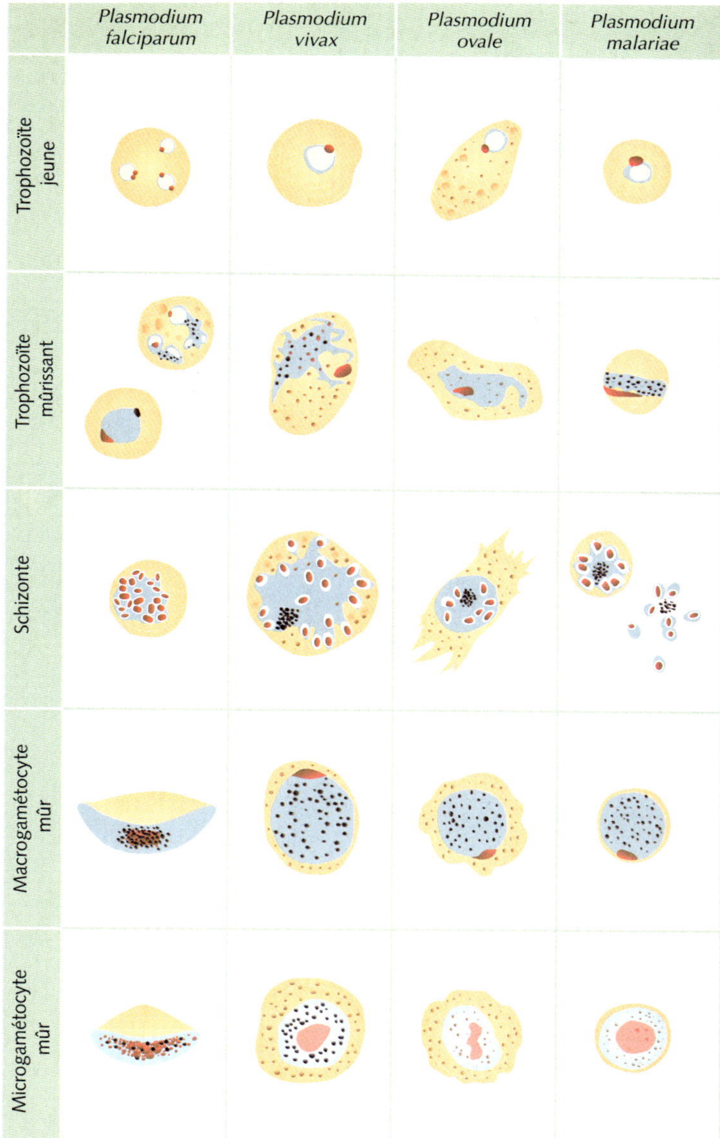

Figure **107** Diagnostic différentiel des *Plasmodia* du paludisme sur un frottis (d'après Kayser F et al. Medizinische Mikrobiologie. Stuttgart, Thieme, 1993).

Le tableau **25** résume les principales caractéristiques des phases érythrocytaires selon la nature du *Plasmodium* et le rythme des accès fébriles qui en dépendent.

Tableau **25** Caractéristiques cliniques et parasitologiques du paludisme (d'après Diesfeld H, Krause G. Praktische Tropenmedizin und Reisemedizin. Stuttgart, Thieme, 1997)

Maladie	Parasite	Phase exo-érythrocytaire (incubation)	Phase érythrocytaire	Signes cliniques
Paludisme tropical	*P. falciparum*	7-15 jours, ne forme pas d'hypnozoïtes hépatiques	48 heures ; fièvre périodique rare	Évolution potiellement mortelle, chloroquinorésistance possible En règle générale, pas de récidive après un traitement efficace
Fièvre tierce	*P. vivax*	12-18 jours ; forment des hypnozoïtes hépatiques	48 heures	Évolution bénigne Récidives jusqu'à 2 ans après l'infection
	P. ovale			Évolution bénigne Récidives jusqu'à 5 ans
Fièvre quarte	*P. malariae*	18-40 jours ; ne forme pas d'hypnozoïtes hépatiques	72 heures	Évolution bénigne Récidives possibles jusqu'à 30 ans après l'infection

Devant des inclusions érythrocytaires marquées : penser au paludisme

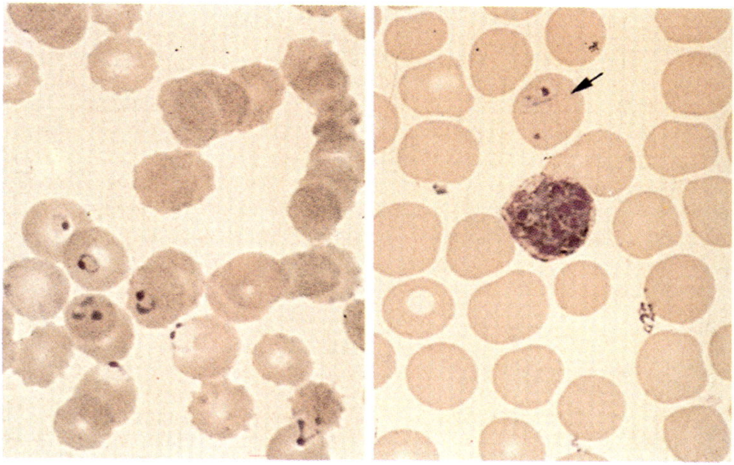

a b

Figure **108** Frottis au cours du paludisme. **a** Des trophozoïtes sous la forme de bague à chaton au cours d'un paludisme à *P. falciparum*. Ils se distinguent des anneaux de Cabot par leur condensation punctiforme. **b** Les noyaux d'un schizonte d'une fièvre tierce remplissent une hématie ; à côté, un discret trophozoïte (flèche).

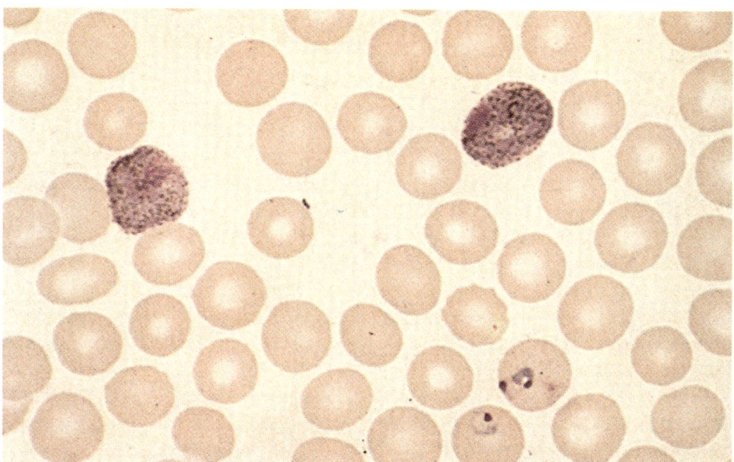

Figure **109** Frottis au cours du paludisme. Des macrogamétocytes (femelles) au cours d'une fièvre tierce remplissent complètement l'érythrocyte. À côté, plusieurs trophozoïtes (stade de la bague à chaton).

Polyglobulies et maladie de Vaquez

Une augmentation des hématies, de l'hémoglobine et de l'hématocrite au-delà des limites normales évoque une polyglobulie. Toutefois, ce diagnostic est difficile à affirmer si l'on ne prend pas soin de mesurer les volumes sanguin et globulaire totaux, car un aspect similaire peut être lié à un processus d'hémoconcentration, qui peut augmenter l'hématocrite jusqu'à une valeur de 55 p. 100. Une fois la polyglobulie vraie affirmée par cette méthode, il convient d'en déterminer la cause. La plupart des cas résultent d'une stimulation de l'érythropoïèse par une sécrétion d'érythropoïétine appropriée (en réponse à une hypoxémie) ou inappropriée (par sécrétion tumorale, notamment rénale).

Tableau **26** Causes des polyglobulies secondaires

Diminution de la capacité de transport d'O_2	– Carboxyhémoglobinémie par tabagisme chronique
Diminution de la saturation en O_2	– Hypoxie d'altitude
	– Maladies pulmonaires obstructives
Diminution de la libération d'O_2	– Anomalies cardiaques (communication droite-gauche)
	– Hypoventilation (obésité)
	– Déficit en 2-3-DPG et hémoglobines hyperaffines
Hypoxie rénale	– Hydronéphrose
	– Kystes rénaux
	– Sténoses de l'artère rénale
Synthèse d'érythropoïétine autonome	– Carcinomes rénaux (+++) et hépatiques
	– Hémangioblastome cérébelleux

L'augmentation de l'érythopoïèse, indépendamment de toute stimulation érythropoïétique, est la caractéristique d'une *polyglobulie primitive* ou maladie de Vaquez. Le diagnostic de cette variété repose sur des arguments négatifs (absence des causes énumérées dans le tableau **26**) et positifs, parmi lesquels la présence d'une splénomégalie en général modérée. L'hémogramme montre, outre l'augmentation du nombre d'hématies qui sont normocytaires, une augmentation conjointe des leucocytes, en particulier neutrophiles, et des plaquettes. L'examen histologique de la moelle osseuse peut déceler une myélofibrose réticulinique au début, et parfois un authentique aspect d'ostéomyélosclérose (p. 120) dans les formes d'évolution longue. La polyglobulie primitive résulte d'une prolifération clonale maligne de la cellule souche d'origine inconnue et elle est à classer parmi les *syndromes myéloprolifératifs* (p. 112).

L'hypothèse d'une *myéloprolifération* autonome, indépendante de l'érythropoïétine, est étayée par le comportement in vitro des progéniteurs érythroblastiques : cultivés en milieu approprié, ils se différencient in vitro sans qu'il soit besoin d'ajouter de l'érythropoïétine au milieu de culture. Ce comportement permet de distinguer la maladie de Vaquez des polyglobulies secondaires. C'est le test diagnostique le plus sensible et le plus précoce de cette maladie. Il n'est cependant utile qu'en l'absence des symptômes classiques de la maladie et ne peut en constituer un test routinier.

L'examen de la moelle osseuse n'apporte que des arguments mineurs pour distinguer polyglobulies primitive et secondaire (1)

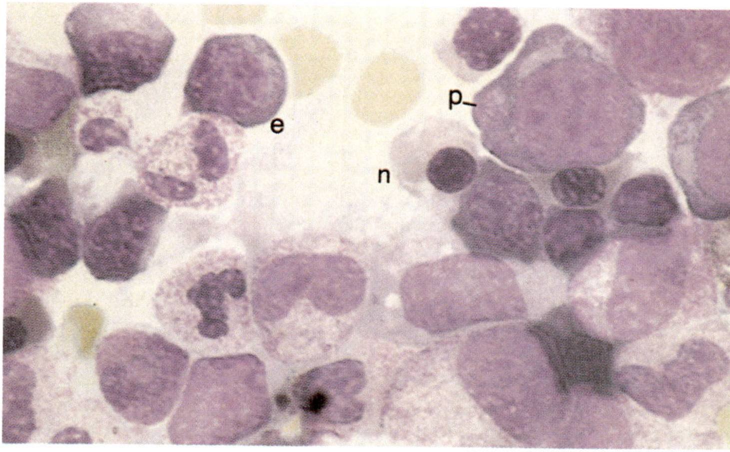

Figure **110** Moelle osseuse au cours d'une polyglobulie secondaire. Augmentation isolée de l'érythropoïèse. p : pro-érythroblaste ; e : érythroblaste polychromatophile ; n : érythroblaste acidophile.

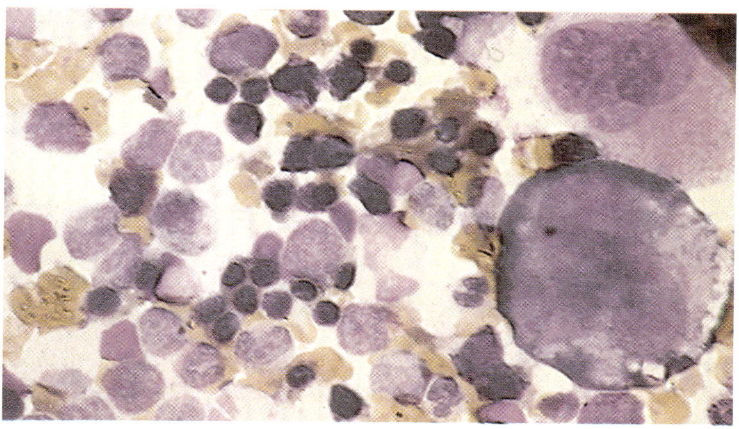

Figure **111** Moelle osseuse au cours d'une polyglobulie primitive. Augmentation de l'érythropoïèse et de la mégacaryopoïèse (à droite, deux mégacaryocytes à deux stades de maturation). Granulopoïèse abondante avec prédominance de formes peu segmentées.

(1) L'examen de la moelle osseuse a peu d'intérêt et de fiabilité pour distinguer ces deux types de polyglobulie, sauf s'il consiste en une biopsie médullaire (NdT).

Anomalies des plaquettes

L'apparition, sur la peau et les muqueuses, de lésions hémorragiques punctiformes (pétéchies) spontanées qui parfois confluent en ecchymoses, évoque une altération des processus normaux d'interaction entre plaquettes et vaisseaux (hémostase primaire). Elle peut résulter schématiquement d'une insuffisance en plaquettes (*thrombocytopénie*), d'un fonctionnement anormal des plaquettes (*thrombopathie*) ou d'une fragilisation des petits vaisseaux (*purpura vasculaire*). La numération des plaquettes sanguines (p. 16) et, si elles sont en nombre normal, l'étude du temps de saignement sont les examens de débrouillage utiles. En cas de thrombocytopénie, celle-ci doit être contrôlée par l'analyse du frottis sanguin : selon l'épaisseur du frottis, on observe normalement avec l'objectif à immersion d'huile (objectif 100) en moyenne 10 (8 à 15) plaquettes (figure **112a**). En effet, l'utilisation d'EDTA comme anticoagulant peut entraîner la formation d'agglutinats plaquettaires et être responsable d'une fausse thrombocytopénie au comptage automatisé. Le résultat doit alors être vérifié par un prélèvement sur citrate.

Thrombocytopénie

Elle est définie par l'abaissement des plaquettes au-dessous de 150 000/mm^3. Toutefois, le risque de saignement n'est réel que si la thrombocytopénie est franche, et il ne faut admettre ce mécanisme comme explication d'un purpura que pour des valeurs largement plus basses, en règle inférieures à 50 000/mm^3. Deux mécanismes peuvent engendrer une thrombocytopénie : une réduction de leur durée de vie normale (7 à 10 jours) ou un défaut de thrombocytopoïèse. Le premier est désigné par le terme de thrombocytopénie périphérique, le second par celui de thrombocytopénie centrale.

Thrombocytopénies périphériques (renouvellement accéléré)

L'aspect des plaquettes sur le frottis sanguin montre qu'elles ont généralement une taille augmentée. Cela s'explique par un raccourcissement du temps de maturation du cytoplasme du mégacaryocyte dans la moelle et semble commun à toute thrombocytopénie associée à un renouvellement accru.

Figure **113** Moelle osseuse au cours d'une thrombocytopénie de consommation. Les mégacaryocytes sont souvent mononucléés (immatures), et leur cytoplasme très granuleux. ➤

Une augmentation ou une diminution du nombre des thrombocytes peuvent être soupçonnées sur le frottis

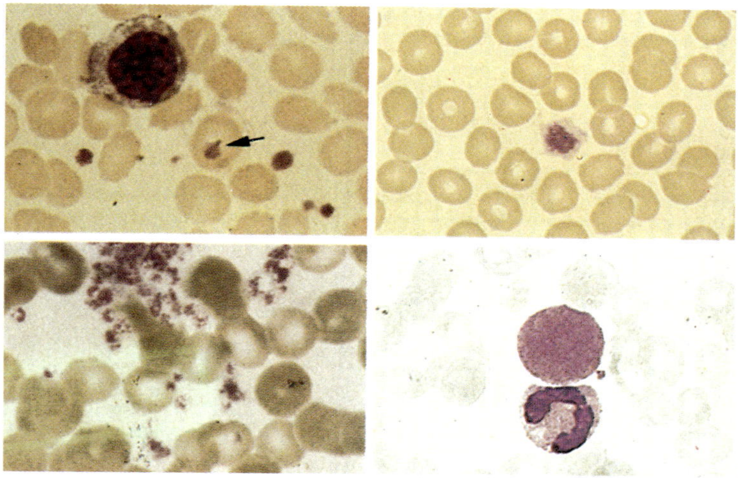

Figure **112** **a** Aspect d'un frottis comportant un nombre de plaquettes normal. Parfois, elles se superposent aux hématies et simulent des inclusions (flèche). **b** Plaquettes agglutinées en amas. Ce phénomène peut être un artefact (par exemple, dans une thrombocytopénie due à l'EDTA, figure **26**). **c** Frottis pauvre en plaquettes au cours d'une thrombocytopénie immunologique. **d** Plaquette géante (à côté d'un neutrophile), telle qu'on peut l'observer au cours d'un syndrome myéloprolifératif.

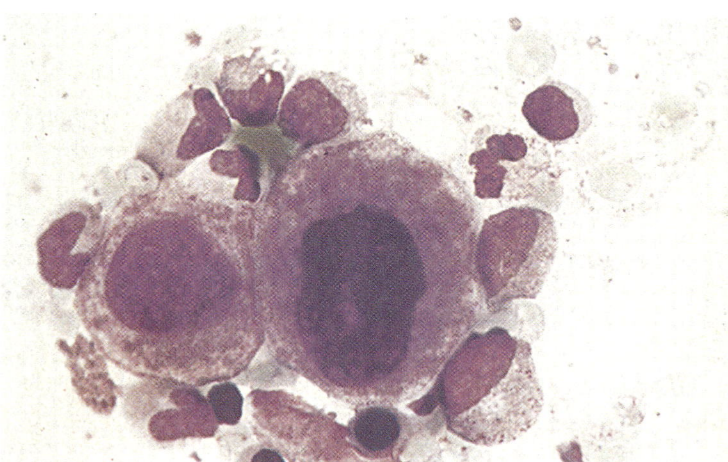

Au cours de ces thrombocytopénies, le nombre de mégacaryocytes dans la *moelle* augmente, en particulier les formes plus jeunes, au cytoplasme basophile ou granulaire. Les formes plaquettogènes sont rares (figures **113** et **114**).

Causes des thrombocytopénies périphériques

Thrombocytopénie médicamenteuse immuno-allergique. Par un mécanisme analogue à celui de l'agranulocytose médicamenteuse, des complexes composés d'anticorps contre un médicament et du médicament lui-même se déposent à la surface des plaquettes, y activent le complément et provoquent ainsi leur destruction par les macrophages.

Tableau **27** Médicaments responsables de thrombocytopénies immuno-allergiques

Analgésiques	Furosémide	Quinine
Antibiotiques	Héparine	Sels d'or
Anticonvulsivants	Isoniazide	Spironolactone
Dérivés de l'arsenic	Méthyldopa	Tolbutamide
Digitaliques	Quinidine	

Le tableau **27** indique les substances les plus fréquemment en cause. Ces substances ne sont pas toujours consommées comme médicaments : la quinine par exemple est présente dans certaines boissons gazeuses. Lorsque un mécanisme immunologique est suspecté, il est parfois possible de mettre en évidence un anticorps antimédicament dans le sérum.

Thrombocytopénie idiopathique ou purpura thrombocytopénique idiopathique (PTI). Cette dénomination est traditionnelle mais on sait aujourd'hui que la maladie répond souvent à un mécanime d'auto-immunité. On observe deux variétés principales :

- la forme aiguë, en général au décours d'une rougeole, des oreillons ou d'une rubéole. Des anticorps antiplaquettaires sont détectés de façon inconstante. L'interaction directe des virus sur les mégacaryocytes est aussi possible ;
- le purpura thrombocytopénique idiopathique chronique (maladie de Werlhof). Les anticorps antiplaquettaires se développent en général sans cause déclenchante précise.

Thrombocytopénies immunologiques secondaires. Leur mécanisme est similaire au précédent mais dans un contexte de maladie associée : lupus érythémateux, maladie lymphoproliférative, infection par le VIH.

Purpura post-transfusionnel. Il est exceptionnel. Il s'observe environ une semaine après une transfusion. On trouve souvent dans l'anamnèse des transfusions ou des grossesses. Le mécanisme pathogénique est vraisemblablement la formation de complexes immuns.

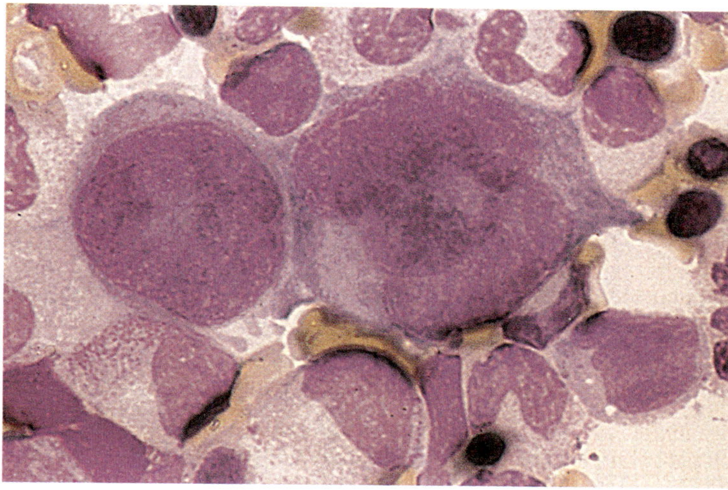

Figure **114** Mégacaryocytes au cours d'une thrombocytopénie immunologique. On remarque surtout le faible nombre de segments nucléaires dans les mégacaryocytes jeunes.

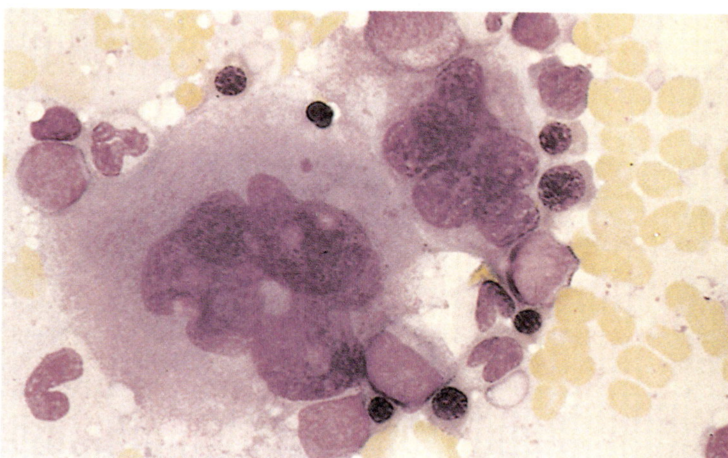

Figure **115** Mégacaryocytes au cours d'un syndrome myéloprolifératif. Au cours d'une thrombocythémie essentielle, mais également dans d'autres syndromes myéloprolifératifs (notamment la maladie de Vaquez), les mégacaryocytes sont augmentés et souvent de grande taille avec un noyau polylobé.

Thrombocytopénies au cours des micro-angiopathies et des CIVD. La thrombocytopénie au cours du purpura thrombotique thrombocytopénique, du syndrome hémolytique et urémique et de la CIVD peut également s'expliquer par un mécanisme de consommation périphérique. La présence de schizocytes est un critère diagnostique majeur dans ces états.

Hypersplénisme. Ce diagnostic, attribuant la thrombocytopénie à un temps de transit plaquettaire intrasplénique ralenti en cas de splénomégalie, ne peut être retenu que si la moelle est normale et en l'absence des causes citées ci-dessus. La thrombocytopénie est rarement importante.

Thrombocytopénies centrales (réduction de la mégacaryocytopoïèse)

Le sang est pauvre en plaquettes. La moelle contient très peu de mégacaryocytes mais ceux-ci sont sans anomalies qualitatives. Les causes sont nombreuses.

Éthylisme chronique. Le mécanisme de la thrombocytopénie est complexe (p. 156), dominé par l'intrication d'une carence en acide folique et une augmentation du taux de renouvellement.

Toxiques chimiques et radiologiques. Les cytostatiques entraînent selon la dose une réduction de la mégacaryocytopoïèse, le nadir se situant entre deux et six semaines selon le médicament et la dose. L'irradiation d'un champ étendu, incluant des zones de moelle hématopoïétique, a les mêmes conséquences, parfois prolongées sur plusieurs mois. De rares cas de thrombocytopénie par toxicité sur la mégacaryocytopoïèse ont été observés avec des médicaments non cytostatiques comme les thiazidiques et les œstrogènes.

Infections virales. La rougeole, la rubéole, la mononucléose, la grippe et les fièvres hémorragiques (dengue) peuvent déclencher une thrombocytopénie. Le mécanisme résulte probablement à la fois d'un effet direct sur les mégacaryocytes et de la formation d'anticorps antiplaquettaires (p. 168).

Affections néoplasiques et aplasiques de la moelle. Toutes les néoplasies des lignées cellulaires de la moelle (leucémie, lymphome, plasmocytome) ainsi que leurs états précancéreux (myélodysplasies) entraînent une thrombocytopénie. Il en est de même des envahissements médullaires par des éléments métastatiques des tumeurs solides.

Carences vitaminiques. Les déficits en acide folique et en vitamine B_{12} de causes diverses (p. 154) affectent les mégacaryocytes dont la vitesse de renouvellement est élevée. L'exemple le plus démonstratif est celui des thrombocytopénies observées en réanimation dans le cas de nutritions parentérales prolongées si elles ne comportent pas de supplémentation convenable en folates. On observe dans la moelle de nombreux mégacaryocytes bloqués au milieu de leur maturation.

Anomalies constitutionnelles. La thrombocytopénie amégacaryocytaire est extrêmement rare. Cette maladie congénitale est souvent associée à une dysplasie du radius. Chez des adultes, elle est souvent un signe avant-coureur d'un état préleucémique.

Le syndrome de Wiskott-Aldrich (thrombocytopénie, déficit immunitaire, eczéma), récessif, lié au sexe (garçons), se présente avec une thrombocytopénie et une mégacaryopoïèse inefficace.

Thrombocytoses

Les thrombocytoses sont définies par l'augmentation constante des plaquettes au-dessus de 500 000/mm^3. La plupart sont réactionnelles et s'expliquent par des tumeurs (surtout des carcinomes bronchiques), des infections chroniques (rectocolite hémorragique, polyarthrite rhumatoïde), des hémorragies ou une carence martiale. Leurs mécanismes physiopathologiques précis restent dans la majorité des cas obscurs.

La thrombocytémie idiopathique essentielle correspond à un syndrome myéloprolifératif avec une augmentation préférentielle des plaquettes associée à d'autres signes de ce groupe de maladies (hyperleucocytose, splénomégalie). Des thrombocytoses majeures peuvent aussi apparaître au cours de l'ostéo-myélosclérose, de la polyglobulie primitive et de la leucémie myéloïde chronique. Des formes de passage sont possibles (p. 112 et suivantes).

Examen cytologique des produits de ponction de tissus et d'exsudats

Le volume de cet ouvrage ne permet pas une description cytologique générale des produits de ponction, qui ont leur place dans des ouvrages spécifiques auxquels nous renvoyons le lecteur. Il nous semble cependant utile de rappeler certains principes de base, car le choix du matériel cellulaire et la qualité du prélèvement conditionnent largement l'interprétation qui peut en être faite, en général par un laboratoire hématocytologique ou anatomopathologique. Les illustrations suivantes servent donc essentiellement à faire comprendre aux cliniciens les difficultés de l'interprétation et les limites des conclusions qui peuvent en être tirées.

Tous les organes peuvent théoriquement faire l'objet d'une analyse cytologique. Les renseignements obtenus sont particulièrement intéressants dans le cas de ponctions de la thyroïde, notamment au niveau d'un nodule froid, de tuméfactions superficielles du foie, réalisées sous contrôle échographique ou scanographique et de zones suspectes du sein ou de la prostate. L'interprétation de ces examens cytologiques, ainsi que la cytologie d'un liquide d'épanchement (plèvre, ascite) sont en général du domaine de compétence de l'anatomopathologiste spécialisé.

La cytologie ganglionnaire ou celle du liquide céphalorachidien entrent généralement dans le domaine de compétence des hématologistes.

Cytologie ganglionnaire

La *conduite diagnostique* devant des adénopathies repose sur les données de l'anamnèse et de l'examen clinique. Trois processus principaux peuvent engendrer une augmentation de volume des ganglions : l'infection aiguë (par exemple, à pyogènes) ou chronique (par exemple, la tuberculose), la réaction inflammatoire à une stimulation antigénique (par exemple, un vaccin, une infection virale) ou l'envahissement tumoral (lymphome, métastase). En présence d'adénopathies d'origine indéterminée, la ponction ganglionnaire (p. 25), technique simple et peu invasive, a un rôle primordial dans l'orientation du diagnostic. La figure **116** schématise la démarche diagnostique devant une intumescence ganglionnaire.

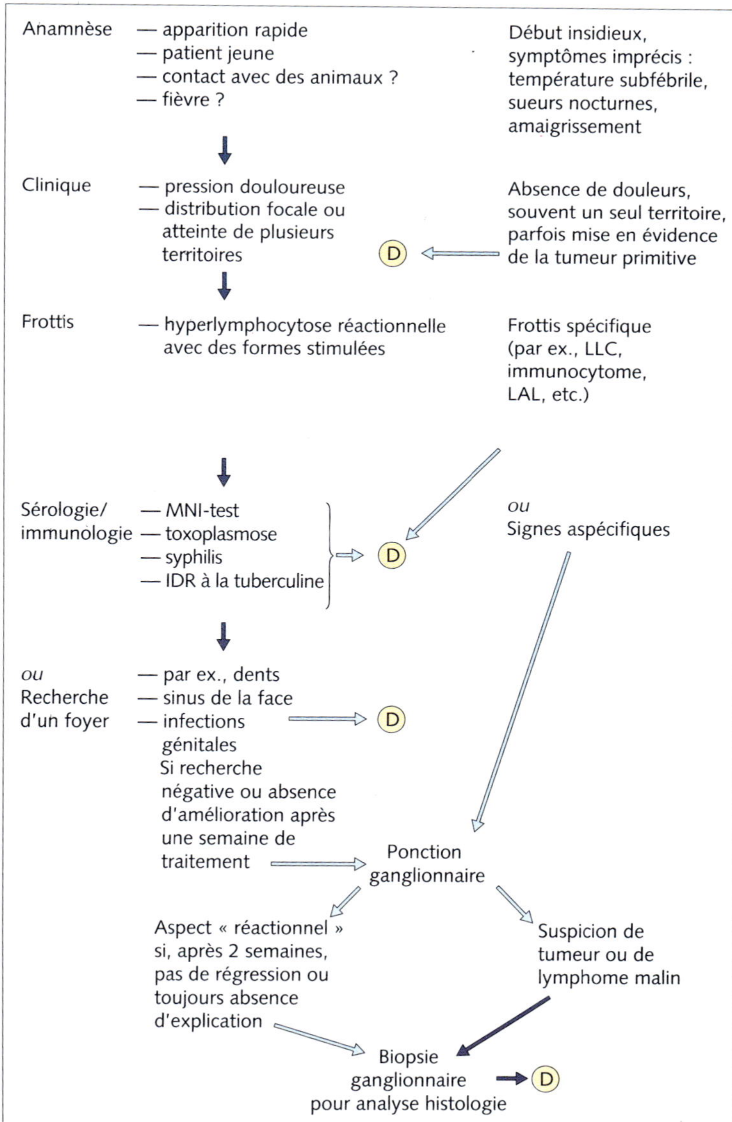

Figure **116** Démarche conduisant au diagnostic (D) devant une adénopathie.

Hyperplasie ganglionnaire réactionnelle et maladie de Hodgkin

L'*hyperplasie ganglionnaire réactionnelle*, quelle que soit son origine, se caractérise par un panachage de petites, moyennes et grandes cellules lymphoïdes. Les plus grandes cellules, désignées comme immunoblastes, ont un noyau volumineux, centré par un ou deux nucléoles proéminents, et un cytoplasme basophile. D'autres cellules, appelées centroblastes, ont un cytoplasme plus réduit et des nucléoles moins apparents. Les plasmocytes ont une forme ovoïde, un noyau excentré à chromatine dense et un cytoplasme très basophile. Les lymphocytes peuvent également présenter une tendance variable à la différenciation plasmocytaire (par exemple, sous la forme de lymphocytes plasmocytoïdes avec une plage cytoplasmique relativement large). À côté, on peut observer des monocytes et des macrophages en phagocytose (figure **117**).

Le tableau **28** (p. 178) présente un résumé des causes potentielles d'adénopathies réactionnelles. La cytologie montre dans tous les cas une composition cellulaire très polymorphe. Parfois, on peut observer certains détails orientant vers une mononucléose (polymorphisme cellulaire et présence de nombreux immunoblastes) ou une toxoplasmose (plasmoblastes, macrophages en phagocytose et éventuellement des cellules épithéloïdes). Mais, même si l'analyse cytologique est de bonne qualité, il faut garder à l'esprit le principe suivant :

! Toute adénopathie qui persiste au-delà de deux semaines doit être soumise à une analyse histologique (sauf si l'anamnèse, la symptomatologie clinique, les sérologies et l'hémogramme permettent le diagnostic certain).

L'aspect cytologique ganglionnaire de la *maladie de Hodgkin* (figure **118**) diffère nettement d'une hyperplasie réactionnelle habituelle. Certains éléments cellulaires montrent des signes de « sur-stimulation » immunologique, entraînant le développement de grandes cellules ressemblant aux immunoblastes, avec des nucléoles marqués (cellules de Hodgkin). L'aspect le plus caricatural est celui des cellules de Sternberg caractérisées par leur gigantisme, leur volumineux noyau souvent polylobé à chromatine finement ouvragée, comportant un ou plusieurs gros nucléoles. Elles sont associées à un infiltrat d'éosinophiles et de plasmocytes. Un tel aspect est très évocateur mais doit, dans tous les cas, être complété par une analyse histologique qui permettra de distinguer quatre sous-types présentant un intérêt pronostique. Une image de ganglion réactionnel justifie toujours d'être complétée par l'examen histologique lorsqu'une adénopathie, dont l'examen cytologique évoque une origine réactionnelle, persiste au-delà de quinze jours.

Dans le cadre d'une maladie de Hodgkin confirmée par un examen histologique, la cytologie peut surtout être utile si de nouvelles adénopathies apparaissent après traitement.

L'hyperplasie ganglionnaire réactionnelle et la maladie de Hodgkin se présentent avec un frottis polymorphe

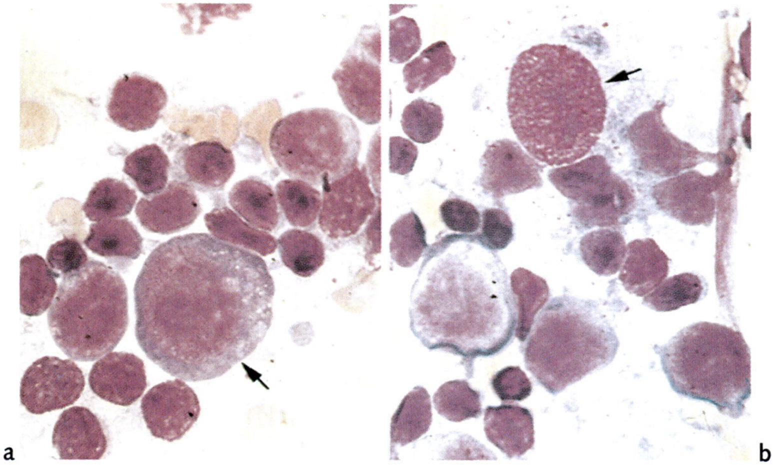

Figure **117** Cytologie ganglionnaire au cours d'une hyperplasie réactionnelle avec une composition cellulaire polymorphe (au cours d'une toxoplasmose). **a** Cellule immature stimulée (immunoblaste) (flèche). **b** Des immunoblastes (à gauche), des centroblastes (à droite) et des lymphocytes à côté d'un macrophage (flèche).

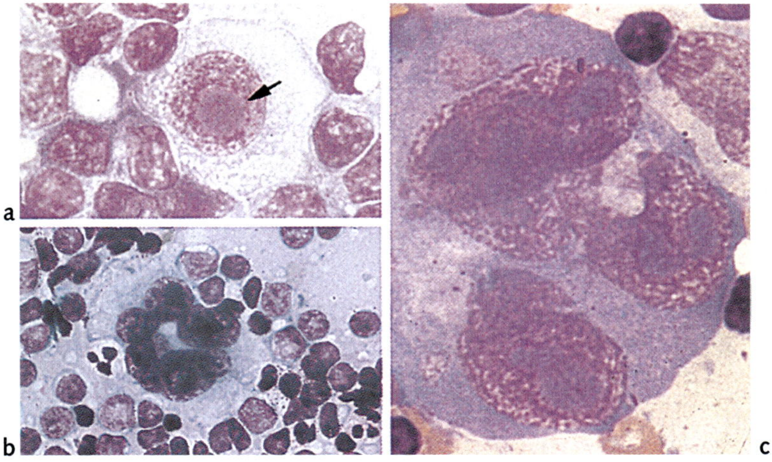

Figure **118** Cytologie ganglionnaire au cours d'une maladie de Hodgkin. En plus des éléments de l'hyperplasie apparaissent des cellules uni- (**a**) ou plurinucléées (**b**, **c**) géantes (cellules de Sternberg) avec des grands nucléoles (flèche).

Tableau **28** Orientation diagnostique devant des adénopathies

Contexte clinique	Symptômes	Diagnostic à évoquer	Examens complémentaires	Cytologie	Histologie
Apparition rapide (fièvre)	Ganglions localisés, douloureux	**Adénite aiguë infectieuse**	Non informatifs : chercher une porte d'entrée	(→) Inflammation non spécifique, pus	
Apparition rapide, fièvre, myalgies	Ganglions diffus, sensibles Angine	**Mononucléose**	Cellules hyperbasophiles (frottis) Sérologie EBV (1)	Adénite réactive avec histiocytose	
Enfants	Ganglions occipitaux Exanthème discret	**Rubéole**	Plasmocytose (frottis) Sérologie spécifique (2)		
Consommation de viande mal cuite, contact félin	Adénopathies diffuses	**Toxoplasmose**	Sérologie (3)	(→) Cellules macrophages et épithélioïdes	Lymphadénite subaiguë à cellules épithélioïdes
Pharyngite (conjonctivite)	Adénopathies cervicales isolées	**Infection à Adénovirus**	Sérologie (Adénovirus, Coxsackie) (4)		
Altération progressive de l'état général	Signes locaux d'inflammation, parfois fistulisation	**Tuberculose**	Radiographie de thorax, réaction cutanée tuberculinique, examen direct (Ziehl) et culture de Löwenstein du suc ganglionnaire	(→) Granulome à cellules géantes et épithélioïdes	
Apparition insidieuse	Ganglions fermes, infiltrats cutanés	**Sarcoïdose**	Thorax, anergie tuberculinique, enzyme de conversion de l'angiotensine	Granulome à cellules épithélioïdes	Granulome à cellules épithélioïdes, fibrose

Contact avec des animaux	Ganglions cervicaux, angine	**Listériose**	Réaction d'agglutination, de fixation du complément	(→) Examen direct et culture du suc ganglionnaire	
Contact avec des animaux, consommation de lait cru	Fièvre ondulante, splénomégalie	**Brucellose**	Hémocultures, sérodiagnostic de Wright, fixation du complément		
Griffe de chat	Adénopathie localisée	**Maladie des griffes de chat**	Fixation du complément	→ Granulome à cellules géantes et épithélioïdes	Nécrose et fistulisation
Contact avec des animaux sauvages	Adénopathie localisée	**Tularémie**	Réaction d'agglutination		
Latence clinique	Signes locaux d'inflammation, parfois fistulisation	**Actinomycose**	Polynucléose neutrophile	→ Grains dans le produit d'aspiration	Exérèse ganglionnaire
Signes articulaires	Arthrite, splénomégalie, éruption, atteinte rénale parfois	**Maladies systémiques (polyarthrite, lupus), maladie de Still, de Felty**	Facteur rhumatoïde, anticorps antinucléaires		
Latence clinique	Tuméfaction cervicale fluctuante non inflammatoire	**Kyste branchial**		→ Cellules épithéliales, macrophages, neutrophiles altérés	Exérèse

(→) Facultatif pour le diagnostic ; → contribue au diagnostic. L'absence de flèche signifie que le diagnostic est en général établi sur les critères précédemment énumérés. (1) Positif au cinquième jour. (2) Un à quatre jours après l'exanthème, parfois plus tardivement. (3) À la quatrième semaine. (4) Au dixième jour.

Sarcoïdose et tuberculose

Ces affections ont un mode de présentation où les adénopathies sont parfois le signe clinique dominant. L'analyse cytologique des étalements du produit de ponction peut apporter une orientation utile au diagnostic. Les cellules sont caractérisées par un noyau de forme ovalaire, allongé et très mince (quatre à cinq fois la taille de celui d'un lymphocyte), avec une chromatine à trame finement réticulée et une plage cytoplasmique très large qui semble parfois confluer avec celle des cellules voisines. En raison de leur ressemblance avec les cellules épithéliales qui tapissent les cavités de l'organisme, elles sont désignées par le terme de cellules épithéloïdes. Elles correspondent en fait à des formes de monocytes-macrophages transformés. En principe, tous les *processus inflammatoires chroniques* peuvent entraîner une augmentation de ces cellules mais elles sont particulièrement fréquentes au cours de la toxoplasmose, des maladies auto-immunes, de certains lymphomes, en particulier de type T, et des réactions provoquées par un corps étranger ; elles peuvent aussi s'observer au voisinage d'une tumeur ou dans ses territoires de drainage. Elles dominent de façon monotone la composition cellulaire d'une inflammation chronique particulière, la *sarcoïdose* (maladie de Besnier-Boeck-Schaumann), dont le diagnostic est fondé sur la conjonction d'anomalies cliniques diverses (respiratoires, cutanées, salivaires) et radiologiques thoraciques, d'une anergie tuberculinique. La présence de quelques cellules multinucléées (cellules de Langhans) peut susciter une confusion avec la tuberculose.

L'apparition relativement rapide d'adénopathies cervicales douloureuses et indurées, souvent confluentes, avec parfois des zones fluctuantes et de signes inflammatoires locaux doit faire évoquer une *tuberculose* (dans sa forme ganglionnaire, devenue rare maintenant). Une intradermo-réaction à la tuberculine fortement positive conforte cette hypothèse. Le diagnostic de certitude est accessible par la réalisation d'une ponction ganglionnaire avec une aiguille très fine et surtout dans une zone cutanée non inflammatoire.

Le matériel prélevé montre de nombreuses cellules épithélioïdes, parfois confluentes en bouquet. À côté des cellules épithéloïdes mononucléées, on peut découvrir des formations gigantocellulaires, appelées *cellules de Langhans*, correspondant à plusieurs cellules épithélioïdes multinucléées sous forme d'un énorme syncytium avec dix à vingt noyaux. La caséification éventuelle du tissu ganglionnaire est souvent macroscopiquement évidente sur l'aspect crémeux jaune verdâtre du produit de ponction. La culture du produit de ponction sur milieu de Löwenstein permet d'isoler *Mycobacterium tuberculosis*.

Frottis ganglionnaire avec une prédominance de cellules épithélioïdes

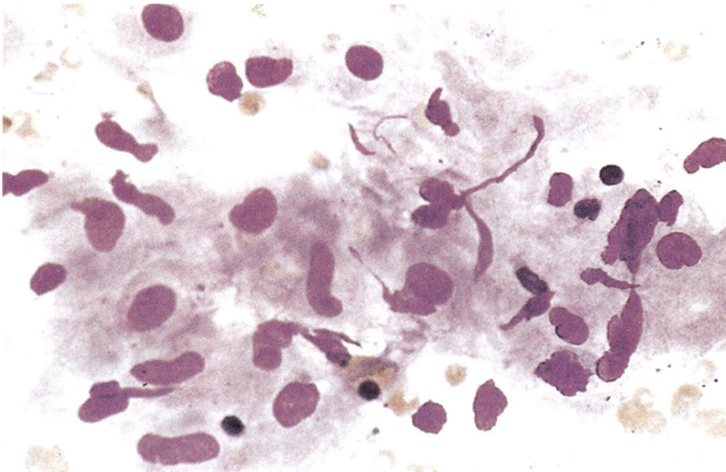

Figure **119** Cytologie ganglionnaire au cours d'une sarcoïdose. Cellules épithéloïdes avec un cytoplasme confluent.

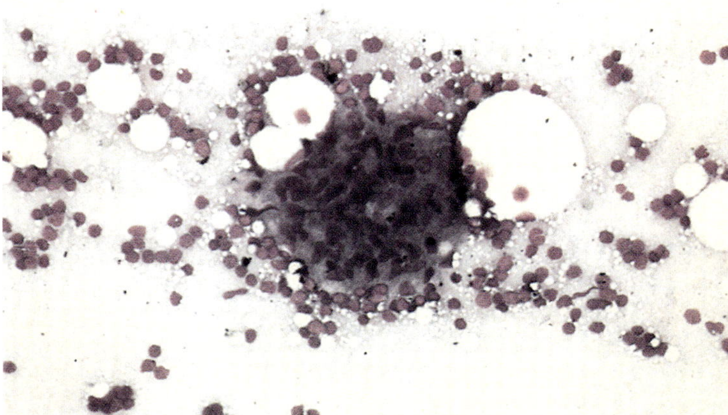

Figure **120** Cytologie d'un ganglion tuberculeux. L'amas de noyaux de cellules épithélioïdes est entouré d'un seul halo cytoplasmique ; cellules géantes de Langhans.

Lymphomes non hodgkiniens à petites cellules

Tout examen cytologique ganglionnaire doit être précédé par un frottis sanguin. En effet, certaines maladies lymphoprolifératives responsables d'adénopathies sont caractérisées par la présence des cellules lymphoïdes dans le sang, ce qui en facilite l'identification.

La ponction ganglionnaire a une grande utilité en cas d'adénopathies plus ou moins diffuses, en l'absence de formes leucémiques sur le frottis.

! Il faut évoquer un lymphome malin non hodgkinien lorsque la composition cellulaire observée par adénogramme est dominée par des petites cellules, ou au maximum par des cellules de taille moyenne, mais sans présenter l'image typique de la population polymorphe de l'hyperplasie réactionnelle.

Contrairement à la maladie de Hodgkin, marquée par ses cellules géantes (p. 176), les lymphomes non hodgkiniens ont souvent une présentation cytologique relativement monotone sans forme stimulée (p. 70). Dans une perspective essentiellement clinique et pronostique, la distinction entre formes à petites cellules (dites de malignité faible) et formes à grandes cellules (dites de malignité forte) est importante à préciser. Pour une classification plus détaillée, *voir* p. 71 et suivantes.

La présence de cellules à noyaux encochés fait suspecter un lymphome folliculaire, centrocytique si les petites cellules dominent (figure **121**), centroblastique ou mixte si s'associent des cellules de taille plus grande. En réalité, un diagnostic plus précis ne peut être posé que par l'examen anatomopathologique d'un ganglion prélevé en totalité.

Lorsque l'aspect du frottis montre que la plupart des lymphocytes ont un cytoplasme abondant, une différenciation plasmocytoïde ou qu'ils s'associent à des plasmocytes typiques très basophiles, il s'agit probablement d'un immunocytome lymphoplasmocytoïde (p. 76; figure **122**). Celui-ci n'apparaît pas forcement sous une forme leucémique. Ces cellules excrètent habituellement une macroglobuline monoclonale décelable dans le sérum (maladie de Waldenström). En son absence, l'analyse histologique est indispensable.

Cytologie ganglionnaire avec des petites cellules sans signes de stimulation : lymphome non hodgkinien

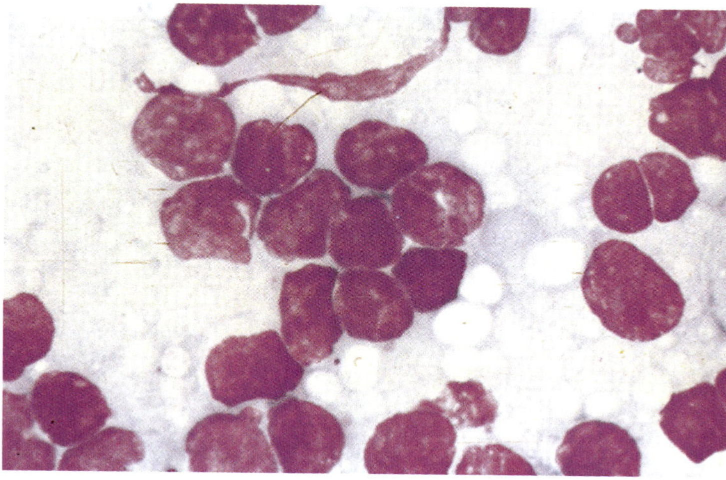

Figure **121** Cytologie ganglionnaire d'un lymphome centrocytique. Cellules polymorphes discrètement indentées et toutes avec le même type de chromatine.

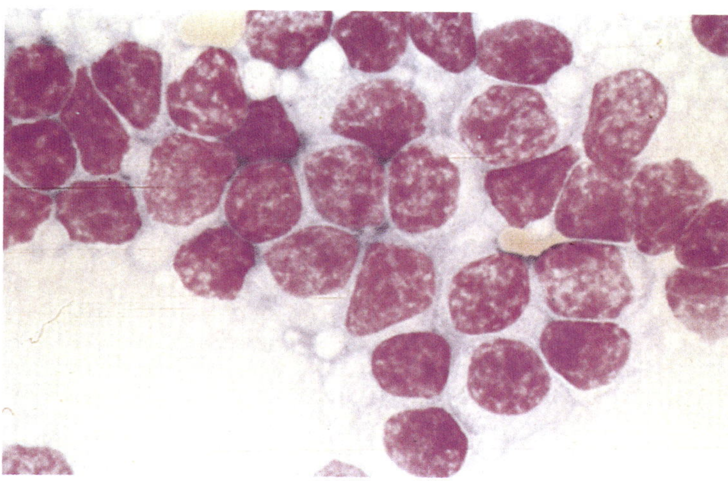

Figure **122** Cytologie d'un immunocytome. Le frottis est dominé par des cellules plasmocytoïdes avec une large plage cytoplasmique.

Lymphomes à malignité élevée et métastases tumorales

L'analyse cytologique d'adénopathies d'apparition rapide, indolores, bien limitées peut montrer une prolifération monomorphe de cellules de grande taille rappelant la morphologie des immunoblastes des ganglions normaux ou réactionnels. Ces images font suspecter un *lymphome non hodgkinien de malignité élevée* (*lymphome immunoblastique*, *centroblastique* ou *lymphoblastique*) et doivent conduire rapidement à un examen histologique pour en préciser le type exact.

On évoquera des métastases d'une tumeur solide devant la présence d'adénopathies indurées et dont la ponction ramène un matériel composé de formations cellulaires cohésives, en amas, polymorphes avec une structure nucléaire finement réticulée (parfois avec des nucléoles ou des vacuoles nucléaires marqués) et inclassables dans la lignée lymphoïde. Il s'agit souvent de carcinomes, de mélanomes ou plus rarement d'un sarcome des tissus mous.

! En règle générale, l'étape suivante est la recherche de la tumeur primitive. Sa détection rendrait obsolète l'exérèse de l'adénopathie à des fins diagnostiques.

Si aucune tumeur primitive n'est détectée, l'analyse histologique peut donner quelques indications quant à l'origine de l'adénopathie. Elle permet également de faire le diagnostic différentiel, parfois difficile, avec des lymphomes non hodgkiniens très indifférenciés.

Ainsi l'intérêt principal de la cytologie ganglionnaire est-il de fournir, au prix d'un examen simple, rapide et peu coûteux, une orientation diagnostique entre adénopathies d'origine réactionnelle et adénopathies d'origine maligne. Dans ces conditions, la découverte d'un ganglion tumoral (maladie de Hodgkin, lymphome malin non hodgkinien ou métastases d'une tumeur) justifie toujours un diagnostic histologique, même si un cytologiste expérimenté peut souvent indiquer avec une quasi-certitude le type et l'origine de l'adénopathie. L'intérêt de la ponction ganglionnaire préalable est de poser sans délai l'indication d'un examen histologique du ganglion et d'alerter l'anatomopathologiste sur la nécessité de gérer le matériel prélevé afin de permettre des études complémentaires éventuelles (immunophénotype, caryotype, examens en biologie moléculaire). Une situation particulière est représentée par l'apparition d'adénopathies au cours d'une maladie déjà connue. Dans la plupart des cas, le recueil des données de l'anamnèse et l'analyse cytologique sont alors suffisants pour *confirmer la récidive*.

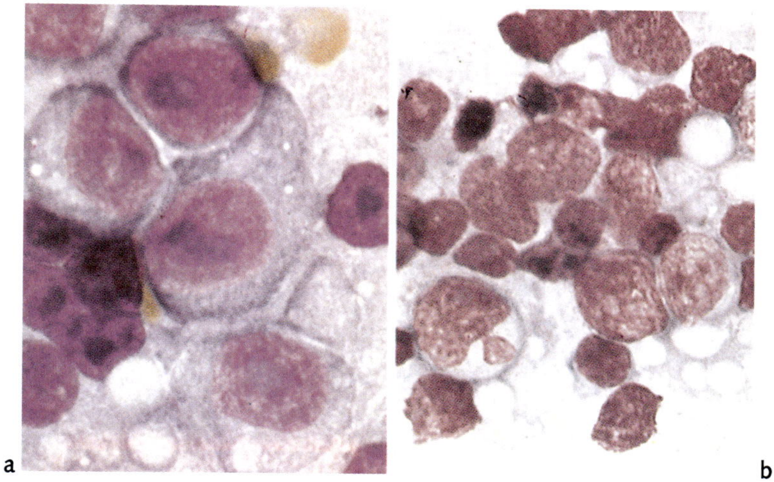

Figure **123** Cytologie ganglionnaire dans un lymphome non hodgkinien à grandes cellules. **a** De type immunoblastique. **b** De type lymphoblastique.

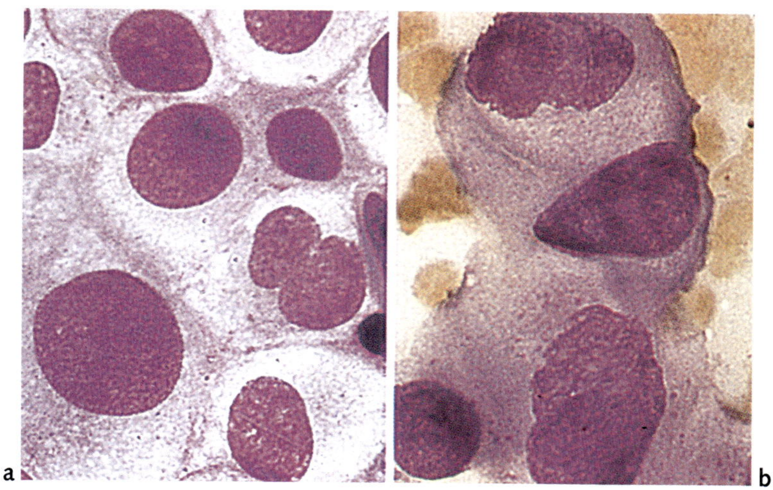

Figure **124** Exemples de cytologie ganglionnaire de métastases tumorales. **a** Cellules dédifferenciées au cours d'un sarcome des parties molles. **b** Cellules tumorales d'un adénocarcinome.

Kystes branchiaux et cytologie des expectorations

Kystes branchiaux

Le diagnostic de kyste branchial (ou amygdaloïde) est parfois évoqué chez un adolescent ou un jeune adulte, devant une tuméfaction sous-angulo-maxillaire unilatérale, rénitente, sans signes inflammatoires loco-régionaux. En réalité, ce diagnostic n'est vraiment évident qu'après la ponction qui retire un liquide marron jaunâtre. L'étalement sur lame — soit direct, soit du sédiment après centrifugation — montre des granulocytes et des leucocytes plus ou moins altérés (débris cellulaires) ainsi que des cellules avec un petit noyau central et une plage cytoplasmique très large et claire. Celles-ci sont identiques aux cellules épithéliales du plancher de la bouche (*voir* ci-dessous), car le kyste correspond en fait à une prolongation borgne du pharynx. Le même aspect peut être observé lors de la ponction d'une tuméfaction molle dans la région médiane à hauteur du larynx : il s'agit ici d'un kyste de rétention d'un autre reliquat embryonnaire, le tractus thyréoglosse.

Cytologie de l'expectoration

L'examen cytologique de l'expectoration est en général celui d'un mélange de mucosités provenant des bronches s'il existe une toux productive, mais aussi de la bouche, ce qui en limite la spécificité.

Le matériel qui doit être examiné sans délai après le recueil. Il est étalé sur une lame en une couche très fine avec un abaisse-langue ou un œillet sans exercer trop de pression. Lorsque la clinique ne permet pas de prélèvement externe (« toux non productive »), une fibroscopie bronchique peut permettre d'obtenir du matériel analysable.

Les cellules présentes dans cet étalement proviennent normalement d'un épithélium stratifié : elles ont un noyau très fin, souvent central, entouré d'un cytoplasme large et clair. Les cellules allongées de l'épithélium cilié présentent des caractéristiques similaires. Des prélèvements plus distaux peuvent ramener des macrophages dont le cytoplasme plus flou (plèvre) renferme par endroits des granulations pigmentées résultant de leur activité de phagocytose. La présence de granulocytes et de leurs résidus est en faveur d'un processus bronchopulmonaire purulent, un nombre élevé d'éosinophiles temoigne plutôt d'un processus allergique.

La découverte de cellules assemblées en nappes compactes, avec un noyau à trame grossière, et un cytoplasme basophile relativement petit sont très *suspects de malignité*. Leur présence justifie une fibroscopie bronchique et la biopsie systématique de toute lésion suspecte.

Les kystes cervicaux bénins contiennent des cellules épithéliales. La cytologie d'expectoration peut découvrir des tumeurs

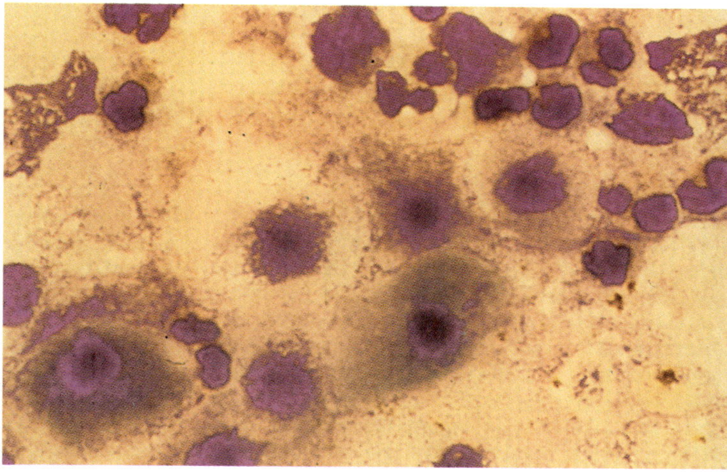

Figure **125** Cytologie du liquide obtenu par ponction d'un kyste branchial. Présence, à côté de débris cellulaires, de cellules épithéliales du plancher buccal avec une discrète cytolyse.

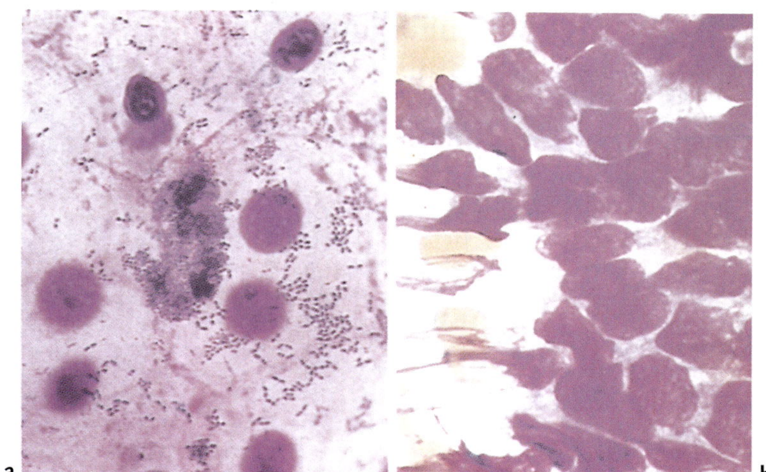

Figure **126** Cytologie d'expectoration. **a** Cellules épithéliales du plancher buccal avec des amas de bactéries. **b** Amas de petites cellules tumorales.

Examen cytologique d'un épanchement pleural

! Le liquide d'un épanchement pleural doit toujours être soumis à une analyse cytologique sauf si la collection s'explique par une maladie sous-jacente connue (insuffisance cardiaque, pneumopathie) et disparaît avec le traitement de celle-ci.

La première étape de l'analyse d'un épanchement liquidien pleural a pour but de distinguer son caractère d'exsudat ou de transsudat. La concentration en protéines, faible dans le cas d'un transsudat, augmente dans le cas d'un exsudat.

Après ponction, le liquide frais est centrifugé doucement pendant dix minutes, le surnageant est rejeté puis le sédiment resuspendu. Les cellules sont étalées sans pression excessive puis colorées comme un frottis sanguin. Une vision globale apporte déjà des renseignements concernant la densité cellulaire et les éléments prédominants. Les épanchements à type de transsudat sont relativement pauvres en cellules. Au sein d'un exsudat inflammatoire, on observe surtout de nombreux polynucléaires, des monocytes et moins de 10 p. 100 d'éosinophiles.

Les épanchements particulièrement riches en polynucléaires éosinophiles doivent faire évoquer le diagnostic d'une maladie de Hodgkin, d'une réaction tumorale non spécifique, d'une maladie allergique ou auto-immune. Un liquide renfermant exclusivement des lymphocytes est suspect d'une tuberculose.

Dans tous les épanchements (exsudats et transsudats) et plus particulièrement au cours des infections bactériennes, on détecte une desquamation plus ou moins importante des cellules de la plèvre. Ces cellules mésothéliales présentent un polymorphisme et un gonflement nucléaire variable en fonction de leur durée de présence dans l'espace pleural. Leur critère commun est le noyau ovalaire avec une trame réticulée et un ou deux nucléoles, et une plage cytoplasmique très large. Ces cellules ressemblent un peu aux cellules épithéliales (p. 181) mais sans avoir leur forme aplatie, ovale. Elles peuvent éventuellement stocker des pigments ou des débris de leucocytes témoignant d'une activité phagocytaire (comme les macrophages des ganglions).

Les cellules ne correspondant pas aux critères décrits ci-dessus, d'autant plus si elles apparaissent en nappes, sont suspectes d'une transformation néoplasique. Les autres arguments en faveur de cette hypothèse sont un grand polymorphisme de taille, une trame nucléaire grossière, des nucléoles très nets, parfois la présence de plusieurs noyaux, des vacuoles nucléaires et cytoplasmiques et une basophilie marquée. Dans une telle situation, il convient de pratiquer une biopsie pleurale, éventuellement sous contrôle de la vue au cours d'une pleuroscopie.

La composition cellulaire des épanchements pleuraux peut fournir des renseignements sur leur origine

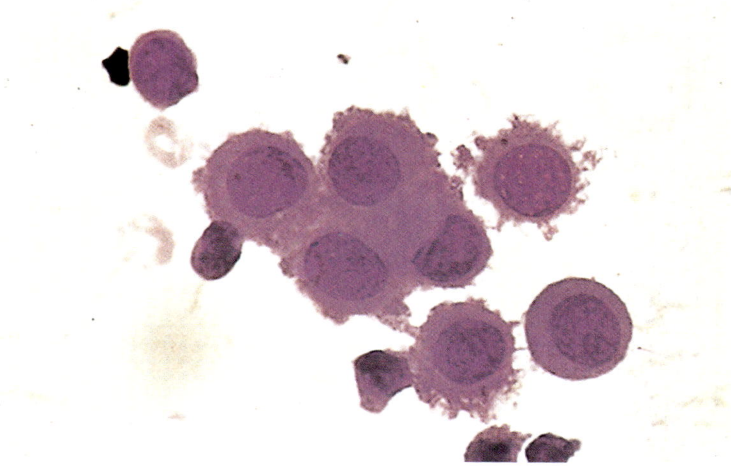

Figure **127** Cytologie d'un liquide pleural contenant des cellules endothéliales pleurales avec une structure nucléaire et cytoplasmique très fine ; desquamation au cours d'une inflammation pleurale.

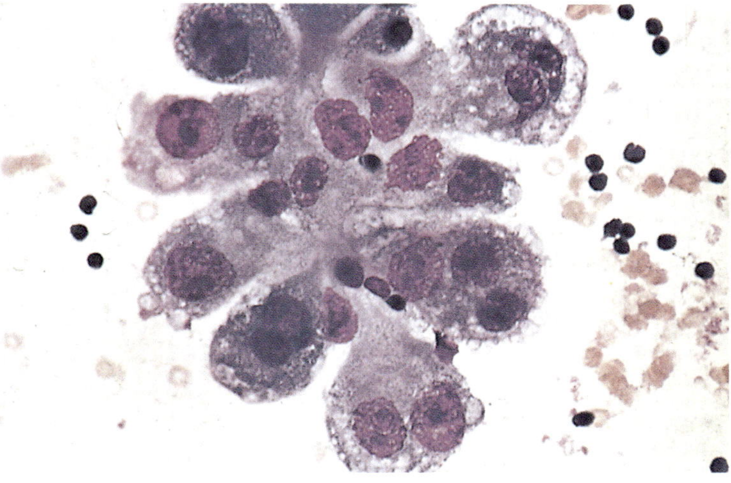

Figure **128** Cytologie pleurale pathologique. Cellules tumorales très polymorphes (leur origine ne peut être précisée de façon certaine).

Examen cytologique d'un épanchement ascitique

Les remarques concernant la composition cellulaire d'un épanchement pleural (p. 188) sont également valables pour l'ascite. Les critères de distinction entre exsudat et transsudat sont similaires. Les exsudats inflammatoires sont généralement plus riches en cellules. Une forte prédominance de lymphocytes peut indiquer une tuberculose. Le péritoine est tapissé, comme la plèvre, de cellules endothéliales capables de phagocytose. Leur desquamation les fait apparaître dans le liquide de ponction où elles peuvent donner, selon leur état de gonflement, une image analogue à celle observée dans l'épanchement pleural.

Il n'est pas toujours facile de distinguer ces cellules endothéliales gonflées de cellules métastatiques malignes. Dans la plupart des cas, ces cellules malignes ne se présentent pas isolées mais en grandes nappes cohérentes sous forme de « métastases flottantes ». Leurs éléments individuels variables sont caractérisés par une trame chromatinienne grossière, un grand polymorphismee de taille, des nucléoles marqués et un cytoplasme très basophile. Pour la cytologie plus spécifique des ponctions d'organes, nous renvoyons à une littérature spécialisée (p. 192).

Cytologie du liquide céphalorachidien

Après une centrifugation à vitesse réduite, le matériel cellulaire contenu dans le liquide céphalorachidien (LCR) peut être monté sans difficulté soit à l'aide de la technique d'étalement habituelle du frottis, soit avec une préparation de cytocentrifugation. Normalement, il faut s'attendre à n'y observer que quelques rares lymphocytes. La présence de polynucléaires, même en faible concentration, doit être considérée comme un signe évocateur de méningite bactérienne. Les cellules des méninges ne sont pas présentes en quantité significative dans le liquide. Des cellules mononucléées qui ne peuvent être classées dans les lignées de cellules sanguines sont toujours suspectes. Elles témoignent habituellement d'un envahissement du liquide céphalorachidien par des métastases d'une tumeur solide (par exemple, carcinome bronchique, carcinome mammaire) ou d'une hémopathie maligne (par exemple, leucémie aiguë, en particulier de type lymphoïde, ou lymphome en général de haut grade de malignité).

Tout liquide d'ascite et tout liquide céphalorachidien doivent faire l'objet d'une analyse cytologique

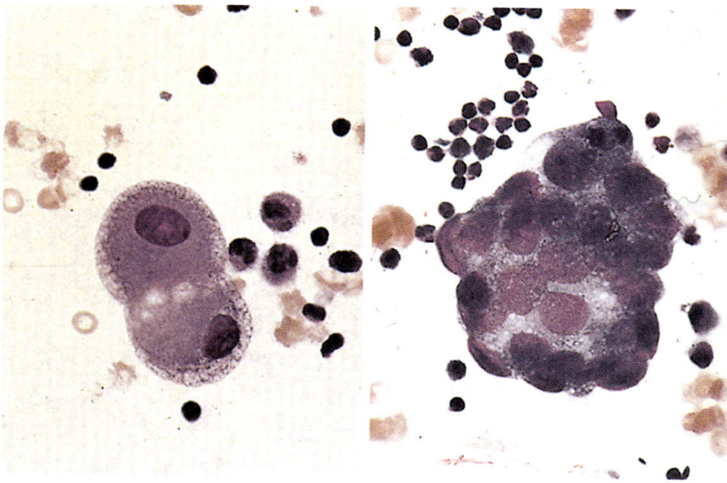

a b

Figure **129** **a** Cytologie d'ascite normale. Deux grandes cellules endothéliales péritonéales à côté de débris cellulaires de lymphocytes et de granulocytes. **b** Cytologie d'ascite pathologique. Amas de cellules tumorales dédifférenciées.

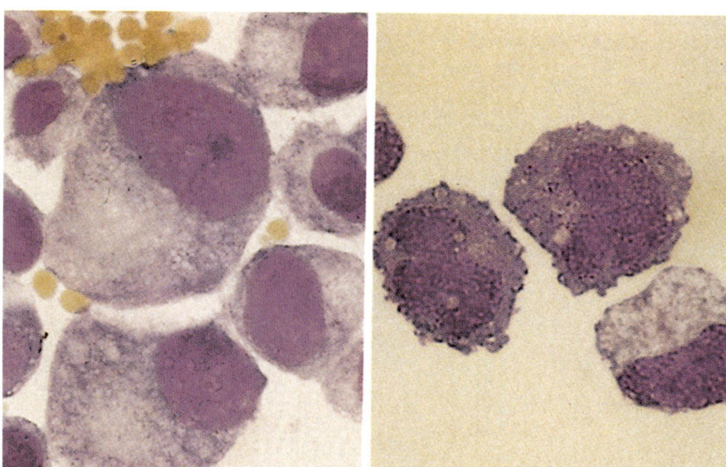

a b

Figure **130** La cytologie du LCR peut montrer une atteinte méningée par des cellules provenant de tumeurs solides ou de leucémies. **a** Cellules d'un carcinome mammaire. **b** Cellules d'une leucémie monocytaire dans le LCR.

Bibliographie complémentaire

Begemann H, Begemann M. Praktische Hämatologie, 10. Aufl. Stuttgart, Thieme, 1988.
Begemann H, Rastetter J. Klinische Hämatologie, 4. Aufl. Stuttgart, Thieme, 1993.
Begemann H, Rastetter J. Atlas der klinischen Hämatologie. Berlin, Springer, 1987.
Bessis M. Blood smears reinterpreted. Berlin, Springer, 1977.
Brücher H. Knochenmarkzytologie. Stuttgart, Thieme, 1986.
Classen M, Dierkesmann A, Heimpel H et al. Rationelle Diagnostik und Therapie in der inneren Medizin. München, Urben & Schwarzenberg, 1996.
Eckstein A, Riess H, Siegert W. Hämatologie. Stuttgart, Kohlhammer, 1991.
Heckner F, Freund M. Praktikum der mikroskopischen Hämatologie. München, Urben & Schwartzenberg, 1994.
Heimpel H, Hoelzer D, Kleihauer E, Lohrmann HP. Hämatologie in der Praxis. Stuttgart, Fischer, 1996.
Lennert K, Feller AC. Non-Hodgkin-Lymphome. Berlin, Springer, 1990.
Pralle HB. Checkliste Hämatologie, 2. Aufl. Stuttgart, Thieme, 1991.
Queißer W. Das Knochenmark. Stuttgart, Thieme, 1978.
Schmoll HJ, Höffken K, Possinger K. Kompendium internistische Onkologie, 2 Bde., 2. Aufl. Berlin, Springer, 1997.
Stobbe H. Untersuchung von Blut und Knochenmark. Berlin, VEB Volk und Gesundheit, 1977.
Theml H, Begemann H. Lymphozyt und klinische Immunologie. Berlin, Springer, 1975.
Theml H, Kaboth W, Begemann H. Blutkrankheiten. *In* : HA Kühn, J Schirmeister. Innere Medizin, 5. Aufl. Berlin, Springer, 1989.
Theml H, Schick HD. Praktische Differentialdiagnostik hämatologischer und onkologischer Krankheiten. Stuttgart, Thieme, 1998.
Zucker-Franklin D, Greaves MF, Grossi CE, Marmont AM. Atlas der Blutzellen, 2. Aufl. Stuttgart, Fischer, 1990.

Index

Les folios en caractères gras renvoient aux pages où le terme est principalement traité, ceux en italique renvoient aux figures.

G

H

I

K

L

Achevé d'imprimer par Corlet, Imprimeur, S.A. - 14110 Condé-sur-Noireau (France)
N° d'Éditeur : 10491 - N° d'Imprimeur : 44579 - Dépôt légal : avril 2000 - *Imprimé en U.E.*